第四卷
2006

# 亚洲
# 问题研究论丛

## 2006 东北亚论坛
### Northeast Asia Forum 2006

辽宁大学亚洲研究中心
ASIA RESEARCH CENTER OF LIAONING UNIVERSITY

辽宁大学出版社

2006东北亚论坛开幕式

2006东北亚论坛—文化、投资与合作分会场

2006东北亚论坛—技术与贸易分会场

2006东北亚论坛—政治与经济分会场

# 目　录

# Contents

# Opening Speech on
# "Northeast Asia Forum 2006"

Wang Shan*

September 4, 2006

Distinguished guests, friends, and comrades,

In such a beautiful day of the harvest season embracing with pleasant breeze, we welcome again in Liaoning University our guests and friends and the opening of the Northeast Asia Forum annual conference. On behalf of Liaoning University, I would like to extend an earnest welcome to all the leaders, scholars, members of Liaoning Provincial Academic Viewing and Emulating Group, and friends, and express a sincere congratulation on the convening of the Northeast Asia Forum.

The Northeast Asia Forum is an annual international academic conference sponsored by Liaoning University with the grand support of Liaoning Provincial People's Government, Shenyang Municipal People's Government, and Korea Foundation of Advanced Studies. The 2005's Northeast Asia Forum meeting under the theme of Peace and Development: Asian Issues achieved a complete success. Today, after one year's studies and researches, under the theme of "focusing on Northeast Asian history and future, favoring Northeast Asia nations' people, and enhancing international exchanges and cooperation", scholars will discuss and exchange in-depth ideas. I believe that 2006's Northeast Asia Forum will be a grand talents' gathering and learning arena, which will broaden academic horizon, activate academic thoughts, and facilitate academic contention further, and promote Northeast Asia political, economic, as well as cultural cooperation better.

Today, regional integration is on the faster march today. Cooperation and development become the main mission of Northeast Asia which is one of the

---

\* 作者简介: Wang Shan, Secretary of Party Committee of Liaoning University.

most important components of regional integration. The inherent economic and cultural compatibility and complement compiling with political interaction in the region are the critical prerequisites for Northeast Asia cooperation. Development calls for cooperation and demands innovation. So we can argue that innovation and cooperation has been the mainstream paradigm for Northeast Asian competitiveness improvement and economic, political, and cultural exchange advancement.

Today, what I would like to argue in particular is that all those scholars and experts with deep political thoughts and sharp insights will be motivated by China's implementation of Northeast Old Industrial Base Revitalization strategy and actively take part in Northeast Asia Cooperation and researches projects, which are sensible choices with great value and importance. So, on the occasion of this conference, I would like to proclaim that facing this unprecedented opportunity, Liaoning University would like to build up a first-class platform of academic exchange and interaction for scholars and provide all our possible services to support their broad and multi-angels studies of cooperation and innovation within Asia.

We believe that Northeast Asia Forum will polish Liaoning University's shining achievements in the undertaking of international exchange and cooperation of higher education development. We also expect that Asian culture radiating wisdom brilliance will play a leading role in Northeast Asia's peace, stability, and development. Meanwhile, we earnestly wish that the new development paradigm of "Cooperation and Innovation" will paint new resplendence on the magnificent lands of Northeast Asia.

Finally, I sincerely wish the 2006's Northeast Asia Forum a complete success. I also wish our friendship will last forever. Meanwhile, I wish all of our guests and friends a pleasant stay in Shenyang and a harvest in this golden autumn.

Thank you.

# Opening Speech on
# "Northeast Asia Forum 2006"

## Kim Jae Youl*

Honorable guests,

distinguished scholars,

ladies and gentlemen,

Good morning,

As the season for bearing fruit and harvest approaches us, the long awaited second Northeast Asia Forum is about to begin, here in Shenyang. On behalf of the Korea Foundation for Advanced Studies, I sincerely congratulate the commencement of this important event and express my warmest wishes to all scholars and experts from around the world.

As a non-profit organization, the Korea Foundation for Advanced Studies has always paid a close attention to research on Asian issues and development. For such reasons, we like to sponsor various Asia Research Centers to host relevant academic conferences in order to improve communication and promote scientific exchange among Asian scholars. The ultimate vision of our organization is to establish a large amount of research fund that can substantially help the academic development of the region. What we wish to achieve is "renaissance" in the academic sector that will assist further growth of the Asian culture.

Northeast Asia is a very important part of not only Asia but the global community. As Liaoning Province is located in the Northeast Asia Bohai Sea Economic Circle, it has maintained a close relationship with its neighboring countries. This is a unique geographic advantage in trade and regional cooperation. The objective of the Northeast Asia Forum, which is hosted by

---

\* 作者简介: Kim Jae Youl , Secretary General of the Korea Foundation for Advanced Studies.

Liaoning University, is to provide a platform for an active exchange and interaction between international experts in the field of Northeast Asian studies. The experts include not only just scholars but also government officials and business leaders. Their participation in this conference will increase the attention to Asian issues and cultural cooperation among Asian nations. The first Northeast Asia Forum in 2005 was held under the theme of "Peace and Development". Its success led to the second Northeast Asia Forum. The theme of this year's forum is "Cooperation and Creation", which aims to discuss co-prosperity and development of Asia in the 21st century. This is in line with deepening regional economic integration and world-wide globalization. We need to think about ways to adapt to the current economic trend in preparation for handling any problems that arise in this historical process. I anticipate that discussions and exchange of ideas by all participants will create sparks to yield new fruit in the economic, political, technical, and cultural cooperation in this part of the world.

　　Finally, I wish to invite all of you to join us in seeking a better future for Asia and the world.

　　I wish the forum a great success.

　　Thank you.

# U. S. -China Cooperation:
# Key to Peace and Prosperity in Asia

## Doug Bandow[*]

## Introduction

We all look into future darkly. Although the outlines of national developments and international relations can be glimpsed, they are indistinct and easily changed. How can we ensure that the world's leading nations, most particularly the U. S. and the People's Republic of China, advance along a path likely to deliver peace and prosperity?

Three or four decades ago few would have felt confident about the future. The United States and the Soviet Union were engaged in a global struggle that risked military escalation and conflict. China was passing through political and social instability at home. ROK and DPRK were locked in bitter confrontation, while Vietnam was a source of conflict which entangled East and West.

Developing states were an important focus of international political, and sometimes military, battle. For many nations poverty appeared to represent a permanent condition. Peace and prosperity looked like goals far out of reach for many people around the globe.

Today, however, the future looks much brighter. Most important, the international community is no longer divided into two warring camps, with countries expected to choose one side or the other. Prosperity now seems to be an attainable objective for all nations. The PRC has opened to the world and joined the first rank of nations. Asia, once an arena for conflict, is set to become the new center of the international order.

But this positive future depends upon one bilateral relationship: the U. S. and China. These two nations obviously have much to gain from forging a

* 作者简介: Doug Bandow, Cato Institute, USA.

cooperative relationship. Doing so, however, requires recognizing and accepting some important political, cultural, and geopolitical differences. The fact that there is good reason for Beijing and Washington to work together for regional and world peace and prosperity does not guarantee that they will do so. They cannot simply assume that their relations will develop in a positive direction. Rather, the U. S. and PRC must consciously pursue this result.

### Geopolitics and History

The 18th and 19th centuries could be characterized as Pax Britania, the period when Great Britain was the most important global power, the first among equals. However, as the world moved into the 20th century Britain found its position challenged by both Germany and the United States. London chose confrontation with Germany and cooperation with the United States.

The result of Germany's assertion of global power and America's alliance with Great Britain was two world wars which left the U. S. as the global dominant state, despite a sharp challenge from the Soviet Union. With the collapse of the latter, America became the world's sole superpower, leaving the 20th century as the dominant force in global affairs.

As the 21st century dawns, the U. S. remains essentially unchallenged. Washington has antagonistic relations with Cuba and DPRK, but they do not offer much of a replacement for the Soviet Union and Warsaw Pact. Saddam Hussein's Iraq was no more effective enemy. Despite the Bush administration's well-publicized fears, it turned out he was incapable of hurting America.

Ironically, the occupation has created a far more formidable enemy for America. But today's messy guerrilla war is a problem only so long as Washington chooses to remain engaged in the region. Most Iraqi insurgents have no means of hurting the U. S.

Iran has become a matter of concern to Washington policymakers, but it remains at most a possible future threat. Terrorism continues to be a significant problem, but existing organizations such as al-Qaeda do not threaten the survival of America—or of any other country.

Thus, in the near future the 21st century is likely to be dominated by the U. S. No nation, or coalition of nations, can challenge America militarily. Countries can resist—and, indeed, already are resisting-U. S. policies. Nevertheless, Washington continues to set the international agenda.

However, just because this century begins under the domination of America does not mean that it will end the same way. A number of nations are potential regional, and ultimately global, powers. India is escaping economic impoverishment and winning global influence. Brazil is becoming more assertive internationally. Indonesia, should it overcome severe internal challenges, could gain influence in Southeast Asia.

And there is the PRC.

China's emergence as an international power is well underway. The country enjoys rapid economic growth and has become a magnet for foreign investment. Beijing is expanding economic ties throughout East Asia and has become a diplomatic force even with such traditional U. S. allies as Australia and South Korea. The PRC's influence extends to Latin America and Africa.

As even Chinese officials acknowledge, the PRC remains poor and faces significant development challenges. Nevertheless, if another superpower arises this century, it is likely to be China. And a world in which Washington faces an equal, a peer competitor, is likely to be a far different world than we see today.

If so, how the two nations manage their relations will determine the kind of future that faces East Asia, most obviously, and the world, more generally. Although there are many reasons that the superpowers of today and tomorrow should cooperate in creating a better world, it is important that neither nation take such cooperation for granted. Both countries must work to ensure good bilateral relations.

**Hostile Pressures**

Obviously, relations between the U. S. and PRC have not always been good. Although Washington maintained contact with the Communist Party when both were fighting the Japanese during World War II (the so-called Dixie Mission), relations broke down shortly thereafter. Once the PRC was founded, the U. S. and China found themselves in military conflict in the Korean War and diplomatic conflict over the proper international representative of the Chinese people. Tragically, for years the two countries had no means of officially talking to one another.

Hostility gave way to friendship with the famed Nixon opening to the PRC, followed by formal recognition of Beijing. Nevertheless, our two nations, despite a shared incentive to advance international peace, disagree over important issues, economic and diplomatic. Perhaps of more concern, some analysts in the U. S. —and I assume also in the PRC — see a darker future for relations between our two nations. On the U. S. side, for instance, many conservatives are looking to China as a likely adversary. Former Australian diplomat Gregory Clark writes of a "China threat lobby."

In fact, this is not a new phenomenon. In 2000, the Project for a New American Century, headed by neoconservative pundit William Kristol, published a report which warned of strategic competition in East Asia. "Raising U. S. military strength in East Asia is the key to coping with the rise of China to great-power status," proclaimed PNAC (which previously organized the letter, signed by so many future Bush administration appointees, demanding the overthrow of Saddam Hussein).

How widely this attitude was shared within the Bush administration is difficult to assess. Before becoming Deputy Defense Secretary Paul Wolfowitz had compared the rise of China to the rise of Germany, which, he observed, led to two wars before the international order stabilized. More than a decade ago, in the aftermath of the end of the Cold War, he authored a Pentagon paper that set as America's strategic objective preventing "potential competitors from even aspiring to a larger regional or global role."

Michael T. Klare of *The Nation* magazine also points to Condoleezza Rice's writings during the 2000 campaign, which noted Chinese resentment of America's role in the Asia-Pacific. In early 2001 President George W. Bush promised to defend Taiwan (China) —before administration officials rushed forward to explain away his remarks.

However, in practice the current administration has generally avoided confrontation with Beijing. Indeed, some neoconservatives were upset with the Bush administration's perceived softness in resolving the EP-3 plane incident.

Whatever the administration's predilections, terrorism supplanted other foreign policy concerns and Washington found that it needed China's help. Even Bush administration officials recognized that they were unlikely to pressure Beijing into compliance with their demands. So the idea of treating China as an adversary lost favor.

Moreover, supporters of engagement with China normally prevailed in

Washington's policy battles. Congress approved Most Favored Nation trade status as well as China's entry into the World Trade Organization.

But hostility towards China never disappeared from the policymaking process. Politicians and analysts alike regularly advanced a litany of complaints, which John Tkacik of the Heritage Foundation lists: China was allegedly selling WMD, supporting Iran, failing to pressure DPRK, and impeding anti-terrorist measures. Some hawks even suggested that Beijing was manipulating DPRK to create the nuclear crisis. Some economic nationalists targeted China's growing trade surplus. Religious conservatives and liberal human rights activists pointed to humanitarian concerns, including the PRC's population policy, limits on religious freedom, and political restrictions.

These disparate critics of Beijing formed an unusual coalition, one that remains intact and ready to do battle in the future. For instance, economic concerns resulted in the congressional firestorm that erupted over the proposed takeover by the China National Offshore Oil Corp. of Unocal. Chinese trade surpluses and currency practices top the list today.

Chinese activities in Latin America have resulted in rising fears. "Red China on the March," warned Steven Mosher earlier this year. Equally strong fears have been expressed of increasing PRC political influence in Asia. Even moderate voices, such as the East-West Center, have produced studies that discuss "Meeting the China's Challenge" and warn of a "shifting 'balance of influence' if not military strength in East Asia. "

Concern about China infects Congress. In 2000 House Armed Services Committee Chairman Floyd Spence devoted his "National Security Report" to China. He concluded: "The resulting combination of China's military modernization campaign, its apparent unwillingness to stop the spread of weapons of mass destruction, its growing ties with Russia, its opposition to the U. S. national missile defense program, its criticism of NATO, and its threatening posture toward Taiwan have led many in Congress to wonder if China's path is one that will lead it to become an adversary, rather than a ' strategic partner'. "

Congress established the U. S. — China Economic and Security Review Commission, largely to criticize China. The Commission concluded last year "that, on balance, the trends in the U. S. —China relationship have negative implications for the long-term economic and security interests of the United States. "

China has become a major concern of the military. The Strategic Studies Institute of the Army War College has devoted much ink to assessing China's future. Cautious worries emanate from the 307 page "The Rise of China in Asia: Security Implications," published in 2002, and other volumes.

The Pentagon produces its own assessment of Chinese capabilities. In the 2005 "The Military Power of the People's Republic of China," the Pentagon observed:"In the short term, the PRC appears focused on preventing Taiwan (China) independence or trying to compel Taiwan (China) to negotiate a settlement on Beijing's terms. A second set of objectives includes building counters to third-party, including potential U. S., intervention in cross-Strait crises. " Further, added the Pentagon, "Over the long term, if current trends persist, [People's Liberation Army] capabilities could pose a credible threat to other modern militaries operating in the region. " The Defense Department's 2006 report, released earlier this year, reiterated these and other concerns.

The Pentagon report *Asia* 2025 warns of a Chinese threat irrespective of how the PRC develops: "A stable and powerful China will be constantly challenging the status quo in Asia. An unstable and relatively weak China could be dangerous because its leaders might try to bolster their power with foreign military adventures. "

No government agency says war is inevitable, but the U. S. — China Economic and Security Review Commission contends that "China's methodical and accelerating military modernization presents a growing threat to U. S. security interests in the Pacific. " David C. Gompert and James Debbins of the Rand Corporation observe: "China is investing heavily in missiles and submarines, precisely the weapons that would make U. S. forces vulnerable in the Western Pacific. "

Far more shrill is the Center for Security Policy, which sees conflict on every continent. It warns that "few things would be more dangerous than to continue to give Communist China a pass as it becomes even more brazen about its strategic goal: to displace this country as the world's leading economic power and to defeat us militarily, if necessary. "

Writes Clinton H. Whitehurst, Jr., for the Strom Thurmond Institute: "For the second time in half a century the United States is engaged in a 'cold war' with a powerful adversary—the People's Republic of China. Knowledgeable individuals, both military and civilian, on both sides predict conflict is likely if China continues to press forward with its present policies, policies that have strained relations between the two countries in the past and ones that the PRC shows no signs of abandoning. Included is an aggressive foreign policy in Asia, an unnecessary military buildup of staggering proportions, the threat to take Taiwan by force if it does not agree to unite with the Mainland, and a continuous denial of human and political rights to its citizens. "

A number of "China as Enemy" books have hit the American market. Jed Babbin and Edward Timperlake wrote *Showdown: Why China Wants War with the United States*, newly released by Regnery. Similar in tone is Richard Bernstein's and Ross Munro's *The Coming Conflict with China* (Vintage). The late Constantine Menges produced *China: The Gathering Threat*, from Nelson Current. Conservative web service NewMax. com is pushing sales of *Unrestricted Warfare: China's Master Plan to Destroy America*.

Even more measured observers use the "w" word (war). Last year Roger Kaplan wrote an article entitled "How We Would Fight China" in *The Atlantic*. His analysis was sobering: "Given the stakes, and given what history teaches us about the conflicts that emerge when great powers all pursue legitimate interests, the result is likely to be the defining military conflict of the 21st century: if not a big war with China, then a series of Cold War-style standoffs that stretch out over years and decades. "

**Flawed Analyses**

These conclusions are disturbing, even frightening. But viewed objectively, these claims and dire warnings look hysterical and silly. China today is more prosperous, accessible, and responsible than ever before. Although Beijing is not a close ally of America, it is not hostile either. Rather, it is a significant power with a range of interests which, unsurprisingly, do not always match those of the U. S. On DPRK there is incomplete cooperation; on trade there is mutual dependence; on East Asia relations there is restrained competition; and on Asian security architecture there is nervous wariness. It's a situation that calls for thoughtful, nuanced diplomacy, not self-righteous scare-mongering.

Unfortunately, many of America's China critics evidence little sophistication when they roll out their worst case scenarios, overstating Chinese capabilities and misstating U. S. interests. For instance, John Tkacik of the Heritage Foundation contends: "Nothing in China's strategic behavior is more unsettling than its military buildup. "

In May State Department spokesman Sean McCormack opined: "We believe the Chinese military buildup is outsized to its needs. " Defense Secretary Donald Rumsfeld suggested that "Since no nation threatens China, one must wonder: Why this growing investment. Why these continuing large and expanding arms purchases?"

In fact, that question would be better asked by Chinese officials to Secretary Rumsfeld. As the Rand Corporation points out in its report, "Modernizing China's Military," the PRC faces significant economic and social constraints on its ability to quickly create a large and modern force. Estimates of Chinese military spending range from around $35 billion to $90 billion, with the best guesses in the 50s or 60s.

Thus, America's increase over the last few years equals China's entire defense budget. Washington spends upwards of seven times as much as does the PRC, is allied with every leading industrial state around the globe, and has friends ringing China. Beijing is decades away from being able to threaten the survival of the U. S. , its constitutional system, its democratic way of life, or any truly vital interest, even if the PRC desired to do so. The Chinese military build up looks like Beijing is focusing more on protecting its perceived regional interests and less on challenging America's expressed global interests.

Unfortunately, as Ivan Eland of the Independent Institute points out, "empathy with China's perception of these matters is considered as being either soft on China, an apologist for Marxism, a defender of Chinese human rights abuses or just plain naive. " This makes it more difficult for Americans to have an honest discussion about the PRC's capabilities and intentions.

Equally disturbing, much of the debate over China confuses which "interests" are important and which are peripheral. Most U. S. analysts and officials acknowledge that America itself is not threatened. For instance, "The Rise of China in Asia" concluded: "Conference participants seemed fairly much in agreement here. China is not, they argued, a direct military threat to the

United States in the way that the Soviet Union was during the Cold War. "
Before joining the Bush administration, Zalmay Khalilzad, currently U. S.
ambassador to Iraq, predicted that China would become a regional military
power by about 2020, but could not hope to match America's global power
until around 2050.

But defense of America obviously is no longer seen as relevant to
American foreign policy by some U. S. policymakers. Rather, China critics
cite other, often ill-defined, "interests. " The SSI volume complained: "China
works with other countries to try to thwart U. S. interests. It would like to
minimize U. S. interests globally, although it has not, as yet, tried to organize
an anti-American coalition. " Similarly, former Sen. Fred Thompson (R —
Tenn. ) contended that "They don't have to be a threat sufficient to invade the
United States. They just have to be a threat sufficient to go against our
interests. "

These "interests" turn out to be a diverse group of preferences of varying
significance. For instance, the SSI observed:   "if we define our national security
interests rather broadly, to include defense of our values, our way of life, and our
allies, it must be conceded that China presents us with some significant challenges. "

Of course, almost anything could be considered to challenge America's
"values," "way of life," and "allies. " Indeed, one could argue that Russia and
even several European powers pose a challenge some of them.

The China threat lobby also worries about a loss of U. S. influence, but
that is inevitable as Beijing strides fitfully onto the regional and world stage.
China already trades more with South Korea than does the U. S. Chinese
economic penetration is advancing throughout Southeast Asia. The presence of
American military garrisons may preserve some political clout—itself of only
dubious value—but only at substantial economic cost and significant
geopolitical risk. Indeed, the military burden currently borne by the U. S. is
likely to accelerate America's economic decline.

Slightly more substantive is a common concern to preserve Washington's
military predominance in East Asia. Put bluntly, many U. S. policymakers
believe that Washington's primary duty is to dominate East Asia irrespective of
changes in the regional and global environment.

For instance, Roger Cliff of the Rand Corporation testified before the

U. S. —China Economic and Security Review Commission earlier this year: "prior to 2025 China is unlikely to have available to its defense resources comparable to those currently available to the United States. However, if China focuses on developing its capabilities for military operations within East Asia, and avoids investing in expensive long-range power projection assets such as aircraft carriers, heavy bombers, strategic transports, and amphibious assault ships, then by 2020 China will be capable of fielding forces that while not equal to those currently fielded by the United States, will at least be in the same order of magnitude. "

Some China critics expand their analysis to all of Asia. The ultimate threat to America from Beijing, in the view of analyst Ross Munro, is that the Chinese "grand strategy is to dominate Asia. And that puts the United States and China on a collision course, because the United States has had a single foreign policy towards Asia for more than a hundred years, and that has been to oppose the domination of Asia by any single power. "

Thus, there is widespread support in Washington for increasing U. S. forces in the Asia-Pacific. Rand's Cliff advocates a regional military build-up, including stationing more carriers in western Pacific. John Tkacik writes: "Congress must appropriate additional resources to bolster America's ability to project power in the Western Pacific. " An equally important objective for the China's threat lobby is constructing a containment ring of allies.

Discussion of potential Chinese domination of East Asia and especially Asia sounds superficially alarming to some Americans. Yet the fear that Beijing will eventually be able to match U. S. power in East Asia is very different from a claim that the PRC threatens to overwhelm Washington's domestic defenses, or even displace the U. S. as the global leading power. Why should Washington be surprised if, over in the next two or three decades, it loses its ability to deploy predominant military power in every region on earth? That it can do so today reflects a unique period of history. This period inevitably will end.

The fear that China is poised to dominate all of Asia—a more worrisome prospect for a nation which has fought to prevent German and Soviet domination of Eurasia—is even more unrealistic. Munro writes as if America was alone and there were no other nations in Asia. In fact, India also is a rising power, Russia maintains a sizable nuclear deterrent, Japan is properous and fields a capable military, Korea is growing in influence, Australia is a regional leader, the ASEAN states are developing new cooperative ties, and more. Beijing faces substantial regional challenges, and its neighbors are capable of cooperating to promote regional stability.

Thus, there's no need for Washington to attempt to micromanage the area's affairs. In fact, any attempt to engage in containment (often packaged with engagement and called "congagement") makes contentious regional relations more likely. Pushing nations to choose sides is not in anyone's interest. In a world where power is more diffuse, leading nations, most obviously China and America, should emphasize cooperation rather than confrontation. The U. S. can play the role of a traditional off-shore balancer, wary and watchful, but aloof from conflicts that do not concern it.

Indeed, in the near-term the only conceivable Chinese military action would be against Taiwan (China). Peacefully resolving the issue of Taiwan (China) will not be easy. But while Taiwan (China) is an attractive friend of America, there is no intrinsic reason why two nuclear-armed powers should come to blows over its future. The potential of a clash is best met by finding a peaceful resolution rather than engaging in a military build-up.

**An Alternative Policy**

The principal goal of U. S. policy towards the PRC should be to accommodate the rise of a likely great power, promoting mutuallybeneficial cooperation while ensuring American security. Most important, Washington should avoid creating enemies. But that's precisely what many policymakers seem determined to do today. Unfortunately, China is on many of their lists.

A peaceful future requires a responsible U. S. foreign policy. America should encourage private economic and cultural ties with the PRC, depoliticizing much of the relationship. Washington should seek China's cooperation on issues of shared interest, such as stability on the Korean peninsula. U. S. officials should speak frankly about issues of proliferation and human rights, but should do their most contentious work behind the scenes, where they are likely to be more effective.

Washington shouldn't treat policy differences with Beijing as evidence of hostility and should forswear military confrontation. America need not be a pushover, but it should assess its interests more rigorously. Most important, the U.S. should not seek to preserve an unnecessary military dominance along China's boundaries. Washington should deploy its military to defend itself, not to advance vaporous "interests."

However, the responsibility for peaceful relations is not America's alone. There is much that Beijing can do to encourage Washington to place cooperation before confrontation.

First, increased transparency in its military budget would reduce American concerns over increased outlays on China's armed forces. For many analysts, belief that the PRC is hiding military expenditures exacerbates their concern over the intentions behind it. Combined with increased military cooperation and contact, such transparency would reduce a current cause of friction.

Second, a pledge by Beijing not to initiate force against Taiwan (China) would reduce Washington's fear that the PRC is not committed to a peaceful resolution of the reunification question. Although China views the issue as an internal affair, it must understand the strength of America's ties to Taiwan (China), based on strong historical friendship, profitable economic relationships, and shared political principles. The perception that Beijing is willing to threaten Taiwan (China) is viewed by many Americans as a challenge to U.S. interests. A commitment to eschew the use of force would eliminate one argument used by the "China threat lobby."

Third, effective coordination in response to DPRK's nuclear program and other provocative activities would help demonstrate the positive potential for U.S. -PRC cooperation in other geopolitical controversies. Washington, too, must be prepared to exercise flexibility. However, a willingness by China to back new American moves with increased forcefulness could both eliminate both a threat to countries throughout the region and a source of discord between Washington and Beijing.

Fourth, the more China encourages development of and participates in multilateral economic and security organizations in Asia, the more its peaceful intentions will be obvious. China's involvement in such forums would help quiet fears that China is prepared to pursue aggressive, unilateralist policies. Forging positive, non-confrontational bilateral relations with its neighbors, including Japan, also would contribute to better relations between the U. S. and PRC.

Finally, on the range of issues where the U. S. and PRC might understandably disagree—Iran's nuclear developments, China's trade surplus, potential energy competition—Beijing should recognize that those issues are of interest to Washington and emphasize the pursuit of cooperative solutions. Obviously there is much Washington, too, must do in this regard. Most important, the U. S. cannot assume that its views will prevail on every question.

Nevertheless, the strength of China's critics, and their willingness to make the worst interpretation on any Chinese policy, makes it extra important for Beijing to emphasize conciliation and cooperation. Since their nation has long enjoyed international dominance, many Americans are uncomfortable with the idea that the U. S. eventually will have to share global responsibilities. To ensure that the U. S. -PRC relationship evolves more like the British-American relationship than the British-German relationship, Beijing should use every possible opportunity to help moderate American concerns.

**Conclusion**

There will be no more important bilateral relationship over the next century than that between the U. S. and China. Much depends on the ability of these two nations to overcome cultural and political differences to cooperate peacefully. There are obvious challenges to do so, but both peoples must make the bilateral relationship a success.

The U. S. should avoid responding to internal pressures to look for a new adversary, with China in the starring role. The PRC must be aware of the issues of greatest controversy in America and seek ways to reduce potential sources of friction. If peoples in both countries adopt positive policies, the future of East Asia and the world beyond will be much brighter.

# The Iranian Nuclear Issue
# and China's Interest

## Shen Dingli[*]

The Iranian nuclear issue has become a major issue of contemporary international security. Iran claims that it is entitled to nuclear sovereignty over civilian nuclear power and has denied that it has had a nuclear weapons program. The International Atomic Energy Agency (IAEA) has not been able to present definitive evidence of an Iranian nuclear weapons program over the past two decades[①] or for the UN Security Council to take action until March 2006.[②] Meanwhile, in his 2002 State of the Union speech, President George W. Bush signaled his intention to keep a spotlight on Iran when he labeled it part of the "axis of evil," alongside DPRK and Saddam Hussein's Iraq.[③] In the years since, however, Washington has not been able to thwart Iran's pursuit of uranium enrichment diplomatically[④] or to reach a political consensus to use

* 作者简介: Shen Dingli, Professor of International Relations School of Fudan University.

① "Implementation of the NPT Safeguards Agreement in the Islamic Republic of Iran," GOV/2003/40, June 6, 2003; "Implementation of the NPT Safeguards Agreement in the Islamic Republic of Iran," GOV/2004/60, September 1, 2004; "Implementation of the NPT Safeguards Agreement in the Islamic Republic of Iran," GOV/2004/79, September 18, 2004; "Implementation of the NPT Safeguards Agreement in the Islamic Republic of Iran," GOV/2005/67, September 2, 2005; Muhammad Elbaradei, introductory statement to the Board of Governors, Vienna, September 13, 2004.

② "Implementation of the NPT Safeguards Agreement in the Islamic Republic of Iran," GOV/2005/77, September 24, 2005 (hereinafter IAEA GOV/2005/77).

③ Office of the Press Secretary, The White House, "President Delivers State of the Union Address," Washington, D. C., January 29, 2002, http: //www. whitehouse. gov/news/releases/2002/01/20020129—11. html.

④ For approaches to the Iranian nuclear issue, see Robert J. Einhorn, "A Transatlantic Strategy on Iran's Nuclear Program," *The Washington Quarterly* 27, nov. 4 (Autumn 2004): 21~32; Shahram Chubin and Robert S. Litwak, "Debating Iran's Nuclear Aspirations," *The Washington Quarterly* 26, nov. 4 (Autumn 2003): 99~114; George Perkovich and Silvia Manzanero, "Plan B: Using Sanctions to End Iran's Nuclear Program," *Arms Control Today*, May 2004, p. 20~25.

force.

For the past two years, the European Union-3 (France, Germany, and the United Kingdom) have been making reconciliatory efforts with Iran but have met with little success. The EU-3 have proposed to offer Iran a lightwater reactor (LWR), nuclear fuel, and technology, but such offers are contingent on Iran suspending its uranium conversion. ① Otherwise, the EU-3 will not help to resolve this issue within the IAEA. Efforts to deal with the Iranian nuclear issue through an even broader concert of global powers, the permanent members of the UN Security Council (P-5) and Germany, could lead the Security Council to consider the matter in March unless.a settlement can be reached, such as the Russian enrichment offer. ② In the face of these past failures and present challenges, China, a P-5 member, could be forced to consider acting with the other major powers to curb Iran's nuclear ambition. The Iranian nuclear case thus presents China's leaders with a prime opportunity to demonstrate their ability to balance their domestic interests with their responsibilities as a growing global power.

China's rise has brought its multifaceted national interests to the fore and into competition with one another, including securing stable and cooperative relations with other major powers; developing peaceful relations with neighbors and nearby states, including Iran; and gaining access to sufficient and reliable resources to sustain the nation's growing economy.

On one hand, China has been increasingly supportive of the nonproliferation of weapons of mass destruction, eager to be viewed as a "responsible stakeholder" within the international community. ③ At the same time, however, China's economic boom has resulted in an energy thirst that is now affecting Beijing's foreign policy. Conventional wisdom holds that the

---

① Christopher Adams and Roula Khalaf, "EU-3 to Offer Iran Help with Nuclear Power If It Agrees Not to Make Fuel," *Financial Times*, July 15, 2005, p. 7.

② Scott Peterson, "Russia Signed a Deal Sunday for the Supply and Return of Fuel for Iran's Bushehr Nuclear Reactor," *Christian Science Monitor*, February 28, 2005, p. 6.

③ For the first use of the term "responsible stakeholder," see Robert B. Zoellick, 1 *Dingli Shen* THE WASHINGTON QUARTERLY _ SPRING 2006p. 66 "Whither China: From Membership to Responsibility?" New York, September 21, 2005 (remarks to the National Committee on U.S. -China Relations).

friendly relationships that Beijing is cultivating with Iran, Myanmar, Sudan, Venezuela, and Zimbabwe, among others, all of which have strained relations with the United States, are more or less tied to its petroleum needs.

Five main considerations shape China's thinking on the Iranian nuclear issue: respecting Iran's right to a civilian nuclear program, perpetuating the nuclear nonproliferation regime, maintaining bilateral energy and economic ties with Iran, protecting relations with the United States, and promoting China's international image. How does China perceive its interests in this balance between energy security and nonproliferation? How would Beijing vote if the UN were to take action, given its difficult choice between risking its energy security or its relations with Washington? The first question to address is whether Tehran will force China and the world community to face such a dilemma.

To answer that, however, requires understanding Iran's nuclear motivations and aspirations before discussing Beijing's calculations.

**Iran's Nuclear Ambitions and Motivations**

Iran has a long history of nuclear interest and development. [1] As early as 1957, Iran and the United States signed a civil nuclear cooperation agreement as part of the U.S. Atoms for Peace program, which provided technical assistance, leased several kilograms of enriched uranium, and called for cooperation in research on the peaceful uses of nuclear energy. [2] As a member of Nuclear Non-Proliferation Treaty (NPT) since its opening for signature in 1968, Iran claims the unalienable right to use nuclear energy for peaceful purposes. Given the country's natural endowments of fossil energy, however, Iran would appear to be one of the few countries with less of a need to seek alternative energy sources in the foreseeable future. [3] Iran's proven oil reserves have risen to 19.5 billion tons since the discovery of a new oil field in 2003,

---

[1]  For a complete history and one of the best updated online sources of Iranian nuclear chronology, see http://www. nti. org/e-research/profiles/Iran/1825-4968. html.

[2]  "Atoms for Peace Agreement with Iran," *Department of State Bulletin* no. 36, April 15, 1957, p. 629.

[3]  See Tang Zhichao, "U. S. Contains Iran's Oil Industry," *Global Times*, August 18, 2004, p. 7 (author's translation); Tian Hui, "Energy Drives China to Big Iran Market," *Oriental Morning Post*, June 28, 2005, p. A13 (author's translation).

accounting for 13 percent of the world's total oil reserves. Iran is also home to 17—18 percent of the world's total gas reserves.

Iran has the right to undertake research on nuclear science and technology, but to apply such research to real-world nuclear power generation while it still possesses seemingly unlimited fossil fuel seems only to discredit its motives, especially without informing the world's nuclear watchdog of its past clandestine nuclear activities.

**Proliferation in the Middle East would complicate and likely harm China's interests.**

The IAEA pointed out in findings published in November 2004 that Iran has neglected to report on its nuclear program "in a number of instances over an extended period of time," thereby failing to meet its obligations under its safeguards agreement with respect to reporting nuclear material, its processing, and use, as well as the declaration of facilities where such materials had been processed and stored. [1] Although the IAEA still has not concluded that Iran must have been pursuing a nuclear weapons program, many within the international community take it as further proof that Iran has, for a long time, engaged in a secretive nuclear program that could quickly be diverted to military purposes.

Especially after Iran's submission to the IAEA in October 2005 of its nuclear history of the quantity of centrifuges and other nuclear technologies that it purchased from the nuclear black market in the 1980s, Tehran's position is growing increasingly vulnerable. In an attempt to justify Iran's nuclear moves, former Iranian president Akbar Hashemi Rafsanjani indicated in March 2005 that Iran indeed had engaged in an intentional clandestine nuclear buildup. After the United States sanctioned Iran after Tehran's 1979 revolution, Iran had to seek nuclear technology from the black market.

He reinforced the claim, however, that it was only for peaceful purposes. [2] If Tehran does indeed have a covert military nuclear program,

---

[1] "Implementation of the NPT Safeguards Agreement in the Islamic Republic of Iran," GOV/2004/83, November 15, 2004.

[2] Yun Zhen, "Iran Exposed Its Nuclear Plan," *China Youth Daily*, March 8, 2005, p. A5 (author's translation); Wang Jufang, "We Have Bought Nuclear Material from Black Market," *Shanghai Evening Post*, March 7, 2005, p. A15 (author's translation).

three possible security factors might have caused Iran's leadership to proceed down this path. First, Israel's acquisition of a nuclear deterrent is an open secret.

Although Tel Aviv may feel safer with this ultimate security guarantor, it has had the opposite effect on its Arab and Persian neighbors. Iran's development of a counterbalance in kind could be a natural response. Second, Iraq was developing nuclear weapons in the 1980s. Although the Israeli air force bombed the Osiraq nuclear reactor in 1981, Saddam was able to revive his country's nuclear weapons program; it only faced complete dismantlement after the Persian Gulf War in 1991. A further catalyst for Tehran could have been Iraq's use of chemical weapons against Iran in 1983, during their bitter eight-year war. Finally, Iran and the United States have been at odds since Tehran's revolution in 1979. The United States' "preemptive" war against Iraq could have further justified Iran's quest for a nuclear deterrent. Given these incentives and if more evidence is revealed, Beijing may be increasingly inclined to doubt Iran's nuclear innocence.

Even if Iran has a nuclear program capable of quick conversion from civilian to military ends, it remains possible that Tehran may not have had enough opportunity to secure the nuclear wherewithal for a robust underground military program without being detected. This assumption may lead Beijing to continue to stress the need to seek a peaceful resolution to the current diplomatic impasse.

### Beijing's Considerations

In regard to Iran's nuclear development, Beijing may have a host of complex, interwoven interests. China shares some common concerns with Iran about the sovereignty issue. Moreover, Iran can provide China with energy, which would serve Beijing's core national interest. A closer relationship with Tehran, however, has the potential to irritate the United States, the other driving force of China's economic modernization, at a time when China really cares about its global image.

### Respecting Sovereignty

Recurring foreign intrusions since the mid-nineteenth century have made the current Chinese government particularly sensitive to the importance of sovereignty and independence. Its inability even today to reunify the country has reinforced this psyche, increasing Beijing's sensitivity to external interference in its internal affairs. Therefore, from a legal point of view, if Iran is genuine in its support of nonproliferation, China will support Tehran's right to civilian nuclear energy based on the principle of sovereignty. The only complication would occur if Iran violates its commitment to the NPT and develops nuclear weapons. The United States, however, concerns that a civilian nuclear program could be diverted to nonpeaceful purposes on short notice justify the denial of such rights to an independent nuclear fuel cycle. Beijing has supported the IAEA view that, before Tehran would ever be granted rights to a full nuclear fuel cycle, it has to accept accountability for its past nuclear program.

Even if Iran had never joined the NPT, China would still have no reason to oppose Iran's civilian nuclear program. No international laws have ever prohibited any states, whether or not they possess nuclear weapons, from the peaceful use of nuclear energy. The only restraints imposed on civilian nuclear facilities of non-nuclear NPT member states are the IAEA's nuclear safeguards. In fact, all states that have civilian nuclear programs, even those outside the NPT regime, are expected to allow IAEA safeguards to be placed on their domestic civilian nuclear facilities. The United States and other nuclear export capable states expanded the safeguard requirement by founding the Nuclear Suppliers Group (NSG) in 1974 after India's nuclear test, denying the export of nuclear material by NSG member states to non-NPT states. This is just a collective action, however, not a universally imposed law. According to current international legal arrangements, Iran has the right to harness nuclear power for peaceful purposes regardless of its nuclear weapons' pursuit and status. Even if, in the worst case, Iran has already developed nuclear weapons, it is still entitled to civilian nuclear energy as long as it has not done so while verbally committing to nuclear nonproliferation as an NPT member.

**Iran in particular has become indispensable to China's energy security.**

Furthermore, no states are involuntarily banned from developing nuclear weapons as part of its national defense, with the exception of Iraq, which was deprived of the right to develop and possess nuclear weapons by UN Security Council Resolution 687 in 1991. Although the norm of nuclear nonproliferation is nearly universal, the decision to join the NPT remains a sovereign matter, and participation in the treaty is voluntary. Article X of the NPT was specifically created to protect national sovereignty through the right of withdrawal, in case a member state came to believe that remaining in the treaty would harm its national interests. As a member of the NPT, Iran cannot build nuclear weapons when it still openly and officially commits to nuclear nonproliferation. If Iran is found to have violated its commitment and yet refuses to abandon its nuclear weapons program, the international community will be forced to take action. Yet, Iran can technically develop nuclear weapons legally if it withdraws from the NPT.

**Promoting Non-proliferation**

As a member of the NPT, China is obliged to support the nonproliferation of nuclear weapons. It has committed not to transfer nuclear weapons to non-nuclear-weapon states and non-state actors, not to assist any non-nuclear-weapon states and non-state actors in developing nuclear weapons, and to discourage or even oppose the acquisition of nuclear weapons by non-nuclear-weapon states. Since the early 1990s, China has made remarkable progress in non-proliferation. It joined the NPT in 1992 and the Comprehensive Test Ban Treaty in 1996. Throughout the past decade, China strengthened national export control systems for nuclear, chemical, and biological weapons, as well as for missiles. China also joined the NSG in 2004, cutting nuclear relations with those refusing to join the NPT.

Regionally, as the Chinese economy continues its rapid growth, Beijing's interest in the Middle East is also expanding. Because it promotes a smooth, predictable relationship with the region, China needs a peaceful and stable Middle East. A more proliferation-prone environment complicates and likely harms China's interests. Beijing appears to believe that the emergence of a regional nuclear power or a nuclear arms race in the region would destabilize the Middle East and undercut China's pursuit of energy security.

The risk of the transfer of nuclear technologies by Iran is also a major concern. After his first speech at the United Nations on September 14, 2005, the new Iranian president, Mahmoud Ahmadinejad, met with Turkish prime minister Recep Tayyip Ergodan and offered to share "peaceful nuclear energy" *with Islamic countries.* [1] Today, ample evidence indicates that Iran has acquired centrifuges from the A. Q. Khan network. [2] The threat of Iranian transfer of such technology to other Islamic actors worries both Beijing and Washington.

### Bilateral Energy and Economic Ties with Iran

Given China's increasingly closer energy and economic ties with Iran, Beijing is caught in a dilemma vis-a-vis Iran's uranium conversion. On one hand, Iran's uranium conversion raises the issue of the necessity of such nuclear fuel independence, especially considering Iran had tried to cover up this program. On the other hand, because Iran has a higher stake in trade with China, Beijing now has a greater ability to influence Tehran if it is willing to exert its leverage. Because Iran's nuclear program seems to be of vital interest to Tehran, China must now decide whether to risk its energy and economic interests and join the international pressure group.

China's sustained, rapid economic growth for nearly three decades has resulted in significant challenges, including social and ecological tension and a strong demand for resources. In 1993, China became a net oil importer.

In recent years, China has been increasing the amount of its energy imported from abroad, currently importing more than 40 percent of the oil it consumes. [3] In 2004, China imported 122. 7 million tons of crude oil, surpassing Japan to become the world's second-largest energy-consuming state. [4] The Middle East has been the major source of China's energy imports.

From 1998 to 2003, crude oil from the Middle East accounted for 50. 9 percent of China's total energy imports. Iran in particular has become indispensable to China's energy security. During this period, Iran accounted for 13. 6 percent of China's oil imports, second only to Saudi Arabia's 16. 7

---

[1]   Xu Yang and Feng Junyang, "Iran Wants to Transfer Nuclear Technology to Islamic Countries," *Xinhua Daily Dispatch*, September 17, 2005, p. 4 (author's translation).

[2]   David Albright and Corey Hinderstein, "Unraveling the A. Q. Khan and Future Proliferation Networks," *The Washington Quarterly* 28, no. 2 (Spring 2005): 111—128.

[3]   For an account of China's energy dependence on the Middle East, see Flynt Leverett and Jeffrey Bader, "Managing China-U. S. Energy Competition in the Middle East," *The Washington Quarterly* 29, no. 1 (Winter 2005 06): 187—201.

[4]   See Tian, "Energy Drives China to Big Iran Market."

percent. In 2004, China imported 130 million tons of crude oil from Iran, accounting for 15 percent of its total imports of crude oil. ① China and Iran are also preparing for various other forms of closer energy cooperation. On October 28, 2004, China signed a Memorandum of Understanding with Iran that awarded Sinopec, China's second-largest oil giant, the rights to participate in developing Yadavaren, an Iranian oil field, in exchange for an agreement to purchase 10 million tons of liquefied natural gas (LNG) over 25 years. ② Yadavaren, as one of the world's largest undeveloped oil fields, would have a total production capacity of around 300,000 barrels per day, half of which would eventually be exported to China. It was understood that this deal, also covering the LNG construction on-site, could be as large as $70 billion. Only half a year earlier, in March 2004, state oil trader Zhuhai Zhenrong also signed a preliminary deal to import more than 110 million tons of LNG from Iran over 25 years for $20 billion. ③ Beyond the energy sector, China's total trade with Iran in 2004 reached around $7 billion, a 25 percent increase over 2003. At present, Iran is an important source of outsourcing for China. Ninety-five percent of Iran's motorcycles, for example, are manufactured in China. Iran is also China's biggest overseas market for large projects and labor export. Currently, about 120 Chinese projects are being implemented in Iran, totaling $6 billion. Hundreds of new projects are currently being negotiated between the two countries, involving tens of billions of dollars.

**Balancing the United States and Iran**

The challenge of the Iranian nuclear issue must also be viewed in the context of Sino-U.S. relations. The United States has had fundamental problems with Iran's government since the 1979 revolution. In 1996, Congress sought to step up the international pressure on Tehran by passing the Iran and Libya Sanctions Act, threatening to sanction foreign companies if they invest more than $40 million in Iran's oil and natural gas industries. After Bush further enhanced the rhetorical pressure by branding Iran part of the axis of

---

① See Tian, "Energy Drives China to Big Iran Market."

② Zhao Renfeng, "Iran Prefers China for Oil Exploration Projects," *China Daily*, November 9, 2004, http://www.chinadaily.com.cn/english/doc/2004—11/09/content_390435.htm.

③ Ibid.

evil in 2002, the administration placed Beijing in a precarious position, forcing it to balance its relationships with Washington and Tehran.

In terms of economic development, including investment, technology transfers, and exports, the United States is China's single but the most important partner. There are some predictions that China's trade surplus with Iran should be more open and cooperative with the IAEA about its nuclear past.

The United States for 2005 will reach \$ 200 billion,[1] a figure vastly greater than the volume of Chinese-Iranian trade. Although Washington is also Beijing's most robust partner in the energy arena, as the two largest energy consumers in the world they may also compete for fuel in the near future. The unsuccessful bid by Chinese National Offshore Oil Corporation (CNOOC) for Unocal in the summer of 2005 reflected Washington's caution. The Chinese oil company's attempt alarmed Washington, which eventually dissuaded the deal, primarily because CNOOC is largely a state-sponsored entity. This in turn raised Iran's value to Beijing in its search for energy security.

Although Tehran is an energy source that Beijing cannot refuse and the protection of China's energy relationship with Iran is of vital importance, China must balance this relationship with its relations with the United States, its larger economic partner. This is not the first time that Beijing has faced pressure from Washington over Iran. In 1997, China's earlier agreement to build an LWR in Iran did not materialize because of U. S. pressure. [2] At the time, relations with the United States were even more tense than they are now, with some unconfirmed speculation that China had agreed to the sale in retaliation for the U. S. 's decision to provide Taiwan (China) with 150 F— 16A/B jet fighters in the early 1990s. More recently, Deputy Secretary of State Robert B. Zoellick cautioned on September 6, 2005, that, "if China continued to seek energy agreement with such countries as Iran, more conflicts

---

[1]　"U. S. Trade Deficit with China to Top U. S. \$ 200 Billion," *China Daily*, November 15, 2005, http: //www. chinadaily. com. cn/english/doc/2005—11/15/content_494848. htm.

[2]　Wang Jun, "Growing Common Interests: Conflict and Cooperation Between China and U. S. in Non-Proliferation in the Post Cold War Time" (dissertation, Beijing University, June 2003); U. S. Department of State officials, interviews with author, Washington, D. C. , summer 1997.

will arise between China and U. S. "①

### A Responsible Stakeholder with Multiple Interests

The Iranian case presents China with a challenge and an opportunity to be proactive. The Iranian nuclear issue is in some ways comparable to the DPRK's case: both are states with past suspicious behavior, calling for nuclear sovereignty and insisting on their rights to acquire civilian nuclear power.

China's policy vis-a-vis DPRK's nuclear weapons development has demonstrated that Beijing might be giving non-proliferation a higher priority over sovereign justification and bilateral relations. Because China does not want to see nuclear proliferation in the Middle East, this shift may apply to the Iranian case. Nevertheless, China has been unwilling to pursue the DPRK's case through the UN Security Council for fear that a UN sanction may disturb regional stability. Under the same logic, China prefers a peaceful settlement of Iran's nuclear case. China's leaders will also try their best to avoid bringing Iran to the UN Security Council.

Some differences between the DPRK's and Iranian cases, however, are obvious. Pyongyang has acquired nuclear weapons openly and legally outside the NPT by withdrawing from the treaty. In contrast, Iran remains in the NPT and still accepts IAEA safeguards. Beijing's role as host of the Six-Party Talks seems natural, as it has a vested interest in maintaining stability in its immediate neighborhood. European powers (the EU-3 and Russia), however, have already been engaging Iran. In this case, China's foremost concern and interest is energy security.

China's leaders have also tried to triangulate their various interests with Washington and Tehran and do not want to have to choose between the two. If the Security Council debates the Iranian nuclear issue, China will be forced to make a difficult choice: support sanctions on Iran, damaging Beijing's energy ties with Tehran; veto any measure, frustrating and angering Washington; or play a passive role of abstention without a clear position, diminishing China's newfound role as a gradually more influential actor on the world stage. Even in the case of abstention, if a sanctioning resolution were passed, as a responsible

---

① See Tian Hui, "China Has No Intention to Control Oil Sources," *Oriental Morning Post*, September 9, 2005, p. A10 (author's translation).

stakeholder China would have to observe it. In the end, the only way for Beijing to gain immunity from these pressures is by keeping the Security Council from taking action in the first place. The only way to do that is by getting Iran to be more open and cooperative with the IAEA about its nuclear past.

To this end, China and Iran recently have consulted fairly frequently on bilateral ties and Iran's nuclear program. Iranian deputy foreign minister Gholamali Khoshroo visited China on August 11, 2004, giving a briefing on Iran's nuclear position. Iran's new foreign minister, Manouchehr Mottaki, visited Beijing on October 13—14, 2005, launching talks between the new Iranian government and Beijing on the nuclear issue. In between, Chinese foreign minister Li Zhaoxing reciprocally visited Iran on November 6, 2004, where he was quoted as saying that China was "opposed to" referring Iran's case to the UN Security Council for fear of complicating the issue. ① On August 12, 2005, China again expressed that it would not support moving Iran's nuclear case from Vienna to New York. According to China's UN ambassador, Wang Guangya, who also did not consider the Security Council the appropriate place to resolve this dispute, "The Security Council has too many issues to add Iran. "②

In addition to the energy incentives, China's leaders fundamentally believe that conflicts should be resolved through a political and consultative manner, considering the legitimate interests of all concerned parties. If the IAEA could not resolve the Iranian or even the DPRK's nuclear issue, these same issues likely could not be peacefully resolved in the Security Council. China's leaders do not want to have to choose between Tehran and Washington. Therefore, the much higher stakes that would be raised in New York are not in China's interests, given Beijing's conflicting priorities. On September 20, 2005, the EU distributed a draft resolution to the IAEA, threatening to bring the Iranian nuclear issue before the Security Council. Private consultations found China

---

① "Foreign Minister Li Zhaoxing Claimed That China Would Oppose to Referring Iranian Nuclear Issue to Security Council," http: //www. news. sina. com. cn/w/2004 — 11 — 07/09134164640s. shtml (author's translation).

② Tian Hui, "China Is Opposed to Referring Iranian Nuclear Issue to Security Council," *Oriental Morning Post*, August 12, 2005, p. A11 (author's translation).

and Russia opposed to such action, and they insisted that the matter be settled within the IAEA framework.

After the wording of the draft resolution was watered down, in part to address China's concerns about escalating the diplomatic conflict, the EU decided not to bring the case to the UN for the time being. Subsequently, on September 24, the revised resolution was put to a vote in the IAEA, passing 22—1, with China among 12 countries abstaining. ① Tehran's retaliatory reaction to the vote has perhaps given Beijing further pause. Iran has reportedly notified India, which voted for the resolution, that it was canceling an energy project between the two countries worth $ 22 billion. ②

**Running Out of Options**

The rise of China is a phenomenon of globalization that has its roots in China's welcomed opening in 1978. Yet, as China has become an increasingly powerful presence on the world stage, the international community has grown wary of its future direction. The Iranian nuclear issue is testing Beijing's wisdom, its responsibility as a major global power, and ultimately its ability to balance its domestic and global interests.

Beijing's delicate range of policy choices will be exhausted if Tehran refuses to be more flexible. If Iran were to declare an end to diplomacy, it would grow increasingly difficult for Washington to be tolerant. Although there is still some room for maneuvering in the short run, the White House may be pressed to take a harder position toward Iran. Beijing will then be forced to develop a more active diplomacy, as it has done with the DPRK's nuclear issue. Beijing might send a special envoy to Tehran, asking Iran to follow various IAEA resolutions that require it to detail its past nuclear activities. Given China's past experience and initiative handling the DPRK's nuclear issue, it could also take other preventive measures, such as approaching EU member states for consultation and to exchange policy views as well as coordinate policy action. The EU and Russia would likely welcome China's proactive stance if Beijing would take this initiative.

---

①   See IAEA GOV/2005/77.

②   Xiao Yue, "Iran Retaliates Those Who Cast Yes," *Global Times*, September 30, 2005, p. 3 (author's translation).

Such a concerted and coordinated action could also strengthen the global concert of powers beyond the existing Western coalition on this issue.

If Iran continues to refuse to implement existing and future IAEA resolutions demanding that it clarify its nuclear history, China would be tested. Beijing's ability to block the Security Council's debate or action would become increasingly difficult if Iran continues its lack of compliance with the IAEA mandate. China possibly would be forced to abandon Iran in its defense of its claimed rights.

It is likely that Beijing would not support a largely Western action to sanction Iran.

Nevertheless, even though nuclear proliferation has become an increasingly higher priority in Chinese foreign policy, Beijing likely believes that the existing international monitoring and spotlight on Iran would make it virtually incapable of developing any existing clandestine nuclear programs further. For this reason, because of its emphasis on peaceful methods of resolving the dispute and because China's growing energy demand forces it to value Tehran, Beijing likely would still not support a largely Western action to sanction Iran. If China is reluctant to support a Western sanctioning effort, it would not imply Chinese support for Iranian proliferation or Chinese cowardice or unwillingness to act in the face of a nuclear threat. Rather, it would result from Beijing's philosophy of peaceful conflict resolution coupled with its need for energy cooperation.

# 美国对中亚政策的演变

翟立明[*]

**摘要**：本文回顾了中亚五国自1991年从前苏联脱离以来，美国政府对中亚的政策，探讨了美国在中亚的利益所在，指出了美国对中亚政策受客观条件和领导人政治理念影响所产生的异同，阐述了美国对中亚政策的演变过程。作者认为，克林顿政府对中亚的维护国家稳定、推行民主化、实现自由市场经济、实行地区非核化、坚持国际人权标准以及后来在中亚能源开发上的灵活性，体现了理想主义和现实主义的思想。小布什政府利用"9·11"事件，打全球反恐旗号，从经济入手，逐步扩大对中亚地区的政治、军事、教育等各个领域的渗透，加强和确立了美国对中亚地区的影响和控制，有现实主义的色彩。中亚国家独立以来发生了许多变化，但没有完全按美国的意愿所发展，对美国的中亚战略形成了挑战。

受政治和地理因素的影响，中亚五国（哈萨克斯坦、吉尔吉斯斯坦、塔吉克斯坦、土库曼斯坦和乌兹别克斯坦）过去是前苏联的势力范围，尽管美国深知这一地区的重要性，但一直苦于没有机会插手。冷战的结束和苏联的解体以及"9·11"事件给美国提供了机会，使得美国能够对该地区施加影响，逐步形成了中亚政策。中亚在美国的全球战略版图上越来越重要，已经成为美国的必争之地。

## 一、利　益

美国在中亚的利益既是政治的，又是经济的，是两种利益的结合。美国是最早实行西方式宪政民主体制的国家，以自由、民主为基本价值观的自由主义是其主流意识形态。"二战"结束后，美国成了西方的"帮主"，是当时唯一的经济强国和核大国。在这种背景下，美国人"领导世界"的意识感越来越强，认为美国的政治、经济、道德、价值、制度等均可适用于世界，也有责任去领

---

* 作者简介：翟立明，辽宁大学国际关系学院教授，哲学博士。

导它。因此，美国一直将世界范围内的推进民主制度视为重要的国家利益，并将之贯彻到对外政策之中。

20世纪90年代，冷战结束，世界的格局发生很大的变化。一些美国人认为，美国式的自由主义已经战胜其他意识形态，成为世界的主流意识。按照弗朗西斯·福山的说法，意识形态斗争的历史已经终结，没有哪一种意识形态能够挑战美国的政治信仰了。不过，美国的政治家们并没有这样想，而是趁热打铁，进一步在世界上推行民主，实现美国的全球战略。苏联解体后，中亚五国宣布独立，美国随即予以承认。1991年，老布什向国会提交了《自由支持法案》，这标志着冷战期间美国对共产主义公开遏制政策的结束，也标志着以民主取代军事、以资本主义制度征服共产主义国家战略的开始。到1992年3月中旬，美国分别与这些国家建立了外交关系，创建了对中亚施加影响的平台。《自由支持法案》经修改后于1992年10月签署生效，为扩大美国全球民主化战略成果提供了政策保障。

1992年美国大选，克林顿击败了老布什。两人党派不同，治国理念也不相同，但在推行全球民主化尤其是"西化"俄罗斯和新独立的中亚国家问题上却观点颇为一致。克林顿赞成老布什的"西化"政策和战略，同时也指出，美国在海外的理想和利益通常基于民主。既然冷战已结束，就不存在与超级大国竞争的问题，美国必须比以往更加致力于推行民主，因为"促进民主就是冷战时期遏制政策的继续"。① 这无疑说明，克林顿对美国冷战期间推行的意识形态和价值观念并没有改变，反而态度更坚定。在其就职前二天，他在乔治敦大学对各国使节重复了对外政策的理念，即美国的外交政策建立在国内的经济安全，军队重组和全球民主价值观的支持三个支柱上。鉴于俄罗斯和中亚的局势急剧变化，克林顿认为有加快对中亚国家民主化进程的必要性，从而能更好地服务于美国的国家战略利益。为此，他劝说老朋友、牛津大学时同住一幢楼的同学斯特罗布·塔尔博特离开《时代》杂志社，到国务院帮助他制定美国对原苏联国家的新政策。塔尔博特精通俄罗斯的历史与政治，曾翻译和编辑了赫鲁晓夫的回忆录。该人很快得到克林顿的重用。塔尔博特最初被任命为前苏联新独立国家问题特别顾问，后来官至副国务卿，成为美国俄罗斯问题的专家。克林顿任职八年间，仅与叶利钦见面就有十八次，而塔尔博特则场场都在，这无疑为克林顿政府对中亚推行的维护国家稳定、推行民主化、实现自由市场经济、实行地区非核化、坚持国际人权标准以及后来在中亚能源开发上的灵活性方面起到重要的作用。

---

① Carothers, Thomas. Democracy Without Illusions. Foreign Affairs, January/February 1997.

"9·11"事件为美国企图把阿富汗和整个中亚地区转变为一个有稳固主权国家的区域创造了机会。美国人想让这些国家参与市场经济，摆脱宗教干扰，开放政府体制，与美国保持良好的关系。为实现这一目标，有人甚至提出建立一个"大中亚合作与发展伙伴关系（GCAP）组织"（简称"大中亚"），即建立一个能够策划、协调和实施美国一系列项目的区域性论坛。① "大中亚"的目标是，加强反恐战争，建立与美国相关的安全基础设施，加强这一地区的经济及与其相关的政府机构职能，使该地区能够起到与中东、南亚和东亚的经济与政治沟通的桥梁作用，创建西方式的政治体制，与小布什政府的中亚政策重点放在促进民主、国内改革和能源开发三方面的战略遥相呼应。

国家经济发展的重要性在美国是不言而喻的，克林顿也正是靠这张牌把老布什赶下了台。经济发展促进经济安全、国家安全。美国经济发展的关键因素之一是解决能源问题，因为能源竞争本身就是国家生存条件的竞争、政治利益的竞争。克林顿曾强调，美国对前苏联地区的自由市场改革的支持直接服务于美国的国家利益。美国是个能源消耗大国，43％的能源消耗源自石油。美国的石油储量为 250 亿桶，占世界储量的 2.42％，② 消费和资源比例严重失调。虽然美国努力改变石油进口方式，摆脱对石油的过分依赖，但还有一半左右的石油必须进口。为确保美国能源安全和战略储备，美国一直在全球寻找新能源尤其是石油产地，以扩大能源供应网络。中亚和里海地区丰富的能源资源吸引着美国人的注意力，那里的石油和天然气正是美国梦寐以求的新能源。据美国能源部的估计，里海地区的石油储量达 1600 亿吨，相信在未来的几十年里这一地区有可能在满足不断上升的世界能源需求方面起到日益重要的作用。里海和中亚地区的哈萨克斯坦和土库曼斯坦都拥有十分丰富的石油和天然气储量。哈萨克斯坦拥有里海最大的探明石油储量，拥有 100 亿至 176 亿吨已探明的石油资源和 53 万亿至 83 万亿立方英尺的天然气储量；土库曼斯坦拥有 98 万亿至 155 万亿立方英尺已探明的天然气资源；乌兹别克斯坦也拥有一定数量的石油和天然气资源。因此，对该地区的石油和天然气资源开发，与其他国家争夺中亚的能源资源逐渐成为美国政府的主要的国家利益和目标。开辟新的能源市场，就等于为美国提供了新的能源和其他资源来源。③

---

① Starr, S. Frederick. A Partnership for Central Asia, Foreign Affairs, July/August 2005.

② Laudon, Robert. "Petroleum." The World Book Encyclopedia. 2001 ed.

③ Nichol, Jim. Central Asia's New States: Political Developments and Implications for U. S. Interests, CRS Report for Congress, March 31, 2000.

## 二、战略与手段

克林顿政府第一任期的中亚政策包括："促进稳定、民主化、自由市场经济、欧亚走廊自由贸易与运输、非俄罗斯国家的非核化和坚持国际人权标准"。① 中亚国家独立后都表示出愿意与东西方国家建立友好合作关系的愿望。为了使中亚国家成为国际社会中负责任的成员，美国鼓励和支持他们加入欧洲安全合作组织、北大西洋公约组织及其他西方组织，参与市场经济。1994 年，克林顿政府宣布了促进中亚投资和贸易计划。几年后，美国的中亚政策出现了重经援、轻合作的弊病。克林顿政府 1997 年又制定了新的计划。该战略主要目标是：支持该地区国家对俄罗斯的离心倾向，把该地区国家纳入西方体系；解决该地区冲突与开发该地区石油资源同时进行，使该地区成为美国 21 世纪的战略能源基地；遏制并削弱俄罗斯和伊朗在该地区的影响，逐步把该地区变为美国的战略利益区域和势力范围。

克林顿把促进民主作为争夺中亚的最好战略，而"高层接触"又是他"西化"中亚国家的一种手段。美国与中亚国家在外交和其他方面的联系大幅度提升，除塔吉克斯坦以外，对所有中亚国家的美国大使馆进行了扩建。"派出高层人员前往新兴民主国家访问，对美国开创外交关系颇为重要"，因为中亚五国的领导人"没有民主经验。对这些人而言，他们也没有系统的课程学习帮助他们掌握民主的理论和实践"。② 美国先后派出要员接连访问中亚地区，并不断邀请这些国家的元首和政府首脑访美，通过接触向中亚传播美国的价值观。在中亚国家中，美国特别重视哈萨克斯坦和乌兹别克斯坦。美国—哈萨克斯坦联合委员会于 1994 年 11 月召开了第一次会议，美国副总统戈尔和哈萨克斯坦纳扎尔巴耶夫任主席。该委员会的任务职责涵盖了贸易、防御、无核化和其他合作事宜。哈萨克斯坦纳扎尔巴耶夫总统 1992 年 5 月就正式访问过美国。克林顿政府继老布什政府的做法接触纳扎尔巴耶夫，在美国政府的安排下，纳扎尔巴耶夫分别于 1994 年 2 月、1997 年 11 月和 1999 年 12 月访问美国，参加了联合委员会的第六次会议并与克林顿总统会晤，双方签署"民主伙伴关系宪章"，其内容包括哈萨克斯坦承诺要实行法治，尊重人权和进行经济改革等。

---

① Nichol, Jim. Central Asia's New States: Political Developments and Implications for U. S. Interests, CRS Report for Congress, March 31, 2000.

② Clinton, Hillary Rodham. Living History, Simon & Schuster, New York, NY, 2003. pp. 429—430.

美国承诺援助运输发展、非核扩散、防御转变和军事合作。美国—乌兹别克斯坦联合委员会于 1998 年 2 月召开第一次会议，由史蒂夫·塞斯塔诺维奇大使和乌兹别克斯坦外交部长阿卜杜勒阿齐兹·卡米洛夫担任主席。1998 年 2 月，美国—乌兹别克斯坦联合委员会举行第一次会议，阐述了美国政府的宗旨，乌兹别克斯坦在地缘政治和商业上对美国至关重要。1999 年 5 月召开了另外一次会议，并达成贸易和能源、军事合作、反恐和拆除乌兹别克斯坦化学武器设备的协议。尽管布什政府没有保留这些机构，但有些工作小组和其他方面的论坛将继续关注双边问题。①

　　在促进中亚国家自由市场经济的发展方面，美国的重点也是放在支持这些国家的私有经济部门的发展上。这包括在制定市场经济所需要的法律规范方面提供技术援助、支持小企业和农业企业的发展、改革税收和金融制度等。2000年 4 月，美国国务卿奥尔布赖特对哈萨克斯坦进行首次访问，与哈萨克斯坦总统就中亚安全形势、加强两国经济合作、核不扩散、哈萨克斯坦民主化等问题进行了会谈，并会见了哈萨克斯坦政党、非政府组织及新闻界代表。双方签署了关于气候变化合作的联合声明。同月，美国联邦调查局长弗里访问哈萨克斯坦，与哈萨克斯坦总检察长、内务部长讨论了在打击毒品走私、经济犯罪、恐怖活动等领域合作问题，并会见了托卡耶夫总理。双方商定，美国联邦调查局在阿拉木图设立中亚代表处。9 月，美国参谋长联席会议主席谢尔顿上将访问哈萨克斯坦，会见哈萨克斯坦总统，讨论了双边军事合作和地区安全等问题。美国能源部长理查森于 1 月和 8 月两度访问哈萨克斯坦。

　　乌兹别克斯坦在中亚国家中地位十分突出，克林顿政府当然给予"特殊照顾"。1995 年，美国国防部长佩里对乌兹别克斯坦进行访问；1995 年，乌兹别克斯坦国防部长访问美国；1996 年，乌兹别克斯坦总统卡里莫夫非正式访问美国；1997 年，美国总统夫人希拉里、副国务卿拉费尔、众议院收支委员会主席阿尔切尔、众议院组织程序委员会主席索洛蒙、总统顾问马尔宁斯塔尔、国务卿独联体问题特别助理谢斯坦诺维奇等分别对乌兹别克斯坦进行访问；1997 年 11 月，乌兹别克斯坦总理苏尔塔诺夫访问美国；1998 年 2 月，乌兹别克斯坦—美国经贸委员会首次会议在华盛顿举行；1998 年 4 月，美国众议院拨款委员会主席利文斯顿访问乌兹别克斯坦；1998 年 5 月，乌兹别克斯坦—美国贸易协会年会在华盛顿举行；1998 年 11 月，美国国务卿独联体问题特别助理、美国—乌兹别克斯坦经贸委员会美方主席谢斯坦诺维奇访问乌兹别克斯

---

①　Nichol, Jim. Central Asia's New States：Political Developments and Implications for U. S. Interests, CRS Report for Congress, May 18, 2001.

坦；1999 年 5 月，美国武装力量中央司令部总司令安东尼吉尼访乌兹别克斯坦；1999 年 5 月，乌兹别克斯坦－美国委员会第二次会议在塔什干举行；1999 年 5 月，乌兹别克斯坦－美国贸易协会年会在塔什干举行；1999 年 12 月，美国武装力量中央军区总司令安东尼吉尼再次访问乌兹别克斯坦；2000 年 4 月，美国国务卿奥尔布赖特对乌兹别克斯坦进行正式访问。

克林顿政府"西化"中亚国家的第二个策略是经济援助。这种经济援助当然与美国的战略利益挂钩。冷战结束和苏联解体以后世界格局发生了根本性变化，美俄两国不再是战略对手。俄罗斯国力的急剧衰退使美国逐渐排除了同俄罗斯发生任何世界规模冲突的可能性，也不再担心来自俄罗斯的核进攻。但是，苏联解体时，俄罗斯以及其他几个独联体国家从苏联继承了大量的核武器和可用于制造核武器的核材料。这些核武器和核材料的安全状况及其可能的"扩散"令美国感到非常担忧，被美国看做是对美国及其盟国的安全所构成的一个重大威胁。为了销毁俄罗斯和其他独联体国家的核武器、核材料或加强其安全程度，自 1991 年以来美国同俄罗斯和其他的有关独联体国家签署了一系列的条约和协议并向这些国家提供了相当数量的财政援助以促进这些条约和协议的执行。1991 年 7 月，美苏领导人在莫斯科签署了《削减战略武器条约》，后来称之为《第一阶段削减进攻性战略武器条约》。苏联解体后，美俄两国于 1993 年 1 月签署了《第二阶段削减进攻性战略武器条约》。在前任政府工作的基础上，克林顿又扩大并落实了美国与俄罗斯和中亚国家有关解决核威胁的工作。1993 年 10 月，克林顿政府和哈萨克斯坦签署了"安全、稳妥地"销毁 SS－18 型导弹、导弹发射井和相关武器的《合作削减威胁协议》，要求所有的轰炸机和空中发射的巡航导弹到 1994 年 2 月末全部拆除。1995 年 4 月 21 日，最后一批 1040 枚核弹头从 SS－18 型导弹上拆除，运往俄罗斯，哈萨克斯坦宣布为无核武器国家。据报道，哈萨克斯坦拥有世界上 1/4 的铀储量，它与乌兹别克斯坦是世界上主要的低浓缩铀生产国。哈萨克斯坦在阿卡特奥曾经拥有当时世界上唯一一台核脱盐快中子增殖反应堆。克林顿政府与哈萨克斯坦分别于 1997 年和 1999 年签署协议，废除阿卡特奥反应堆。[①] 美国的经济援助目的是改革中亚国家的经济体制，提高中亚国家的市场经济能力，逐步被纳入全球经济体系。美国人相信，广义上讲，体制改革是任何一个国家都能做到的事情。体制改革能够使国家更加有效地参与全球经济活动，其目的是为负责任的、透明的经济政策创造良好的政策环境，制定完善的公有和私有政策，为促进国家

---

[①]   Nicholas, Jim. Central Asia: Regional Developments and Implications for U. S. Interests, May 12, 2006.

繁荣和可持续发展。①

市场经济与民主的关系以及民主与和平的国际行为之间的关系也许并未上升到成为历史法则的程度，但这种内在联系的确存在。毕竟，市场经济需要经济法规，而该法规也顺理成章地成为建立民主政权的基础。② 为了促进中亚向"民主和自由市场经济"过渡，从 1991 年 12 月起，美国向中亚国家提供了大量的援助，仅 1999—2002 年就达 1.27 亿美元（参见表 1）。

表 1　　　　　　　　1999—2002 年美国对中亚援助费用　　　　　　　（百万美元）

| | 1999 | 2000 | 2001 | 2002 |
|---|---|---|---|---|
| 哈萨克斯坦 | 74.49 | 71.04 | 74.92 | 86.25 |
| 吉尔吉斯斯坦 | 64.19 | 50.11 | 41.60 | 93.53 |
| 塔吉克斯坦 | 37.63 | 38.85 | 72.04 | 133.41 |
| 土库曼斯坦 | 17.78 | 11.24 | 12.88 | 18.86 |
| 乌兹别克斯坦 | 49.34 | 40.20 | 58.68 | 219.35 |

资料来源：2002 年美国政府欧亚合作项目

苏联刚解体时，一些美国人乐观地认为新独立的政权将会很快地变成"民主国家"，而实际情况却没那么乐观。中亚国家实行了选举，但没有哪个政府真正奉行了美国的自由选举原则和标准；一些中亚国家以特定的宪法规定扩大了总统授权；没有一个国家具有真正像美国式的独立司法体系；没有一个国家建立了有实权的立法机构。"即使是在最开放和自由的哈萨克斯坦和吉尔吉斯斯坦，国会也只能听命于总统的法令。根据'自由之家'的民主标准，中亚国家的民主进程是不成功的。中亚国家的民主政治取得有限的进步，且进程差异很大"。③

中亚五国的领导人都出身于前苏联官僚统治时期的领导阶层。苏联解体后，这些领导人摇身一变，又成了民族主义领导人，但他们"并没有遵守民主模式和市场经济改革，办事缺乏透明度，通常忽视改革进程，只试图推动经济

---

① Gleason, Gregory. Reform Strategies in Central Asia：Starters, Late Starters, and Non-Starters. In Daniel L. Burghart and Theresa Sabonis—Helf (Ed,). The Tracks of Tamerlane：Central Asia's Path to the 21st Century. The National Defense University, 2004.

② Mandelbaum, Michael. Westernizing Russia and China. Foreign Affairs, May/June 1997.

③ Gleason, Gregory. Reform Strategies in Central Asia：Starters, Late Starters, and Non-Starters. In Daniel L. Burghart and Theresa Sabonis—Helf (Ed,). The Tracks of Tamerlane：Central Asia's Path to the 21st Century. The National Defense University, 2004.

改革，之后又走回头路"。① "乌兹别克斯坦、土库曼斯坦和塔吉克斯坦处在专制主义者的统治之下；塔吉克斯坦毁于国内冲突。哈萨克斯坦总统努尔苏丹·纳扎尔巴耶夫也走独裁路，破坏对民主的承诺。就连因最初改革成功成为西方捐赠者宠儿的吉尔吉斯斯坦总统阿斯卡尔·阿卡耶夫在 1995 年的议会选举和总统大选也显露独裁的倪端"。② 一些中亚国家领导人甚至放弃了向人们表白自己是民主人士的说法。他们说自己采用了新加坡或马来西亚的亚洲式"软独裁主义"，称"铁腕儿人物"管理对于国家的发展是必要的，认为只有国家发展了，才会有民主。中亚国家的做法引起美国的不满。1999 年，克林顿政府三次发表"国别人权报告"，指责哈萨克斯坦和吉尔吉斯斯坦的"总统权力超过了立法和司法权力"，并指责乌兹别克斯坦、土库曼斯坦和塔吉克斯坦"在民主化和尊重人权方面退步了"。美国国际开发署 2000 年财政年度国会预算提案抱怨哈萨克斯坦总统选举不公正、对媒体镇压、对集会自由限制等等。这份文件得出结论，"尽管在市民社会方面有些很大的进步，但在国家层次上所寄予厚望的变革却没有出现"。③ 乌兹别克斯坦曾经保证说要加入世界经济体系，创建一个保护公民权利民主的、世俗的体系，但仍然对政治和经济改革有异议。美国国际开发署在 2000 年提交国会的报告中也抱怨乌兹别克斯坦政府不愿意引入有广泛基础的市场改革，限制外汇兑换和引进外资，限制公民参与经济和政治生活，公民信息闭塞，政府不容忍政治上的反对意见，大选难以达到国际标准；指责乌兹别克斯坦领导人沉没在封闭和陈腐的政治经济体系中。④ 因此，美国国际开发署的中亚五年援助计划中说，中亚地区"总体上缺乏改革"，东欧的"快速、结构性转变的开放市场式民主不适合于前苏联的加盟共和国"。

　　不过，中亚的能源潜力还是使克林顿政府接受了在国家利益受到威胁时，理想主义往往让位于国家的实际利益的事实，即坚持了"注意兼顾美国道德和实用主义利益，务必使推行民主达到维护国家经济利益和安全利益的目的，不是与之相悖"⑤ 的策略。因为美国在"不想看到在欧亚大陆出现任何使俄罗斯

---

　　① Cohen，Ariel. U. S. Foreign Policy Interests and Human Rights in Central Asia，http：//www. heritage. org/Research/ RussiaandEurasia/Test071801. cfm.

　　② Carothers，Thomas. Democracy Without Illusions. Foreign Affairs，January/February 1997.

　　③ Babus，Sylvia. Democracy — Building in Central Asia Post — September 11. In Daniel L. Burghart and Theresa Sabonis—Helf (Ed，). The Tracks of Tamerlane：Central Asia's Path to the 21st Century. The National Defense University，2004.

　　④ Ibid.

　　⑤ Carothers，Thomas. Democracy Without Illusions. Foreign Affairs，January/February 1997.

霸权成为可能的结局"① 的同时，还要权衡国家的整体利益，要考虑中亚和里海地区对美国的能源战略意义做出一定的让步，并在一些政治问题上"模糊化"也是美国外交政策的特点。历史上克林顿政府在处理尼日利亚民主问题上也是这样。在美国的全球民主化战略中，尼日利亚占有很重要的位置，美国十分愿意看到西方的民主价值观能在那里生根开花。但尼日利亚人并没有在这方面与美国人合作，克林顿只能让步。尼日利亚是美国石油的主要供应商，美国每年要从那里进口大量的石油。据美国能源部的统计，1993 年美国从尼日利亚进口石油 26992 万桶，占当年进口总量的 8.6%。基于美国的切身利益考虑，克林顿政府自 1993 年尼日利亚发动政变后便调整了在尼日利亚推行民主的战略。克林顿认为，美国单方面对尼日利亚的石油实行禁运，势必让欧洲的石油公司捡了便宜，尼日利亚的经济也造成不了什么损失，因此美国就任其发展，不加干涉。这样，在克林顿任职的八年里（1993—2001 年），美国从尼日利亚进口的石油几乎年年增长，平均每年进口 25423 万桶，2001 年进口量已经比 1993 年提高 20%，② 对解决美国的能源问题起到了积极的作用。为此，克林顿政府重新定位了中亚战略，采用了"自下而上的民主"方法，强调通过间接的方式支持创建一种开放、民主的文化，即重点支持非政府组织、独立的新闻媒体和有进取心的议员。③ 新的战略提出以提高民众政治参与机会为突破口，实现社会变革的长期策略。为此，美国将把援助集中于有选择的地方组织、企业和公民，以培养促进对话、多元主义、非政府角色和伙伴关系，力求在平稳的变化中构建公共物品和共同利益。美国人注意到，中亚公开接受伊斯兰教，同时强烈反对伊斯兰原教旨主义，同伊朗建立了贸易和援助关系，"从长远角度看，中亚的外交政策可能不反对西方，但更加倾向伊斯兰国家和利益"，④ 美国人必须谨慎行事。

为扩大与中亚和里海国家的经济合作，控制该地区的油气生产与运输，美国副国务卿塔尔博特于 1997 年 7 月发表美国对中亚政策的讲话，宣称美国对中亚政策的目标是，促进民主，创建市场经济，保证中亚各国内部以及国家间的和平与合作，同时要避免重演历史上一些大国争夺中亚石油资源的冲突，适

---

①   Tsepkalo, Valery V. The Remaking of Eurasia. Foreign Affairs, March/April 1998.

②   http: //tonto. eia. doe. gov/dnav/pet/hist/mttimusni1A. htm.

③   Babus, Sylvia. Democracy — Building in Central Asia Post — September 11. In Daniel L. Burghart and Theresa Sabonis—Helf (Ed,). The Tracks of Tamerlane: Central Asia's Path to the 21st Century. The National Defense University, 2004.

④   Nichol, Jim. IB93108: Central Asia's New States: Political Developments and Implications for U. S. Interests.

合新时代的发展实施"石油地缘政策",力争使所有参加国都从中受益。新政策帮助美国扩大了对中亚地区支柱产业特别是石油和天然气工业的投资力度,加强美国与该地区国家的经济合作,促进了美国多家大型石油公司都对中亚能源开发感兴趣。基于美国国家安全战略考虑,克林顿把能源部长的职位交给了美国前任联合国大使比尔·理查森。该人自 1998 年 7 月上任后十分重视中亚和里海地区的能源开发,多次造访里海地区,签署有关能源协议。在美国政府的支持下,1998 年美国美孚等大公司利用哈萨克斯坦实行大规模私有化的机会,与哈萨克斯坦签订了合同,控制了哈萨克斯坦许多基础产业,其中包括该国最大的油田——田吉兹油田。美国的谢夫隆石油公司从 1993 年就开始与哈萨克斯坦石油公司共同开发哈萨克斯坦的规模巨大的田吉兹油田。1999 年上半年,该公司在美国本土以外的石油产量的 25% 来自于田吉兹油田。正是由于中亚和里海地区拥有丰富的能源和其他资源,美国对中亚地区进行了大规模的投资。其投资数额超过了美国对俄罗斯的投资,也超过了对其他独联体国家的投资。迄今为止,美国是对里海的海上钻井平台和石油基础设施投资最多的国家,中亚和里海地区已经被美国政府视为最重要的新兴能源供给地之一。

"9·11"事件后,美国对外政策有了较明显的变化:将反对恐怖主义作为当前对外政策的中心,改善了与俄罗斯、中国的关系,寻求建立广泛的国际反恐联盟,调整了其南亚政策及中东政策,特别是密切了与中亚国家的关系。"9·11"事件使美国对世界霸权地位的决心更坚定、"美国例外"和"美国优先"的思维方式更突出、美国向世界推行美国民主与价值观"使命"的意识更强、美国自大的心理更强。美国副国务卿 B. 林·帕斯科在 2002 年 6 月特别指出,"9·11"事件使美国政府认识到,大幅度提高与中亚五国的关系对美国国家利益至关重要,因为这能够阻止中亚五国成为恐怖主义的避风港。[①] 小布什总统要求美国对中亚拨款,很快得到国会的批准。2001 年 12 月至 2002 年 3月补充拨款接近 1.5 亿美元。其中,对乌兹别克斯坦的援助总额达到了原来的4 倍,对吉尔吉斯斯坦和塔吉克斯坦的援助几乎翻了一番,对哈萨克斯坦和土库曼斯坦的援助也有大幅度增加。一部分份额外的钱补充了援助活动用以支持民主和经济改革,大量的基金则是基于安全方面的考虑,包括用以支持加强边界安全,加强陆军和空军与美军共同使用通讯设备,同时也提高反毒品能力

---

① Nicholas, Jim. Central Asia's Security: Issues and Implications for U. S. Interests, CRS Report for Congress, January 7, 2005.

等,① 体现了小布什的外交政策理念：在美国海外参与目标上，强调安全、繁荣、自由。②

对于经济援助，小布什政府从一开始就表明立场：美国与任何中亚国家的伙伴关系要求这些国家有义务实行民主和市场经济。美国国会也要求中亚国家不要干扰美国对民主价值的支持，美国对"前线国家"额外拨款要与人权状况满意度相联系。③ 对于乌兹别克斯坦的民主进程，美国表示不满。自 2003 年财政年度开始，美国国会禁止《自由支持法案》援助乌兹别克斯坦中央政府，除非国务卿决定并提出报告，说明乌兹别克斯坦在实现承诺尊重人权、建立多党制、确保自由和公正的选举、言论自由和媒体的独立性方面取得重大进展。2004 年 7 月，国务院发言人包润石宣布，鉴于乌兹别克斯坦没能够进行民主改革并对美国援助的团体施加限制，美国将停止对乌兹别克斯坦军事和经济援助。美国在乌兹别克斯坦基于改善人权状况的"对外军事资助"计划（FMF）和"国际军事教育及培训"计划（IMET）也受到了影响，部分款项被扣留。④ 美国国务院 2004 年国际人权报告中说，乌兹别克斯坦的人权状况仍然很差，问题繁多。在国际压力下，乌兹别克斯坦调整了一些政策和做法，但与美国的愿望还有很大的距离。

在进行"反恐"战争的同时，小布什政府更加紧了在中亚和里海地区的能源竞争，使这一地区能源竞争升级，现在美国在中亚和里海地区的能源投资量无人能比，呈现美国投资称霸的局面。

## 三、结　论

中亚对美国越来越重要，这一点无可非议。克林顿政府的中亚政策与其推行的建立国内经济安全，重组军队和推行全球民主价值观的战略思想吻合。在中亚问题上，克林顿推崇民主自由，坚持"促进民主就是冷战时期遏制政策的

① Babus, Sylvia. Democracy — Building in Central Asia Post — September 11. In Daniel L. Burghart and Theresa Sabonis—Helf (Ed,). The Tracks of Tamerlane：Central Asia's Path to the 21st Century. The National Defense University, 2004.

② Daalder, Ivo H. & Lindasay, James M. America Unbound：The Bush Revolution in Foreign Policy, John Wiley & Sons, Inc. , Hoboken, New Jersey, USA, 2004.

③ Babus, Sylvia. Democracy — Building in Central Asia Post — September 11. In Daniel L. Burghart and Theresa Sabonis—Helf (Ed,). The Tracks of Tamerlane：Central Asia's Path to the 21st Century. The National Defense University, 2004.

④ Nicholas, Jim. Central Asia's Security：Issues and Implications for U. S. Interests, CRS Report for Congress, January 7, 2005.

继续"的思想，以经济援助为手段来改造备受共产主义思想所影响的国家体制，力图将这些国家纳入冷战后的国际社会，是新形势下美国全球战略的体现形式。在国家利益受到威胁时，克林顿能够及时调整政策，做出让步，体现其政策的灵活性，具有一定的理想主义和现实主义思想。小布什政府利用"9·11"事件，打全球"反恐"旗号，从经济入手，逐步扩大对中亚地区的政治、军事、教育等各个领域的渗透，加强和确立了美国对中亚地区的影响和控制，具有现实主义的色彩。

美国的中亚政策给中亚国家的政治、经济和文化带来一定的变化，但由于历史和地理位置的原因，中亚国家独立十五年后并没有完全按美国政府的意愿所发展。在言论自由、控制公民行为、民主选举、对待反对意见方面，尽管程度不一样，但所有的中亚国家很难达到美国的标准。中亚没有一个国家在政治和经济上取得预期目标，没有哪个国家宣布改革成功。其原因是，现有的政治领导人和政府官员都"热衷于经济改革，试图通过经济改革增强国家的经济实力。他们回避政治改革，因为政治改革可能会给他们带来风险"[1]。在经济改革上，中亚国家也面临许多困境。他们试图放开市场价格、缩小政府规模与职权范围、引进竞争机制、鼓励对外贸易给国家带来的发展，但没达到经济增长的预期目标，也没有达到提高社会福利或改善政府保护公民权利的目标，尤其是经济政策所带来的变化没有给政治自由带来什么作用，[2] 但这不能说东欧的"快速、结构性转变的开放市场式民主"没能在中亚重演就标志着美国中亚政策的失败。美国在中亚得到的利益是多方面的，且时间越久越说明问题。美国也许会认识到中亚的民主化进程不是以美国的意志而转移的事实，或认识到美国中亚战略目标会影响其全球战略的事实，但不可否认的是，美国势必在挑战面前更加重视中亚，不断地评估和修正对其政策。

# The Evolution of US Policy in Central Asia

Zhai Liming

**Abstract**: The article examines the record of the policy of the American

---

① Gleason, Gregory. Reform Strategies in Central Asia: Starters, Late Starters, and Non-Starters. In Daniel L. Burghart and Theresa Sabonis—Helf (Ed,). The Tracks of Tamerlane: Central Asia's Path to the 21st Century. The National Defense University, 2004.

② Ibid.

administrations since Kazakhstan, Kyrgyzstan, Tajikistan, Turkmenistan, and Uzbekistan of Central Asia broke free from the former Soviet Union in 1991, considers the nature of American interests in Central Asia in the different periods, shows the similarities and differences between the Clinton administration and the Bush administration in policy influenced by the specific conditions and personal understanding of politics, and expounds the process of the evolution of US policy in Central Asia. The author believes that the American policy toward Central Asia of the Clinton administration was a mixture of idealism and realism with the maintenance of national stability, democratization, free market economy, implementation of regional denuclearization, adherence to international human rights standards, and the flexibility in the development of the Central Asian energy. The Bush administration is of realism by means of making use of "9 · 11" under the signboard of fighting global terrorism with economy as a powerful tool for the gradual infiltration of political, military, educational, and other fields in Central Asia, which helps the United States strengthen and establish its influence and control of the region. Great changes have taken place in the five countries in the fifteen years since their independence, but these countries have not followed the American administrations' agendas well enough, which challenges American strategy to achieve its goal in Central Asia.

# 美国如何应对中国崛起

时殷弘[*]

## 在东亚浮现的中美之间"权势转移"趋向

2003 年伊拉克战争往后至今，美国的世界权势越来越显著地相对衰减（至少在多个至关重要的局部）。与此同时，中国以惊人的速度在发展，以致这成了全世界空前广泛和密集谈论的议题。

对于美国而言，有一项重大窘境，即缺乏真正内在连贯的、能有效应变的对华大战略，这主要在于近年来越来越使美国的决策者和对外政策思想界深感头疼的两难：遏阻中国发展则内外力不从心，并且很可能起反作用，"包容"中国则大大增进中国的力量发展和影响，同时并无可以据此按照美国意愿和意识形态根本"改造"中国的确凿希望；与此同时，对华战略势必彼此多有抵触的两大成分难以（甚至大概不可能）被真正协调起来和被赋予各自恰当的分量。另外，美国权势在东亚还出现了三大动态，一是东亚主要的传统战略伙伴的衰弱、窘困和疏离（分别指中国台湾、日本、韩国）；二是美国在对待东亚"热点"问题上的乏力和无奈（台湾问题、中日对抗发展问题、朝鲜核问题）；三是中东对美国可用于东亚的战略精力和资源的巨大牵扯和制约。其中每一大动态都将甚为经久，都对美国在东亚的权势前景和中美之间的力量对比变化影响重大。

相比之下，近年来，中国政府比过去显现出更连贯、更成熟、更高效的对美大战略。总的来说，那就是在坚持中国紧要利益和发展中国力量、基本不对美国做单方面重大退让的同时，持之以恒地避免不必要地刺激美国，防止美国形成较强烈的被挑战感，高度注意争取控制中美关系中的对立成分，有节奏地处理对美态势和政策的松紧张弛，积极采取旨在增信释疑的言行和必要时做出有限的妥协举措，维持和增加美国在阻滞中国崛起方面的困惑、犹豫、无奈和

---

[*] 作者简介：时殷弘，中国人民大学国际关系学院教授。

其他局限，尽可能促使美国政府较多地追求对华协调与合作，争取美国逐渐较多地适应中国的迅速发展。总之，这是以复杂的政策体系对待复杂的中美关系，以便维护、巩固，甚至延展中国得以实现和完成崛起的"重要战略机遇期"。

## 美国应对"权势转移"趋向的部分动作

无论是鉴于国际关系史或国际政治常理，还是鉴于美国的战略思维传统，中国持续和加速的军力发展必将（甚或已经在开始）成为美国战略家和新保守派心目中最突出的问题。因此，不管中美关系已有和会有怎样的改善，当前美国面对中美"权势转移"趋向，会比1972年往后的任何时候都更感觉到一种必要：对华构筑和强化战略性/军事性防范的必要。

超级强国美国决心维持它自认为最重要、最显赫的战略资产，就是美国的军事优势。就此，美国最容易做、也因此做得最多的是加强美国自身在西太平洋的军事力量。例如，针对中国，美国2006年夏在太平洋举行了越战结束后的最大规模舰队演习。美军在"第二岛链"（特别是关岛）的战力不断加强。

此外，美国对华构筑和强化战略性/军事性防范还有其他三个方面。一是美日军事同盟的逐步升级式的强化，美国促进下的日本"军事正常化"趋向则与此伴随。2005年10月底，日美两国达成加强美日军事同盟的协议，呈现同盟的"全球化"和"全东亚化"的明显趋势；与此同时，日本自民党也通过旨在使日本获取和张扬"军事权利"的修宪草案。2006年5月初，美日两国决策者新一轮"2+2会谈"达成了强化和扩展美日军事合作的更具体的新协议。然而，美国对日本的全盘政策不能不受到中日关系状况的影响。2005年的中日政治关系主要由于日本小泉政府的恶性言行，无疑是1972年以来（如果不是更早的话）最坏的。如果中日之间的对抗动能愈益加剧，美国的总体战略利益必然要由此受到可能非常巨大的损害。为了避免这一可能前景，美国对日本的某些态度和政策有愈益明显的调整需要。日本某些人以为只要与中国对立，总能得到美国喜欢或首肯，这样的看法是狭隘的和短视的。

二是支撑美韩军事同盟。然而，某种程度上令人惊异的是，美国对支撑美韩军事同盟做得如此之少和如此低效。美国在美韩关系问题上困难重重且几乎"意志消沉"。为什么？首要的答案是，美国坚决不肯改变对朝鲜的强烈敌视态度和持久压力政策，这就使得它与近年来坚持善待朝鲜的韩国政府和公众之间的最根本矛盾无法真正缓解，甚至在这个意义上可以说美国不愿真正缓解。因此，努力支撑美韩军事同盟简直无从谈起。与此相关，支撑韩国国内亲美情绪的困难在显著加剧，美韩军事同盟的可行性则在减弱。

三是力图加强对中国台湾地区的军事力量，争取促进台湾内部的政治稳定性，并且谋求尽可能经久地固定中国大陆和台湾不统一的现状。在这第一点上，美国近年来大力敦促台湾通过巨额"军构案"，追求扭转台湾军费连年下降趋势，但至今收效非常有限，尽管美台之间在军事规划和台军训练等方面的"隐形"军事合作一直在有所进展；在第二点上，美国自早早接受了2004年3月非常可疑、因而遭到泛蓝阵营大力抗争的台湾"总统"选举结果之后，竟发觉自己一度认可的陈水扁是难以取信的大"麻烦制造者"！在第三点上，美国除了历来将它当做关于台湾问题的基本政策的一大要素外，当前将主要希望寄托在国民党的2008年"总统"候选人身上，但对有利于两岸未来统一的两岸经济、文化、人员交往的强劲趋势无可奈何。美国在陈水扁"废统"和"终统"问题上的表现，实际上反映了当前台湾问题的复杂性和美国对台态度的复杂性。

说到台湾问题，还要多说几句。面对2004年底以来台湾问题上所有各种对中国有利的重大政治、军事和经济趋势，美国全都没有能力做出真正有效的积极阻止（除了阻止欧盟对华军售解禁这唯一的例外）。而且，美台矛盾和美国对台失望情绪愈益强烈。中国在经济和国际政治两方面对美国越来越重要，而且在美国的眼中越来越比台湾重要。中国从实现台湾问题上"阻独促统"的大目标出发，需要设想和促进一种可能性，那就是在中美两国间力量差距稳步缩小、中国对美重要性加速增长的总趋势背景下，经过正确和坚决的战略、政策和策略实施，促使美国今后趋于逐渐不得不接受中国统一。为此，最重要的是中国经久和无可置疑地表明"阻独促统"决心。与此同时，需要中国在台湾问题上逐步作出适当的策略调整和更大的柔性努力。

## 美国对华战略的较为系统的重新审视

小布什政府近来的若干言论（特别是先由副国务卿佐利克公开提出、然后在最近由小布什本人重申的"负责任的利益相关者"概念）显示，美国政府对中国大为上升的世界政治经济重要性的认识，有了显著的改进，并且已经针对其自身的对华战略窘境，开始较为系统地重新审视。

与此密切相关，可以预料的趋势是，美国在继续强化对华军事防范和贸易保护主义压力、并且尝试特别在亚洲加强对华外交竞争的同时，尝试比较系统地增大其他一些方面的对华协调。这种对华协调有双重内容，一方面是非常明确地要求中国做出的让步（佐利克演说中要求中国以"实际行动"证明和平意图的漫长的清单），另一方面则是非常含糊不清地可能对中国的未来让步。在这些非常含糊不清的可能的让步中，较少含糊和较多可能的，首推在亚洲国际政治总体及多个局部、全球政治的某些分支领域和世界经济的某些重要方面，趋于将中国一般当做头号协商对象。其次，在东亚安全方面，美国较有可能逐渐与中国讨论原先一向是美国"战略地盘"中的某些关系和问题，在某些新的多边安全机制可能的构建方面有选择地听从中国意见，接受中国参与发挥主导作用，并且默认甚或有条件地"邀请"中国在半岛事务上发挥更大的影响；在台湾问题上，美国不但有可能在抑制"台独"动向方面更多地采取与中国平行的行动和局部协作的政策，而且如上所述，有可能视大局发展逐渐不得不接受两岸和平或基本和平的统一。再次，可以设想的是，在中国军事力量发展方面，只要美国政府不认为中国正在急速趋于形成能真正冲击美国西太平洋"第二岛链"以及世界其他某一些战略要点要线的军事能力，它就不大会将中国军力发展当做一个头等重大和必须紧迫大力对待的问题，并且可能迟早会尝试与中国进行局部的中美军备控制对话或谈判，在要中国做些让步的同时也对中国做些让步。

在此需要强调一下上面提到的、美国尝试特别在亚洲加强对华外交竞争。近一段时间的一些事态显示，美国正在显著浮现和加强一种意识，那就是必须开始高度重视和认真进行在亚洲与中国的外交影响竞争——和平和"正常"的外交竞争。在某种意义上可以说，美国正开始认识到要向中国学习，在亚洲好好做工作，争取朋友，争取影响。这方面近来最重要的动向是国际舆论评说众多的布什访印，连同一系列改善和加强美印关系的实惠和口惠。此外，小布什2005年11月下旬对乌兰巴托的四小时访问也引人注目，这与其他一些对蒙示好行动一起，使得例如《华盛顿邮报》认为美国在蒙影响显著推进。美国国防部长拉姆斯菲尔德2006年6月初访问越南，美越两国由此同意扩大双边军事关系。美国就2005年底的东亚峰会大概暗里明里做了许多外交影响工作，使之未达到不少东亚人希望的较多成果。美国不久前宣布显著增加在亚洲的外交和领事官员，这同样有"亡羊补牢"式的对华外交竞争含义。

## 中美关系的远景

在中美"权势转移"趋向、中美长期"复杂关系"和美国基本战略的背景下，中美关系大概有两种可能的长远前景。

第一种可能的长远前景大可欢迎，即以中国崛起的强劲趋势持续下去为前提，美国在今后一个较长的历史时期内逐渐倾向于认真考虑、甚或最终采取某种根本的"解决办法"。那就是：区分不同功能领域和地理区域内的力量对比和影响对比，接受中国特别就国内生产总值、对外贸易总量和在亚洲的外交/经济/政治影响而言的领先地位，连同中美间的相互战略威慑和中国主要在近岸海域（以台湾东岸海区为界限）的对美军力均势甚至起码优势，连同和平的或基本和平的台海两岸统一；与此同时，美国持久保持其技术领先地位、世界和中西太平洋总体军事优势以及在其他某些大区域的外交/政治影响优势。换言之，那就是中美之间的"分秋色"，那就是美国最终不能不接受中国作为世界性强国的和平崛起，或曰美国根本适应中国的发展。

然而，中美关系还有应当争取避免的第二种可能的长远前景。中美两国之间的中长期"结构性矛盾"正在变得比过去更为深刻，有如远处的地平线上正在集聚的乌云。在有所起伏但可能逐渐发展的能源矛盾、"战略性存在"矛盾、经贸矛盾、外交竞争，甚至在西方不少人眼里"北京共识对华盛顿共识"之类有广泛国际意义的"模式"引力竞争之外，最重要的是超级强国美国决心维持自身最重要、最显赫的战略资产，即美国的军事优势，中国则从根本和起码的国家利益出发，决心实现必不可少的军事现代化。这一战略性的矛盾可能在愈益增大的分量上影响中美关系，使之逐步地越来越带有强国之间竞争性关系的首要战略色彩。假如中美关系主要朝中国政府正在真诚地努力避免、美国布什政府也不乐见的这个方向行走，那么中美关系的真正全局性根本考验很可能是在 10 年至 15 年后，并且会在军事力量对比领域。我们需要考虑届时中美在政治和战略领域"冷战"或准冷战的可能性问题。

# A Complicated and Paradoxical Endeavor:
# U.S. Response to China's Rise

## Shi Yinhong

**Abstract**: Since the Iraqi War of early 2003, U.S. the World Power has been in general relatively declining more and more remarkably (at least so in a number of important parts of world politics), including three major developments of American power in East Asia that are aggravating its decrease. At the same time, China has been rising with a surprisingly high speed, so high that her rise has dramatically become a topic discussed with extraordinary breadth and intensity worldwide. This is the increasingly prominent trend of "power transition" between China and the United States.

Moreover, in terms of quality and effectiveness of the respective strategies (or more accurately grand strategies), there is apparently a distance between the two nations that seems much favorable to China, thereby further strengthening the above trend of power transition with major significance to the over-all world politics and economy in the future.

The endeavor on the part of U. S. to response to China's rise is consisting of several components, whose effectiveness at large up to now leaves almost too much to be desired from any realistic American perspective. Among them the particular essential and permanent one is to build and strengthen the strategic and military guarding against China, or more accurately speaking her perceived future possible strategic threats. For this, what has been done most easily and hence most intensively is enhancing America's own armed forces deployments in the western Pacific, while conducting three other aspects, i. e. , (1) strengthening the power and expanding the function of the U. S. -Japan military alliance further and further, with the accompanying trends of the Japanese "military normalization" pushed by the United States, (2) sustaining and bolstering the U. S. -ROK military alliance and political partnership; (3) increaseing the military strength of Taiwan (China) and the political stability in the Island, while trying to freeze as permanent as possible the status quo of Taiwan as a *de facto* polity separated from the Chinese Mainland. In all these three aspects, the U. S. faces very complicated problem, and sever limitations upon what she could do and has been done in the last two with very slender, if any, achieved desired results.

The concept of "responsible stakeholder" launched recently by the Bush Administration indicated that Washington's realization of China's much increased importance in international politics and world economy has much remarkably improved, and that it began to review quite systematically the dilemmas of its own strategy toward China. Closely connected with this conceptual framework, there emerged a predictable trend of U. S. policy toward China characterized by continuance of strengthening both the precautionary guarding in military/strategic field and the protectionist pressure in trade front against China, together with attempts to begin to compete seriously, especially in Asia, with China's steady expanding diplomatic influence, while try to increase more systematically accommodation and selective cooperation with China in some other fields. This perceived accommodation has its double contents: much numerous and very clearly expressed concessions from China demanded by the United States, and very ambiguous possible future concessions to China from the United States. For the later, a prudent prediction or speculation is both possible and strategically needed.

Under the backgrounds of the "power transition" trend between China and the United States, the protracted Sino-American "complicated relationship", and the fundamental American strategy toward China with its essential dilemmas, two alternative possible long-term prospects could be predicted. The first and also a welcomed one is that the United States in a not too distant future would gradually have to consider seriously or even finally accept some fundamental "final settlement" characterized first of all by differentiating different balances of national strengths and influences between herself and China in different geographical and functional areas, accepting some "division of different superiorities", and thereby accepting finally China's peaceful rise to a co-existing World Power status. At the same time, there is also another possible long-term prospect as follows that should strive to be avoided: Accompanying with the gathering storm of the increasingly deep, broad, and intensive Sino-American "structural great power rivalry", especially with the development of that in the military capability field, the China-U. S. relations may probably confront their really critical over-all test, a very potent and dangerous test to both nations. Because of this, the possibility of a protracted politico-strategic cold war or limited cold war then should be considered even at the present.

# 中俄印"战略三角"与亚洲
# 及世界的安全和合作

裴远颖*

2006 年 7 月，在莫斯科八国峰会期间，中国、俄罗斯、印度三国领导人举行了重要会晤。这是继中俄印三国外长 2005 年于俄罗斯远东城市符拉迪沃斯托克会晤后，提升三方合作的又一重要举措，这次会晤无疑为加强中俄印三边合作增添了新的推动力。

中俄印三国合作对于亚洲乃至世界的重要性是不言而喻的。三国的人口、国内生产总值和陆地面积分别占世界的 40％、20％和 44％。三国人力、自然和科技资源极为丰富，发展潜力无与伦比，地缘政治地位十分优越。早在 20 世纪初列宁就说过，中俄印的发展将决定世界的未来；而 20 世纪 90 年代美国前国家安全事务助理布热津斯基也认定欧亚大陆是世界"大棋局"的重心，而中俄印都是"大棋局中的主要棋手"。如果说作为革命家的列宁表达的是对三个大国的革命运动寄托的高度期望，那么作为地缘战略家的布热津斯基则透露了他对这三个大国崛起的忧虑。他们审视问题的角度虽然不同，但是他们对中俄印这三个位于欧亚大陆关键位置的大国在世界全局中举足轻重地位的估计却是一致的。三个"巨人"站到了一起，其影响力可想而知。

## 中俄印合作为何能应运而生？

建立中俄印三边合作的具体倡议是当时俄罗斯总理普里马科夫于 1998 年首先提出的，那时俄罗斯开始发觉向西方"一边倒"的外交方针行不通，于是转而采取"双头鹰"的政策，在东方寻求外交支撑点。但是囿于当时的国际条件和当时三国之间双边关系的状况，这一倡议未能付诸实施。2002 年，俄罗斯总统普京重提中俄印三边合作。经过数年的酝酿和准备，现在三边合作已正式启动。它之所以能够得以应运而生，主要有以下原因：

---
* 作者简介：裴远颖，前中国驻波兰及印度大使。

首先是国际形势中出现了一些新的特点。和平与发展仍然是时代的主题，但国际关系中不确定因素也很突出。强权政治和单边主义盛行，恐怖主义等非传统安全因素显著上升。中俄印处境类似，都备感新形势产生的压力，从而产生了加强彼此间的合作愿望和需求。俄罗斯要应对西方的挤压、恢复昔日的地位，中国要谋求和平发展，印度要从地区大国走向世界大国，三方中的每一方都需要借重其他两方。

其次是经济因素的作用。在经济全球化进程加速的条件下，中俄印都需要趋利避害，而强化三边经济合作是达到这一目标的有效途径。中、印经济迅速崛起，俄罗斯经济也在恢复和发展，都需要密切彼此间的经济合作。三国在经济上各有所长，有很强的互补性，可据此制订和实施重大经济合作项目。俄罗斯丰富的自然资源，中国、印度的巨大人力资源，以及三国在制造业、科技力量、服务业各自具有的独特优势，把这些因素结合起来，必将转化为经济发展的巨大动力。例如，中、印都是石油进口国，对石油进口的依存度分别达40％和70％，而俄罗斯是石油出口国，俄罗斯方面表示，俄对扩大中印石油出口"有兴趣"，并"愿在协调中印能源需求方面起到自己的作用"。加强能源合作正是这次三国领导人会谈中的一项重要内容。

还有一点就是中俄印对国际形势的认识和国际政策取向相当一致。中俄印三国都主张国际关系民主化、在公认的国际法原则基础上建立国际新秩序，维护联合国的中心作用、加强各种形式的国际合作。

## 双边关系的发展为三边合作奠定了坚实基础

印俄之间的传统友好关系不断加强。近年来印俄间高层访问频繁，经济关系密切，军事合作也很突出。2002年底，俄总统普京访印，双方签署了关于进一步加强两国战略伙伴关系宣言，2005年5月，印总统卡拉姆访俄，双方决定在国际和双边领域大力发展合作，共同应对全球性和地区性的威胁，保障世界和欧亚大陆的稳定。在经济合作方面，印度参与俄"萨哈林－1"石油管道项目，俄罗斯帮助印度修建核电站的工程；在军工合作方面，两国正共同进行"布拉莫斯"超音速巡航导弹的开发，联合研制第五代歼击机。

中俄合作关系近年来取得了三个标志性的成就。1994年建立战略协作伙伴关系，2001年签署了睦邻友好合作条约，宣布致力于"世代友好，永不为敌"，2005年又达成关于东段边界的补充协议，彻底地解决了边界遗留问题。这三大成就开启了中俄关系新篇章。政治、经贸、科技合作发展迅速。俄罗斯最终决定首先修建泰纳线通往中国支线，是两国能源合作的一大亮点。

对于中俄印三边合作来说，具有转折性意义的是中印关系大幅度改善。在中俄印三边关系中，中印关系一直是较短的一边，但近年来两国关系取得了突破性的进展。2003年，印度总理瓦杰帕依访问中国期间，双方签署了具有历史意义的中印关系原则宣言。2006春温家宝总理对印度的访问开辟了两国关系的新阶段。两国不仅建立了面向和平和繁荣的战略合作伙伴关系，确立了两国进行全方位合作的方针，而且就解决边界问题的政治指导原则达成了协议，为最终解决长期困扰两国关系的边界问题奠定了基础。中印关系在经贸、文化等各个领域全面迅速扩展。中印贸易额在最近5年中增长了521％，在能源领域，中印也化竞争为合作，在中亚、非洲和拉美都有成功的例子。中印关系的发展，其意义远远超过了双边关系范围，也是使中俄印三边合作得以建立的重要因素。

## 中俄印合作的内容和影响

中俄印合作主要包括三个方面的内容。一是共同致力于促进国际关系民主化和多极化、建立公正合理的国际新秩序、发挥联合国的重要作用等；二是坚持三国在"反恐"斗争中的紧密合作，反对在"反恐"斗争中采用双重标准，着力制定打击非法贩毒和其他跨国犯罪的措施；三是扩大三边经济合作，特别是充分利用在运输、农业、能源和高科技方面的巨大合作潜力。

值得指出的是，中俄印都是东盟地区论坛的成员，印度也已成为上海合作组织的观察员国，这为三国在亚洲的经济和安全合作搭建了重要平台。

中俄印合作着眼于全局，立足于长远，从这个层面上看，把这个三边合作称之为"战略三角"也不算过分。不过，这个"战略三角"同传统的战略三角的理念不同，它不是因相互对抗而形成的战略平衡的产物，而是三国基于共同的利益和共同的国际观念而建立的战略合作关系。中俄印三边合作的内涵是不结盟、不对抗、不针对第三国，它是建设性、开放性的；在这个三角关系中，三方完全平等，互利共赢是合作的惟一目标。这是中俄印三角关系的特点，也是它的生命力所在。

很明显，中俄印合作不仅对三国本身，而且对亚洲乃至世界的和平稳定和发展都将发生重要影响。

一是促进中俄印三国自身的发展。中俄印在地缘上连成一片，三国合作有利于营造良好的周边环境，增强三国各自的国际地位和实现自身国际方略的能力；同时也有利于三国之间双边关系的全面发展。

二是完善中俄印之间的经济交流，为三国经济发展增加新的动力。三国经济合作超越双边的框架，从总体上加以推动，将有助于发挥三国经济潜力。印度总统卡拉姆指出，印度、俄罗斯和中国三方在经济领域的合作具有非常广泛的前景。从长远看，建立中俄印自由贸易区也不是不可能的。

三是推动亚洲和世界新格局的形成。中俄印三个大国的合作，将增大亚洲在世界舞台上的经济、政治分量，加强世界多极化趋势、推进国际关系民主化进程，客观上形成对强权政治、单边主义的牵制，有利于世界和平稳定和共同发展。

# 如何对中俄印三边合作定位

无论从哪个角度看，中俄印三边合作意义都十分重大，但是，把它的性质和意义说偏了则是谬误。

一种是把三边合作看成是结盟关系。尽管中俄印都多次强调，三国合作不是针对第三国的，但是有人硬说这句话是掩饰性的辞令。例如，日本的一家报纸表示："俄罗斯为了保持政治影响力，企图以丰富的资源为武器，策划创建包括亚洲两大国在内的三国联盟。对于这种带有反美色彩的合作，在日本和美国出现了警惕的呼声"；有的媒体则把中俄印与欧美日对立起来，认为两者是对抗的关系。这些说法不是误解和偏见就是别有用心。

诚然，中俄印合作具有战略影响，但是三国关系的性质是合作而不是结盟，更不是为了反对哪一个国家。中俄印外交政策都是独立自主的，都努力为本国外交创造更大、更有利的国际空间，都力图为世界的和平、稳定和发展作出自己的贡献。中俄印合作并不排斥同其他国家包括所有大国在内的合作，两者之间是兼容的、并行不悖的、相互促进的。事实上中俄印三国同其他国家的双边关系往往超过了三国之间的双边关系。

另一种是认为中俄印合作缺乏基础，是尔虞我诈、相互利用的关系。例如，西方一家媒体说，俄罗斯拉拢中、印是为了提高自己的地位，而中国和印度显然与俄罗斯的想法不同，它们是想利用俄罗斯以达到自己的目的。中国同意三边合作是避免惹恼俄罗斯人，以便从俄罗斯那里拿到有利的石油合同；印度加强同中国和俄罗斯的关系则是为了抬高自己在华盛顿的身价。另一家媒体则极力渲染中俄印对三边合作的态度的差异和三国间存在的矛盾，断言这一合作难以长久。

当然，中印、中俄、印俄关系中并不是完全没有问题，有的问题也远非一时所能解决，而且今后在合作过程中也难免会遇到挑战。虽然三方都有各自的利益，但是它们没有忘记，合作是以共同利益和共同理念为基础的，为了一己之私而损害共同利益、抛弃共同理念对谁也没有好处。过去中俄印三国之间的关系中的历史的经验教训和当前具体国际环境使它们认识到，只有增进信任，寻求和扩大共同点，进一步加强合作，才能达到共赢。三边合作关系的建立就是最好的证明。

还有一种是把中俄印三边合作估计过高，甚至加以理想化。俄罗斯有一家报纸从文化、经济完全融合和一体化的角度来看中俄印三角关系。这家报纸把三边合作拔得过高，把合作和融合混为一谈了。现在谈中俄印自由贸易区都还为时过早，哪里还谈的上经济甚至文化的融合呢！中俄印三角关系，说到底是一种合作关系，而且才刚刚开始，超出了这一点的任何估计，都是不切实际的。

此外，中俄印三边合作的启动也反映了新时期中国外交的特点。中国同印度、俄罗斯两个邻国合作体现了中国"与邻为善、以邻为伴"以及"睦邻、安邻、富邻"的方针，彰显了中国"和平、发展、合作"的外交宗旨；在行动上证实了中国坚持的以和平共处五项原则为基础的新秩序观，以互信、互利、平等、合作为核心的新安全观。更引人瞩目的是，中国进入中俄印三边合作，显示了中国更加积极主动地参与国际事务的姿态，因为这种合作形式毕竟是以前所没有过的。

# 大格局大视野下的东北亚次区域合作

王天灵*

东北亚地区，历史悠久，文化深厚，地域广阔（包括中国东北、华北和华东的广大地区以及日本、韩国、朝鲜、俄罗斯的滨海和西伯利亚地区）。东北亚次区域合作，潜力巨大，前程远大。2006年发生的三件事情，再次印证了这一点：其一是中国国务院于2006年6月6日公布了"关于推进天津滨海新区开发开放有关问题的意见"。当我们放眼整个东北亚来看待中国中央政府的这一举措时，才更能透彻地解读这一举措中所蕴涵的重大战略意义和长远历史意义。其二是签约项目投资总额和外资额都创造了历史之最的沈阳"韩国周"的举行。沈阳"韩国周"的连年成功举行从一个侧面表明，辽宁、沈阳乃至中国东北地区的投资营商环境正日臻完善。其三是中国和俄罗斯边境最大的跨国经济合作项目：绥芬河—波格拉尼奇贸易综合体的启动经营，该项目总投资达100亿元人民币。这几个看似孤立的事件，聚拢在一起，却正是蓄势待发的东北亚次区域合作这一历史进程蓬勃推进的生动写照，足以表明东北亚次区域经济合作正获得越来越充足的动力，东北亚地区各国从官方到民间，正在凝聚越来越强的合作共识并采取更加有力的行动！

中国一直十分重视并积极促进东北亚区域合作。2003年，中国总理温家宝先生在印尼巴厘岛出席中日韩与东盟领导人会议（10＋3）时，同韩国和日本领导人共同发表了"中日韩推进三方合作联合宣言"。2004年，由中日韩三国外长牵头的三方委员会发表了《中日韩三国合作行动战略》。为拓展和深化东北亚合作，中国先后创设了哈尔滨投资贸易洽谈会（哈洽会）、东北亚投资贸易博览会（东博会）、沈阳"韩国周"等重要平台。2006年的中国—俄罗斯年，也将促进双方在东北亚次区域的合作作为重要主题。应该说，近几年来，东北亚合作在各个领域都取得了重大的新进展。着眼未来，深化东北亚合作已经具备了更加坚实的基础，具备了更加有利的条件。从进一步推进东北亚次区域合作的角度加以审视，以下几个方面尤其值得重视：

---

\* 作者简介：王天灵，外交部政研司经济外交与合作办公室副主任。

（一）推进东北亚次区域合作的国际大环境更加有利。多哈回合谈判在最近遭受重大挫折，使全球自由贸易进程停滞不前，更凸显出推进双边和次区域经济合作的必要性。同时，欧盟一体化进程的深化，东盟更加紧密的一体化，都显现出推进东亚次区域合作更大的紧迫性。可以说，推进东北亚次区域合作，已经成为寻求发展的东北亚地区各国的大势所趋，人心所向。

（二）中日韩三国在经济上的相互依存已达到空前水平。东亚的 GDP 和对外商品贸易总额均接近全球的 1/5，中日韩又占东亚 GDP 的近 90％和商品贸易超过 70％的份额。从长远而言，推进东北亚合作实质是推进东亚合作的关键，而推进中日韩合作则是东北亚合作取得实效的重要方面。近年来中日韩相互贸易迅猛增长。2005 年，中日贸易达 1844 亿美元，中韩贸易也突破 1000亿美元大关达到 1119 亿美元，韩日贸易达 724 亿美元。中国已成为韩国和日本最重要的对外投资伙伴之一。三国间经济上相互依赖和利益上日益交融，使协调与合作成为三国处理相互间经济关系的基本政策趋向，也为实质性推进东北亚合作奠定了坚实基础。

（三）东北亚各国在战略上都更加注重区域发展同东北亚次区域合作的接轨。这是东北亚次区域合作的重大有利因素。中国政府近年来提出的振兴东北老工业基地、打造第三个中国经济增长极（环渤海地区）等重大战略决策，都是中国政府在统筹国内区域发展和周边国家发展的背景下作出的，东北亚次区域合作是中国推进这一战略的重要借助力量。日韩两国对吸引外国投资和推进东北亚次区域合作，展现出更加积极的意向，并出台了一系列举措。

（四）中国更深融入全球经济，加紧实施互利共赢的对外开放战略。中国坚持继续吸收和利用外资并不断提高利用外资质量的政策，同时积极推进中国企业"走出去"、推进国际化经营。2005 年中国的对外直接投资为 122.6 亿美元，这一数字在未来几年将继续增长。中国正从外商直接投资（FDI）纯接受者的经济体向外商直接投资来源地的经济体的角色转变。这是东北亚次区域合作中的重大积极因素，也为东北亚各国构建更加合理的区内产业分工合作体系，缩小东北亚地区各国发展不平衡乃至提升东北亚地区在全球经济体系中的地位创造了有利条件。

（五）东北亚各国在维护地区和平稳定方面建立了更加密切的合作。近年来，在东北亚地区各国及国际社会的共同努力下，东北亚地区总体上保持了和平稳定的局势。形成了推动地区热点问题解决的朝核问题六方会谈机制，地区内一些国家间的政治分歧都没有影响到经济合作的继续推进。虽然仍然面临挑战和困难，但维护本地区和平与稳定、推进地区内经济合作已经成为地区各国的共同利益所在，各方对此有重大共识。

（六）地区内人文交流与合作取得重大进展。人文合作是更密切一体化的基础。近几年来，汉风（孔子学院）的张扬，"韩流"的风行，日本动漫等文化产品的流行，都成为本地区内蔚为大观的文化和社会现象，丰富了我们各自国家的人民生活。地区各国的学术交流也空前活跃。随着中国世界旅游大国地位的确立，东北亚各国尤其是中日韩三国间人员往来也更加密切。假以时日，更加密切的文化和人员交流与合作，将进一步增进地区各国的相互理解并推动塑造共同的地区意识。

但是，同东北亚地区蕴藏的巨大合作潜力相比，同东北亚地区各国和人民推进合作的强烈意向相比，东北亚次区域经济合作目前取得的进展并不能令人满意。在全球经济及区域合作形势正发生重大变化的背景下，充分利用各种有利条件，抓住机遇，凝聚共识，战胜困难和挑战，在深度上和广度上推进东北亚合作，造福本地区人民，已经成为摆在东北亚地区国家政府和人民面前的共同使命。着眼这一目标，谨提出如下意见和建议：

（一）继续努力维护本地区和平与稳定大局。这是推进东北亚次区域合作的前提和基本条件。各方要根据互信、互利、平等、协商的原则，加强安全对话，增进在政治、安全领域的互信，努力消除冷战遗留下来的旧的国际关系结构对地区和平与稳定的消极影响。妥善解决相互之间的争端和历史遗留问题，避免有关热点问题影响地区和平稳定与发展。对于目前对次区域合作参与较少的国家，要通过推动其深化参与，增进与其他国家的互信互惠，减少出现新热点或造成局势紧张的消极因素。

（二）在继续推进区域内企业和产业合作的同时，提升地区内制度化和多边合作的水平。从既有国际实践看，体制化、机制化安排，是次区域合作走向成熟和完善的必然选择。世界日新月异，循规蹈矩可能使我们丧失难得的机遇。我们必须打破常规，重视行动，加快推进东北亚各国双边和多边自由贸易区和其他自由贸易安排建设，并研拟在更多领域的制度层面上推进紧密合作和一体化的新举措。时不我待，加紧行动最为重要。

（三）重视消除一些不利于深化合作的实际问题，提升相互合作的水平。中国加入世贸组织以来，严格履行"入世"承诺，已成为世界上对外国产品包括农产品最开放的经济体之一。中国的一些东北亚邻国，发展水平高于中国，更需要消除自身在投资和贸易等方面的准入障碍。例如，最近被中国上汽公司收购的韩国双龙汽车公司所发生的事情，就是这样的例子。以长远眼光解决好这些问题，将提高本地区整体相互开放水平。希望将来我们不但会有沈阳的"韩国周"，也会看到韩国的"中国周"。

（四）扎实推进既定的次次区域合作。次次区域合作是展现区域合作内在的经济合理性的最好平台。在推进东北亚次区域合作的大背景下，各方要认真落实首届"东博会"上中、俄、朝、韩、蒙五国签署的"大图们江行动计划"，推进环日本海、环黄海、环渤海等经济圈合作倡议和构想，使相关地区的人民早日收获合作的益处，积累继续合作的动势。

（五）拓展在一些新领域的面向未来的合作。着眼东北亚地区共同和长远发展的需求，寻求各方利益汇合点，推进本地区各国在能源、财经、旅游、交通、科技、环境、信息技术等领域的合作，为未来更加广泛的全面一体化作好铺垫。

（六）继续深化东北亚地区各国的人文文化交流与合作。加深各国学术界和各种民间团体的合作，消除误解和历史积怨，增进地区各国人民的相互了解、友谊和信任。

（七）妥善处理影响本地区合作的区域外因素。坚持合作的开放、透明和非歧视性原则，平衡好区域合作由于地理相邻衍生出的地域性和非排他性之间的矛盾，尊重区域外国家的合理利益和诉求，平衡好区域合作与全球合作的关系。

蓄之既久，其发必速。作为世界上合作潜力最大的次区域之一，我们热切地希望，在东北亚各国政府和人民的共同不懈努力下，东北亚次区域合作进入一个参与更加广泛、合作更加深入的新时代，开辟东北亚各国和谐相处、共同发展、共享繁荣的历史新篇章。

# 东亚区域合作：领导权模式及中国的作用

刘 红*

**摘要：**21世纪，欧盟和北美地区的区域一体化不断获得深化和发展，而东亚地区的一体化进程则明显滞后。其中一个重要原因在于，东亚一体化中缺乏像"法、德"那样领导区域合作的轴心国家。尽管东亚一体化合作较为理想的领导权模式是由中国、日本这两个东亚大国共同发挥领导者作用，然而由于诸多因素的限制，这两个国家目前还难以担此重任。现实的选择是由东盟发挥领导者作用，而中国则在参与、支持以东盟为核心的区域合作中不断发挥其积极影响力，从而推动东亚一体化进程。

**关键词：**东亚一体化 领导权 中国—东盟自由贸易区

## 一、东亚区域合作理想的领导权模式

区域一体化是当今世界发展的一个重要趋势。在区域一体化发展中，走在最前面的是欧洲。欧盟在建成统一大市场之后实现了单一货币，目前又在进一步扩大，以实现囊括整个欧洲的大联合体。在美洲，首先建立了北美自由贸易区，目前已完成向整个美洲扩展的谈判。其他地区，如非洲、南亚等，也都在为推进本地区的合作做出巨大努力。只有作为世界经济三大重心之一的东亚，其一体化进程大大滞后了。为什么会出现欧亚一体化路径和水平如此巨大的差异呢？

罗伯特·吉尔平认为一体化推动力量的不同带来一体化绩效的差异。"所有区域一体化运动都涉及政治和经济的动机，但是政治因素和经济因素的相对重要性在各个区域一体化运动中有所不同。西欧的一体化运动主要受政治因素推动，北美的一体化运动既出于政治考虑，也出于经济考虑，而亚太地区一体

* 作者简介：刘红，1970年4月生，辽宁大学国际关系学院副教授、经济学博士。
liuhongln@tom. com

化则主要（但并不完全）是由市场推动的"①。欧洲的一体化最初主要是基于政治上的考虑，包括结束法德角逐，建立一个政治实体，以提高欧洲的国际地位，增强同美苏相抗衡的能力。整个欧洲一体化进程，实质上是一项政治工程，是欧洲人寻求永久和平和繁荣的具体成果。北美的区域主义二者兼有，一方面在经济上联合，另一方面加强在政治上同西欧相抗衡的力量。成功实现一体化国家的历史和经验表明，一体化是一种政治现象，而不仅仅是一种经济现象；一体化的过程是一种政治过程，而不仅仅是一种经济过程。世界各地的一体化组织，固然有其经济基础和经济动因，但几乎没有例外都是以政治为开端的。② 因此，在一体化过程中政治因素占有十分重要的地位。而东亚经济一体化之所以进展缓慢，是因为其经济联合更多的是依赖于经济力量的驱动，缺乏政治因素强有力地支撑。特别是东北亚地区，中日韩三国在政治上长期以来一直缺乏一个共同的目标。换言之，缺少一个共同的竞争对手。日本是世界第二大经济强国，早在 1990 年日本人均收入就超过 3 万美元。韩国也早已是中等发达国家，人均收入超过 1 万美元。中国经济正在崛起之中，人均收入刚刚超过 1000 美元。经济发展水平的巨大差距，决定了三国不大可能具有共同的政治目标。③

不仅如此，在推动欧洲和北美地区一体化进程的政治因素中，一个强有力的领导是保证区域一体化进程顺利发展的基本要素。我们看到，在北美地区的一体化进程中，美国扮演了主要的角色，在欧洲的一体化进程中，德国和法国发挥了轴心的作用。而在东亚的一体化进程中则明显地存在着"轴心国"缺失的问题。从区域经济整合的一般规律看，没有"轴心"就没有"火车头"、"方向盘"和协调机制。④ 所以才导致欧亚经济区域化路径与水平的巨大差异。

罗伯特·吉尔平将地区经济一体化中的领导权称做霸主或霸权。而对于领导权基欧汉则认为，在国际合作中"领导可有多种表现形式。一般而言，领导可意味着：（1）指导或命令；（2）率先行动；（3）诱导。这些定义符合国际领导的三种类型：霸权、单边主义和多边主义。在当今复合相互依存的世界中，

---

① 罗伯特·吉尔平：《全球政治经济学——解读国际经济秩序》，上海世纪出版集团，中译本，2003 年，第 379 页。

② 莽景石：《东北亚一体化：政治成本与演进路径》，《世界经济与政治》，2005 年第 9 期，第 77 页。

③ 宿景祥：《经济一体化更符合中日韩三国现状》，http://www.blogchina.com/new/display/76356.html

④ 朱乃新：《东亚经济区域化："轴心"的缺失与重构》，《当代亚太》，2004 年第 11 期，第 35 页。

只有第三种类型的国际领导才是一种最佳的选择。"对于东亚的一体化来说，最有可能出现、也最容易为各国接受的领导模式，就是基欧汉所说的多元化的领导模式。

"首先，东亚无论是从文化，还是从经济体制和经济发展水平等方面看都是一个多元化的地区，任何一国想要垄断这一地区的领导权都是不现实的。

其次，在目前乃至今后相当长的时期内，东亚地区都不可能出现类似美国那样的霸权国家。也就是说，不论中国，还是日本，都不可能发展成为霸权国家，统一后的朝鲜半岛也不大可能发展成为地区的霸主，至于东盟内部的各成员国，无论是印尼还是泰国都缺乏足够的资源而不可能垄断该地区的领导权。

再次，东亚地区已经形成了东盟与中国、日本、韩国相互制衡的多元格局。在各国相互依存不断提高的趋势下，任何一国都具有其自身无法克服的脆弱性和敏感性，需要依赖他国的合作才能生存和发展，而这种相互依存又会促使各国放弃自私的行为，更多地接受地区主义和区域合作。"①

基于上述理由，在东亚复杂的地缘政治与经济环境下，由哪一个大国单独主导东亚的区域合作都将是难以胜任的。中日作为东亚两个核心大国，在历史上曾先后成为本地区最强大的国家，目前又出现了国力均衡化趋势，但其历史积怨和竞争心理根深蒂固，在未来相当长时期内都将难以接受对方的主导地位②，因此，东亚区域合作的领导者只能是多元的。

对于东亚区域一体化而言，较为理想的模式就是效仿欧洲的区域一体化，使中国和日本像欧洲的法国、德国那样成为亚洲区域一体化的主要领导者。日本是东亚地区具有强大经济实力的发达国家，其在东亚 GDP 中仍然占 65% 以上，对东亚拥有巨大的影响力。中国作为东亚最大的发展中国家，也是东亚地区惟一的联合国安理会常任理事国，其经济的高速增长和产业结构快速的升级，以及潜在的大市场，决定其在未来的东亚经济中将占据重要的地位。世界银行 2004 年的一项有关东亚融合的研究报告中说，随着中国巨大的经济潜力在它加入国际贸易主流后被开发，中国将会在东亚地区的经济融合中扮演中心角色。③ 而且，中日两国在东亚经济中的地位，要比法、德在欧洲的经济地位高出许多。如法、德两国占欧盟 25 国经济总量的比重尚不足 40%，而中日两国占东亚 13 国（东盟 10 国＋中日韩）经济总量的比重则超过了 80%。④ 东亚

---

① 曹云华：《论东亚一体化进程中的领导权问题》，《东南亚研究》，2004 年第 4 期，第 9 页。

② 金熙德：《"后'雁行模式'"时代的中日关系》，《世界经济与政治》，2002 年第 8 期，第 21 页。

③ 世界银行："中国将成为东亚经济融合中心"，《国际金融报》，2004 年 6 月 11 日。

④ 江瑞平：《中日政冷的经济代价》，《人民日报》，2005 年 5 月 12 日。

联合要求中日合作，不能排除任何一方。未来的亚洲不可能是中国的亚洲或日本的亚洲，只能是联合的亚洲。在东亚经济合作中，就其经济实力和规模而言，理论上能起主导作用的只能是中、日两国。

## 二、东亚区域合作现实的领导权模式

尽管东亚区域合作较为理想的领导权模式是以日本和中国为轴心来推动东亚一体化进程，然而，我们看到的现实却是在相当长的时期内，中国和日本这两个可能成为轴心的国家却难以胜任区域经济合作的领导者角色，这成为东亚区域一体化的主要政治障碍。

（一）日本的因素。第一，历史上日本曾构想过以自己为单一轴心的雁阵模式，来整合东亚经济。但雁阵作为一种区域内产业梯度转移模式，雁身市场容量有限，再加上日本对技术合作和转让以及国内市场开放控制很严，局限性与生俱来①。20 世纪 90 年代后，日本泡沫经济的崩溃，中国经济的崛起实际上打乱了东亚产业转移的梯度。2001 年 5 月，日本经济产业省发表的该年度《通商白皮书》第一次明确指出：以日本为领头雁的东亚经济"雁行形态发展"时代业已结束，代之而起的是"以东亚为舞台的大竞争时代"。"雁行模式"走向终结的契机，就在于日本这只领头雁已力不从心。② 第二，日本对东亚区域合作一直存在矛盾心理。战后日本对外经济战略重点在美国，而对待区域经济合作更多的是重视 WTO 多边合作，重视美欧地区经贸关系。在很长一段时期日本政府对东亚区域一体化合作的态度并不十分积极。日本在东亚区域合作中的总体表现是比较被动、行动迟缓，没有发挥与其经济实力相当的主导作用。进入新世纪后，日本对区域合作的态度才开始变得积极起来，战略重点也逐渐向东亚转移。但由于日本外向型经济体制和美日的特殊关系，使日本在东亚区域经济合作中存在着矛盾心理。面对欧洲大市场的形成和北美自由贸易区的建立，日本迫切希望东亚地区经济合作的进一步加强，以缓解西欧和北美的压力。同时，它又担心建立排他性区域集团会遭致西欧和北美的报复，影响其对外出口；同时还担心会损害美日同盟关系，从而失去美国政治上的支持和军事上的保护。这种矛盾心理妨碍了其在东亚区域合作中的作为。第三，由于历史

---

① 朱乃新：《东亚经济区域化："轴心"的缺失与重构》，《当代亚太》，2004 年第 11 期，第 35 页。

② 金熙德：《"后'雁行模式'"时代的中日关系》，《世界经济与政治》，2002 年第 8 期，第 20 页。

和现实的原因，日本在东亚国家中的威信不高、信任度也不强。东亚各国曾深受日本侵略之害，但日本至今仍然没有真正反省和道歉，并有意修改战后的"和平宪法"，在军事化道路上越走越远，日本无法获得东亚国家的政治信任，难以成为推动东亚区域合作的主导国。

（二）中国的因素。东亚各经济体发展水平差距巨大，人均 GDP 相差在100 倍以上（表 1），大大高于欧盟内部 16 倍和北美自由贸易区内部 30 倍之多，各国合作的目标和承受能力也不一致。即使有最诚恳的平等互利的愿望，如果缺少足够的经济力量，也难以保证区域合作的健康成长。中国是个发展中国家，现在的经济总量不足日本的 1/4，人均 GDP 相差更远，甚至低于印度尼西亚、马来西亚、泰国这样的东盟国家。中国的力量还相当有限，而且这种状态还将持续相当长的一段时期，中国尚不具备成为东亚区域经济合作主导国的经济实力。

从政治角度讲，如果中国主导来推动东亚经济合作的话，势必会引起各方的猜疑和戒备，认为中国是为了夺取在东亚地区的主导权。另外，中国的军事力量也难以在东亚地区充当主导力量。据中国科学院发布的《2003 年中国可持续发展战略报告》披露，中国的军事实力位居美国、日本、英国之后，居第四位。中国的军事实力不是东亚最强，在维持地区安全方面影响力有限。所以，中国既无能力也无愿望来担当东亚区域合作的领导者。

表 1　　　　　　　　　东亚主要国家国内生产总值

| 国　别 | 人口（万人） | 人均 GDP（美元） |
|---|---|---|
| 日　本 | 12521 | 38160 |
| 韩　国 | 4482 | 10550 |
| 中　国 | 120124 | 860 |
| 新加坡 | 294 | 32810 |
| 越　南 | 776 | 335 |
| 文　莱 | 29 | 53 |

资料来源：1. The Economist：Pocket World in Figures：2000 edition.
　　　　　2. 世界银行：《2000 年世界发展报告》。

（三）中日关系的严重制约。在东亚区域合作中，中日联合是关键。未来的东亚一体化进程能否顺利推进，其中一个重要前提，就在于中日两国能否真正认识和切实负起"双火车头"的责任。然而我们看到，两国关系还存在不少问题，远未达到像德国与法国那样成熟的兄弟关系。近年来中日间的经济合作虽然有了较大发展，但是两国在政治合作上却始终存在着障碍。两国由于历史遗留问题而相互缺乏信任，中国与日本的国民感情问题仍然是双方之间存在的很大的障碍。特别是 2005 年以来，中日关系陷入低谷，不仅高层互访全面停止，而且"政冷"开始波及到"经热"，两国间紧张关系与冲突的存在，使得地区合作中有效的共同领导复杂化。更何况中日两国目前面临的政治困难是结构性问题，短时期（5—10 年）内很难获得根本性改观。

在中国和日本尚不能在东亚一体化合作中共同发挥领导者功能的情况下，由东盟来主导东亚区域合作不失为一种更具现实性的选择。尽管这种由经济规模和地域范围均不占优势的小国集团所引导的地区合作，在世界政治经济现象中是少见的。

从目前看，由东盟来担当核心领导者的角色是比较合适的。第一，东盟愿意积极推动东亚合作，并且在其中担任领导者的角色。东盟热心于东亚区域合作的基本动力源自这些国家生存与发展的考虑。除印尼之外，东南亚国家都是小国，都是以发展出口加工型工业为经济发展支柱的。国际市场是这些国家赖以起飞和发展的基本动力。20 世纪 90 年代以后，随着欧美贸易保护主义的抬头以及东亚经济的迅速崛起，东南亚国家也将目光转向市场潜力巨大的东亚。希望通过与东亚经济的融合，特别是密切与中国的经贸关系，加快产业结构升级，从而使自身的经济发展跃上一个新台阶。并以此增强东盟国家在整个东亚经济整合中与东亚其他国家讨价还价的能力。第二，在整个东亚地区，目前仅有东盟这个紧密的区域性组织的存在，而东北亚各国只有双边关系而缺乏多边的联系。这为东盟领导人以东盟为阵地，主动地发起和领导东亚一体化创造了得天独厚的条件。第三，东亚地缘政治情况复杂，大国利益关系难以协调，这为东盟在区域合作中发挥主导作用留下了空间。东盟曾以平衡策略发挥了"小国领导大国"的作用，成功主导了东亚经济与安全合作进程。由东盟充当领导者有助于消除东盟对中日任何一方乃至中日携手主导东亚区域合作的戒心，为其自身创造比较宽松的联合环境，不至于受任何一个大国的支配，从而有助于推动东亚一体化的进程。

## 三、中国在东亚区域合作中的作用

中国虽然不能成为东亚区域合作的领导者，但是，作为亚太地区一个负责任的发展中大国，中国一直致力于加快东亚一体化进程的努力，并尽可能地发挥积极推动作用。

中国的推动作用首先表现在自身经济的强大吸引力方面。改革开放以来，中国经济一直保持着引人瞩目的发展态势，同时，作为亚洲的一员，中国同东亚其他国家、地区保持着密切的经济交往，中国对世界和东亚的贡献也日益增大（图 1）。根据世界银行世界发展数据库提供的数据，按照 1995 年不变价格计算，1980—2002 年间中国对世界国内生产总值（GDP）增长的贡献为6.6%，对东亚 GDP 增长的贡献为 22.3%，是世界平均水平的 3.4 倍；若按照购买力评价（PPP）计算，1980—2002 年中国对世界 GDP 增长的贡献为21.3%，对东亚 GDP 增长的贡献为 58.4%，是世界平均水平的 2.7 倍。中国经济的强劲增长无疑将成为整个东亚地区经济增长的"发动机"。

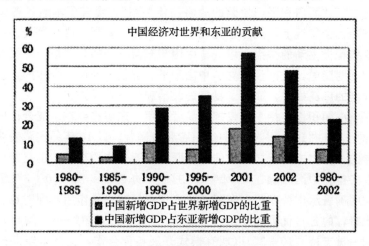

图 1　中国经济对世界和东亚的贡献

注：GDP 按照 1995 年不变价格计算。

资料来源：世界银行世界发展数据库（WDI 2004）。

　　其次，中国的推动作用表现在主动与东盟在经济、政治、安全和社会等各个领域展开全面合作上。　（1）率先与东盟确立了建立自由贸易区的目标。1999—2000 年期间，中国与东盟各国之间先后签署了双边关系框架文件。2000 年在新加坡召开的"10＋3"非正式首脑会议上，中国首先提出了"中国—东盟自由贸易区"的构想，随后得到东盟采纳。2002 年 11 月 4 日，东盟与中国领导人签署了《中国与东盟全面经济合作框架协议》，决定到 2010 年建成中国—东盟自由贸易区。自由贸易区的实施分两步走，先是与东盟传统的六国在 2010 年实现零关税，其后再促成与其他四国的零关税。实际上，在与东盟建立自由贸易区的谈判过程中，中国在一定程度上做出了让步和牺牲，体现出大国的风范、睿智和胆识。如在对待新成员国的问题上，《协议》规定：中国自本协议签字之日起，应给予所有非 WTO 成员的东盟成员国符合 WTO 规则的最惠国待遇；给予新成员国减免关税时间的差别待遇，同时给东盟最不发达的三个成员国老、柬、缅提供特殊的优惠关税待遇。从 2004 年起，向这三国大部分对华商品提供零关税待遇；免除柬、老、缅债务；对近 600 种农、副、水产品实行"早期收获"，率先向东盟国家开放农业市场。这对提高东盟成员国的出口能力，加快产业转型，促进经济增长无疑具有重要作用。（2）在政治安全合作方面，中国在 2003 年 10 月第七次东盟—中国"10＋1"领导人会议上，率先加入《东南亚友好合作条约》，巩固了与东盟关系的政治法律基础。中国率先提出开展非传统安全合作，拓展了东亚合作的范围和内涵。中国率先与东盟建立起"面向和平与繁荣的战略伙伴关系"，提升了本地区各国合作的水平。（3）社会发展上，双方率先在卫生、文化、科技、旅游等诸多领域展开合作。这些积极主动的举措，增进了中国与东盟各国的相互信任，缓解了周边邻国对中国的疑虑，进一步树立了中国和平、进步、开放、合作的形象，赢得了国际社会的广泛好评，取得了良好的政治和经济效果。

第三，中国积极支持东盟发挥领导者作用。东盟迄今在东亚合作中发挥着主导者作用，是"10＋3"会议的组织者和协调者。近 10 年的实践表明，以东盟为主导的合作方式是行之有效的，这既是东亚合作的特色，也是符合各方利益的稳妥安排。中国政府在 2004 年 11 月底举办的第 8 次"10＋3"领导人会议前后，明确表示支持东盟在东亚地区合作中发挥主导作用，同时也主张尽可能发挥中日韩的各自优势和作用。中国自从应邀参加"10＋3"领导人会议以来，中国一贯支持"10＋3"以现有模式开展各种合作，支持东盟发挥牵头作用，在历次会议上提出许多建设性的倡议，以独特的方式有力地推动了区域合作的进展。

第四，通过启动"中国—东盟自由贸易区"所引发的连锁效应，加快东亚区域一体化进程。中国—东盟自由贸易区的建设在东亚经济合作中具有里程碑的重要意义，它不仅为该地区经济合作起到了很好的带头作用，而且激励其他国家采取更积极的步骤，加快与东盟建立自由贸易区，从而在东亚地区掀起了以东盟为核心的新一轮经贸合作浪潮。"二战"后，日本一直是东盟地区的主要贸易伙伴国，它与东南亚地区的经济纽带无论在规模上，还是在基础方面都远远超过中国。然而，主要由于日本经济的全球视角、与美国的特殊关系、担心东盟的农产品对日本市场的冲击以及与东盟经济发展水平差距过大，日本一直对与东盟建立自由贸易区不甚积极。但中国与东盟宣布建立中国—东盟自由贸易区后，担心其影响力受到侵蚀的日本，开始竭力加强与东盟国家的关系。2002 年初，日本首相小泉纯一郎相继出访菲律宾、马来西亚、泰国、印度尼西亚、新加坡等 5 个东盟国家，并在新加坡发表了被称为"东盟外交"的演讲，强调要加强与东盟的经济合作，并将 2003 年定为"东盟外交年"。2003

年 10 月，东盟和日本在巴厘岛签订了《全面经济合作框架协议》。2004 年，中国与东盟的合作更进了一步。在第八次东盟—中国领导人会议上，双方签订了一系列协议：《落实中国—东盟面向和平与繁荣的战略关系联合宣言的行动计划》、《中国—东盟全面经济合作框架协议货物贸易协议》、《中国—东盟争端解决机制协议》和《中国与东盟交通合作备忘录》。这些协议全面规划了未来 5 年中国与东盟在各个领域的合作。中国的这一举动带动了其他国家。日本、澳大利亚、新西兰也都与东盟达成协议，将在两年内敲定自由贸易协定。由于中国—东盟和日本—东盟关系迅速提升的压力，韩国也宣布加快与东盟建立自由贸易区的谈判进程。2005 年韩国跟随中国和日本开始同东盟进行谈判。

　　中国推动东亚一体化进程的努力，客观上刺激了日本、韩国积极参与到以东盟为核心的区域合作中，发挥了"抛砖引玉"的作用。事实上，在已经开展的"10＋3"东亚区域合作机制中，中、日、韩三个主要东亚经济体都是以与东盟订立"10＋1"自由贸易协定作为参与东亚一体化的起步点的。在中国的直接推动下，不仅东亚合作机制中的 3 个"10＋1"得到了迅速发展，而且 10＋3 的合作议程也越来越丰富与制度化，这将有助于加快东亚区域一体化的合作进程，促进东亚一体化目标的最终实现。

## Cooperation in the East Asian Regions: The Leadership Model and China's Role in It

Liu Hong

**Abstract**: In the 21st century, the regional integration of the European Union and the North America has been going deeper and further while that of the East Asia is obviously lagging behind. One of the important reasons lies in the lack of axis among countries of the East Asia areacountries which can lead the regional cooperation, such as Germany and France in the European Union. Although the ideal leadership model of the East Asia cooperation and integration is that China and Japan make joint effort, yet they still can't act as leaders for the lack of many factors. So the practical choice for the leader role is the ASEAN. And China should continually play a good part in this regional cooperation. Thereby, she can improve the process of the East Asia's integration.

**Key Words**: East Asia　Integration　Leadership　China-ASEAN Free Trade Area

# 政治与经济：中日关系思辨

崔 岩[*]

**内容概要**：20世纪90年代以后，由于中国经济的持续快速增长以及两国经济存在的互补关系，两国经贸实现了飞跃的发展。进入21世纪后，两国的经贸关系再度趋热，贸易和投资都再度迎来了新一轮的发展高潮。与活跃的经济关系相反，两国的政治关系却出现了大幅度的倒退。小泉上台后多次参拜靖国神社，触及了中日关系的政治基础。这一期间双方在领土问题、台湾问题等也开始了对抗状态。针对两国关系的这种现实状态，本文对其总体判断、政经关系及今后走向作如下的分析。

首先，中日关系发生的重大变化特别是两国在各个领域开始的对抗局势，表明两国关系开始进入新的发展时期；其次，中日两国经济关系与政治关系的背道而驰不是偶然的，而是在经济全球化时代追求不同利益的产物。双方的经济交往是在平等互利的基础上展开的，不能轻易地用经济手段即损害双边经济关系为代价，换取政治利益；再次，今后中日两国关系将以和平发展兼相互对抗为主要特征，政治关系仍将以维护双方经济交流产生的巨大经济利益为主要目的。两国政府将会以理性的态度通过和平的方式寻求解决双方之间存在的矛盾和冲突，尽量避免相互关系的进一步恶化。

进入21世纪以来，中日两国关系发生了一系列重大的变化。在多维度的双边交流关系中，占据核心地位又尤为引人瞩目的是两国的政治关系与经济关系。一系列现象表明，中日两国的政治、外交关系已经跌入了两国邦交正常化以来的最低点，甚至有人称之为进入了"冰点期"。与此相反，两国以民间企业为主体的经贸往来却保持了积极的发展态势。中日关系的这一特征被归结为"政冷经热"（金熙德，2004）。对于两国关系的这种局面，人们有着不同的看法，悲观者认为中日关系已经进入了"死胡同"，形成了一个无法解开的死结；另一些人则对两国关系今后的发展持乐观态度。本文试图对20世纪末期以来两国政治、经济关系发展、演变的态势及其原因进行梳理和分析，在此基础上

---

[*] 作者简介：崔岩，辽宁大学国际关系学院副教授，经济学博士。

深入探讨两种因素之间的相互影响及今后的发展趋势，从而对中日两国关系的未来发展做出基本的判断。

# 一、保持活跃态势的中日经贸关系

中日经贸往来的真正展开是在我国实行改革开放之后的 20 世纪 80 年代前期。进入 90 年代以后，由于中国经济的持续快速增长以及两国经济存在的互补关系，两国经贸实现了飞跃的发展。首先，从双边贸易看，在这期间两国贸易额连续突破历史纪录，贸易结构也发生了重大的变化。据统计，1991 年两国贸易额就已经突破了 200 亿美元，1993 年增长到 390.6 亿美元，比上一年增长 54％。1996 年突破 600 亿美元大关，达到了 600.58 亿美元。在 1990 年末期曾受到亚洲金融危机的影响，两国的贸易额一度出现减少，但是此后又再度转为增长。到 2001 年，两国的贸易额已经达到了 877.54 亿美元；其次，日本企业大规模进入中国，对华直接投资大幅度增长。据中国商务部统计，1992 年日本对华直接投资项目为 1805 项，合同投资额为 21.7 亿美元，到 1995 年项目数达到了 2946 个，合同投资额增长到了 75.9 亿美元。此后几年，尽管投资项目数和合同投资额有所下降，但是实际投资额仍然保持较高的水平，如在 1997 年实际投资额达到了 43.3 亿美元。在投资数量大幅度增长的同时，日本对华直接投资的结构也发生了重大的变化。20 世纪 80 年代日本对华直接投资是以非制造业和小项目中小企业为主的，90 年代后已经发生了根本的改变。对制造业的投资占据了直接投资的绝对主导地位，如 1989 年制造业和非制造业的投资比例分别为 47.0％和 52.8％，到 1993 年对制造业的直接投资比例已经提高到了 81.2％，此后一直维持在七成以上。

20 世纪的最后几年，由于日本经济的长期停滞和受到亚洲经济危机的影响，中日经济关系一度出现了弱化和停滞的状态，但是进入 21 世纪后，两国的经贸关系再度趋热，贸易和投资都再度迎来了新一轮的发展高潮。在双边贸易方面，1996—1998 年中日贸易增长速度曾大幅度下降，甚至出现了负增长。但是 1998 年以后再度转为快速增长的局面。经过 21 世纪最初两年的平稳增长之后，2002 年起加速增长，两国已经成为各自的重要的贸易伙伴。日本财务省贸易统计数据表明，1991—2001 年间，中国一直是日本的第二大进口来源地，2002 年中国超过美国成为日本的第一大进口来源地。自 2001 年开始，中国一直是日本的第二大出口市场，2004 年两国的贸易总额达到了 1680.5 亿美元，日本对华出口约占日本出口总额的 13.1％。日本对华直接投资在 20 世纪 90 年代中期达到了历史高峰之后，在 20 世纪 90 年代后期投资项目数、合同投资额和实际投资额均出现不同程度的下降，特别是在 1998、1999 两年，投资项目数和合同投资额都下降至高峰时的三分之一。2000 年开始，日本对华直接投资再度转为快速增长的局面。2000 年投资项目数由 1999 年的 1167 个增加到 1614 个，合同投资额也由 25.9 亿美元提高到 36.8 亿美元，到 2003 年投资项目数已经提高到了 3254 个，合同投资额和实际投资额也分别提高到 79.6 亿美元和 50.5 亿美元。近年来，日本汽车企业大举进入中国汽车行业，为争夺中国汽车市场积极投资。

中日经贸关系的发展总体上看是比较顺利和快速的，但是由于受到两国各自经济变动等因素的影响，两国经贸关系也出现了大幅度的波动，特别是在这一发展过程中双方经贸发生了深刻的结构变化。主要表现在以下两个方面：

第一，两国贸易及国际分工模式的变化与"中国经济威胁论"等不谐和音调的出现。

进入 20 世纪 90 年代之后，由于中国工业技术水平的提高以及出口加工业的发展，中国向日本出口的工业制品包括纺织·服装、食品及机械等制成品快速增多，两国间的国际分工由传统的垂直型分工开始转向垂直型与水平型相互结合的混合型国际分工模式。20 世纪 90 年代后期，中国向日本出口的机械类产品大幅度增长，目前已经超过了纺织品在出口产品中所占的份额，成为对日出口的主导产品。基于中国经济持续高速增长和大量工业制品的对日出口，"中国经济威胁论"在日本出现并不断扩散，认为两国产业的发展已经进入了相互竞争的阶段，中国经济的强大对日本构成了巨大的威胁。特别是在 20 世纪 90 年代末期日本经济出现明显衰退期间，有些人甚至把其原因归罪于中日贸易，认为大量来自中国的廉价商品的进口导致了"通货紧缩的输入"，日本企业对华投资引起了日本的"产业空洞化"。

第二，两国经济关联度的增强与日本对华直接投资对中国产业结构变化及对外贸易起到的促进作用。

如前所述，迅速扩大的中日两国贸易往来在各自的对外经济交往中占据了重要的地位，大幅度地提高了两国以双边贸易为纽带的经济关联度。在 20 世纪 90 年代末期日本出现的"中国经济威胁论"及"输入通货紧缩"等论调，尽管是不正确的，但是它也是以两国经济存在密切联系为着眼点的。进入 21 世纪之后，中国经济出现的新一轮高涨对日本经济复苏产生的影响，更清楚地表明两国经济关联度的进一步增强。进入 21 世纪后，日本经济经过艰苦的努力，开始摆脱长期停滞状态，逐渐开始复苏。但是这种复苏是极为脆弱的。2003 年中国开始了新一轮的经济高涨期，国内市场容量的扩大和大规模增长的投资需求带动了外国资本的进入和工业用原材料的大量进口，对作为中国的主要进口国和投资国的日本经济产生了重要的影响。受到中国需求的拉动，日本在 2003 年对华出口同比增长 30.4％。其中大幅度增长的主要出口品，一是机电产品，有电力机械和家电及零部件、锅炉·机械及零部件、光学等精密仪器，出口增长率高达 40％以上；二是工业原材料，有钢铁、有机化学品、塑料、橡胶、涂料、玻璃等，增长率也在 20％以上。日本对华出口的大幅度增长，对日本经济的恢复起到了重要的作用。日本经济从 2002 年初开始的经济恢复阶段，该年实现了 1.8％的经济增长率。2003 年受到中国经济的影响，增长率达到了 2％，其中 2003 年第 4 季度和 2004 年第 5 季度连续实现了 5％的高增长。这时，中国经济对日本而言，由此前的"威胁者"一转为使日本经济摆脱长期停滞的"救世主"（大西广，2004）。

中日经济关系的重要性还表现在日本对华直接投资对促进中国产业结构变化和对外贸易发展所起到的积极作用上面。如前所述，日本企业对华直接投资虽然经历了 20 世纪 90 年代中后期的波动，但是总体上还是保持了大幅度的增长，尤为重要的是日本对华直接投资在投资领域及结构上发生的重大变化。日本企业对华直接投资进入新世纪后又再度开始了快速增长。但是在这一时期投资的产业发生了较为明显的变化。在前一轮对华直接投资的高峰期（1995 年）对机电产业的投资在整个制造业中所占的比重仅为 50％左右，而在 2001 年，该比重已提高到 56.8％，2003 年到达了 66.9％。中国产业结构和贸易结构都发生的巨大变化，不仅仅是依靠本国企业完成的，外资企业发挥了更为重要作用。比如在电子·电动机械产业，中国内资企业在消费品领域中占据的生产分额已经由 1994 年的 80％下降到了 2000 年的 35％。在整个产业中同时期的分额也由 75％下降到 35％。内资企业除了在台式电脑、生产外国品牌的移动电话等投资品领域有一定的影响之外，在其他领域同外资企业相比较均处于劣势地位。外资企业生产的具有高附加价值的产品更多的是面向国外市场。如在 2000 年外资企业的产品出口比例为 52％，而内资企业不足 17％。在整个机电产业的出口总额中 1998 年外资企业所占的比例就已经超过六成，其中的电子·电动机械的相应分额达到了 85％（《中国电子工业年鉴》1999—2001 版）。据日本财务省最新公布的统计，2004 年中日贸易总额达到 1680.5 亿美元，同比增长 26.9％，继 2003 年（1324.1 亿美元，增长率 30.4％）以来持续大幅度增长，从 1999 年之后连续 6 年创历史新高。对此，日本贸易振兴机构的报告指出，包括日资企业在内的外资企业持续进入中国，一方面带动了高附加价值的中间品的出口，另一方面也推动了进口产品的高级化和增加了制成品的出口，从而维持了日中贸易的扩大趋势。

69

## 二、走向低谷的中日政治关系

1972 年经过中日两国人民和政府的共同努力，双方签署了《联合声明》，实现了邦交正常化。尽管两国关系此后时有摩擦，但是应该说直至 20 世纪 90 年代中期两国的政治、外交关系的发展基本上是顺利的。但是，20 世纪 90 年代初期开始，国际以及两国国内形势出现的一系列重大变化，对两国关系产生了重要影响，形成了导致后来两国政治关系的迅速冷淡乃至恶化的重要社会背景。首先，苏联解体和东西方冷战格局的终结，不仅从根本上改变了原有的国际秩序，而且对于传统条件下形成的地区及国家间关系形成了极大的冲击。在冷战格局下，如果说中日之间还存在着对抗苏联霸权主义的共同利益的话，冷战格局的终结使这一战略利益不复存在。日本开始在美日同盟的条件下试图积极协助美国重新确立东亚乃至远东地区的国际秩序。从而加剧了同中国之间的利益冲突；其次，从日本国内看，日本自 20 世纪 70 年代初期在经济上完成了赶超欧美强国的任务、成为世界经济大国之后，特别是克服了石油危机、日元升值等一系列外来冲击表现了良好的经济绩效，国内民族主义和右倾保守势力抬头，摆脱战败国的地位、实现世界政治乃至军事大国目标成为许多日本政界人士的强烈要求。特别是在 20 世纪 90 年代初期，泡沫经济破灭使日本经济陷入长期停滞，长时期左右对立的政治格局瓦解和国内政治局势出现混乱的情况下，上述的保守倾向进一步增强。再次，中国实行改革开放以来实现了持续的高速经济增长，综合国力大幅度增强。面对中国的崛起，日本国内在 20 世纪 90 年代后期"中国威胁论"的论调不断高涨。

在这样的大背景下，直接导致中日两国政治关系加速倒退的，是 2001 年小泉纯一郎当选日本首相后开始的每年一度的参拜靖国神社。靖国神社建于 1896 年，原为明治政府为纪念维新政权建立过程中牺牲的军人而建的。但是在后来日本军国主义对外侵略扩张过程中，靖国神社却被当做宣扬军国主义的工具，在每年进行的春秋大祭时大肆美化对外侵略战争和鼓动民众的积极参与。尤为严重的是，在 1978 年东条英机等甲级战犯的灵牌被供奉在靖国神社。战后日本首相多是以个人身份在春秋两季的大祭时参拜靖国神社的。但是在 1985 年中曾根康宏首相在战败纪念日 8 月 15 日带领内阁成员集体"正式参拜"了靖国神社。靖国神社不再仅仅是单纯的祭祀亡灵的宗教场所，同时也是寄托在宗教场所之内的悼念为国捐躯先烈的国家追悼设施。但是，身兼两种身份的靖国神社作为在战争时期和军国主义对外扩张的密切结合的国教—神道教的中心设施，即便战后在右翼宗教团体的主导下，以祭奠在战争中牺牲的烈士为名，仍然大肆宣传皇国思想和弘扬军国主义精神、美化对外侵略战争，与战后日本追求和平、反对战争的主流思想背道而驰，使其完全丧失了原本承担的后一种作用。因此，内阁政要作为日本政府的代表和政治领导人在这样的情况下参拜靖国神社，与一般国民为缅怀在战争中牺牲的亲人的参拜是截然不同的，直接关系到日本国家和政府对于军国主义对外侵略战争的认识。作为国家的代表，不认真整肃靖国神社宣扬的错误观念和思想，以悼念为国捐躯的先烈为名参拜靖国神社，是在模糊对战争认识的情况下助长美化战争和极端民族主义，对社会思潮的发展给予误导。因此，每一次日本政界要员参拜靖国神社，都遭到了亚洲各国特别是受到极大战争伤害的中国、朝鲜和韩国的强烈反对。因此，日本首相等政要的参拜一直断断续续，大多以私人身份参拜。但是，20世纪 90 年代以来日本民族主义和右翼思潮不断加强，于 2001 年当选日本首相的小泉纯一郎为迎合这一社会势力，在竞选时就表示在任内的每年战败纪念日参拜靖国神社，并实现了诺言。迄今为止，小泉不顾周边国家的反对，已经连续五次参拜靖国神社。

正确认识日本发动的对华侵略战争及其给中国人民带来的巨大伤害，是 1972 年两国实现关系正常化基本框架的核心内容之一，也是实现两国关系健康发展的基础和底线。小泉作为日本首相不顾受战争伤害的邻国人民的感情，一再参拜供奉"二战"甲级战犯牌位的靖国神社，直接对构成两国关系健康发展的基础和底线发起了挑战，其结果导致两国首脑互访中断至今，政府间的外交、交流活动受得极大影响，两国间的政治外交关系迅速冷却。

20 世纪 90 年代中期以来，日本在台湾问题、安全问题、领土问题以及能源问题等方面采取的一系列强硬立场，对两国关系都产生了重大的冲击。日本积极谋求在日美安全保障框架下提升对外自主的军事活动能力，相继出台了海外派遣自卫队法、周边有事法等一系列相关法案，为修改和平宪法积极准备。其中周边有事法就涉及到我国台湾问题。在对台关系上，日本不满足于现有的民间关系，一些亲台势力总是试图不断推动"日台"关系的升级，对台独势力给予鼓励、帮助。2005 年 2 月，日美外长和国防部长会谈后发表的联合声明，称"台湾问题"是他们共同关心的事项。同年 4 月日本外长公然声称："（台湾问题）本来就是日美安保条约的对象。迄今为止的日本对台政策全然没有变化。"在安全问题上，日本政府一味地追随美国，大肆鼓吹"中国威胁论"，甚至将其写入了《防卫计划大纲》中，首相、阁僚数十次出面游说欧盟阻止其解除对华军售。两国之间久已存在的领土争端也呈现了空前加剧的趋势。在钓鱼岛问题上，日本政府一改过去由民间团体试图达到"实际控制"的做法，而由政府直接出面"租用"岛屿，试图形成政府的"实际控制"局面。日本对中国在本国海域进行的天然气开采活动横加指责，甚至授权其国内企业在中日有争议的"中间线"以东海域进行能源勘探和开采权。在国际能源利用方面，日本也展开了与中国的竞争，如干扰中俄之间议定的"安大线"输油管建设项目等。

## 三、中日关系的总体判断和今后走向

近年来，中日两国的经贸往来依然保持了活跃的态势，但是两国的政治、外交关系却急速冷却。不仅政府间的交往受到很严重的影响，而且在两国国民之间形成了新的相互隔阂甚至怨恨。那么，如何从更深的层面上解释两国关系发生的一系列重大变化，特别是如何解释两国在政治层面上出现的对抗局面？为什么会出现经济关系与政治关系相互背离的"政冷经热"现象？今后两国关系的走向如何，是否会出现两国政治、外交关系的进一步恶化，从而导致经贸关系急剧冷却乃至中断？下面，以前述的两国关系的现实发展为基础，尝试对这几个问题给予简要的分析。

首先，中日关系发生的重大变化特别是两国在各个领域开始的对抗局势，表明两国关系开始进入新的发展时期，从本质上讲是源于两国综合实力的变化及今后潜在的战略竞争关系，以及与此相关的国际关系的变化。

近代以来，中日两国关系的发展是以极大差距的实力对比为基础的，日本走向资本主义道路后国力迅速增强，因此导致日本发动了全面的侵华战争。1970年中日邦交正常化以后双方实力对比的格局并没有发生根本变化，但是中日、中美关系的改善以及此后的以稳定为基调的关系的延续，是在东西方冷战这样特殊的国际关系格局下实现的。到20世纪90年代初期，冷战格局的终结导致了国际关系格局发生了重大的变化。同时，中国改革开放以来实现了持续的高速经济增长，综合国力和在国际事务中的影响力大幅度增强。因此，中日两国的实力对比由"弱、强"转为"强、强"，日本在新的国际关系格局下加强同美国的联盟关系、配合美国实施遏制中国的政策。这决定了两国关系将开始以和平发展兼具相互对抗为基调的新时期。

自20世纪70年代初期日本成为世界经济大国，实现在经济上赶超西方大国的目标后，摆脱战败国的地位，作为"普通国家"即以政治、军事大国的身份在国际事务中发挥作用，成为日本众多政治家的理想乃至国家努力实现的目标。构成上述目标的重要思想基础的，是此后不断膨胀的右倾保守思想和民族主义。20世纪90年代初期日本泡沫经济崩溃之后，经济陷入了停滞状态，加之冷战格局的解体和国内社会经济形势发生重大变化，导致了20世纪50年代形成的以保守与革新势力相互对抗、自民党长期一党执政为特征的"55年体制"的崩溃，使日本政治进入了新的整编期。其结果直接导致了革新力量的衰落和保守势力的空前加强，右倾保守思想抬头。20世纪90年代中期以后日本政要特别是小泉上台后参拜靖国神社，模糊对历史问题的认识，实现向海外派兵并积极努力成为联合国安理会成员，谋求实现政治大国的目标等等，都是上述日本社会倾向变化的表现。面对中国的崛起，右倾保守势力大势宣扬"中国威胁论"，并积极配合美国推行遏制中国崛起的政策。日本在台湾问题、领土问题等方面采取的强硬态度，都是与此密切相关的。

其次，中日两国经济关系与政治关系的背道而驰不是偶然的，而是在经济全球化时代追求不同利益的产物。双方的经济交往是在平等互利的基础上展开的，因此是互利的。不能轻易地用经济手段即损害双边经济关系为代价，换取政治利益。

一般而言，政治与外交关系在国家间关系中占据主导地位，通常的国际关系也是以此为核心内容的。其他领域的国际交流如经济、文化等是附属于政治关系的。因为政治、外交关系是以维护国家安全、领土完整等根本利益为着眼点的。经济、文化等领域的国际交流只是在良好的政治、外交关系的基础上展开的。缺乏国际交流的政治基础，其他领域的交流活动就不可能顺利地展开。这一点在东西方冷战时期表现得非常清楚。以美国为代表的西方国家集团出于遏制社会主义在世界扩展的目的，对社会主义国家实施了严格的封锁政策，双方不但缺乏有效的政治交流，而且在经济上也相互隔绝。

但是，在苏联解体及冷战格局结束之后，上述的情况发生了重大的变化。以信息技术为代表的新技术革命的深化导致的信息成本的降低、前社会主义国家向市场经济的转轨对全球市场化的推动，使国家之间的经济联系空前密切，经济全球化达到了史无前例的程度。在以和平发展为主要基调的国际形势下，经济利益取代了国家安全利益成为各国追求的首要目标，于是，国际经济交流或国家间的经济关系在国际关系中的地位大幅度提高，并成为权衡或处理国家间或地区出现的矛盾与冲突需要考虑的重要因素。

近年来，中日两国关系出现的"政冷经热"现象即政治关系与经济关系的相互背离，正是在两国经济联系日益密切、经济交往产生的利益成为双方交往的重要利益的情况下产生的。有人认为，两国政治关系的趋冷已经开始影响到双方的经济交往，出现了"政冷经凉"的趋势，也有人为双边经济关系的未来发展而担忧（冯昭奎，2005）。还有人开始指责日本对华外交打经济牌，认为在两国经济关系中日本对中国的依赖高于中国对日本的依赖，因此主张在两国冲突中中国应积极出经济牌。

　　如前所述，自 20 世纪 80 年代中期以来中日两国经济交流发展顺利、经济联系日益加深。对双方而言对方均已经成为各自重要的、不可缺少的经济合作伙伴。这种建立在平等互利基础上的以民间经济交流为主体的国际经济关系，对于双方来说是非常重要的，其利益也是相互的。在 20 世纪 90 年代末期日本经济出现严重衰退时，日本有人指责同中国密切的经济关系是日本产生产业空洞化、失业率提高、通货紧缩加剧现象的重要原因。对此，日本学者伊藤元重等人从经典的经济学理论出发，对这些观点给予了批驳。研究表明，中日之间的经济结构是以互补为主，尚未进入到相互竞争的阶段。以此为基础的经贸合作对双方都产生巨大的利益（伊藤元重，2003）。对于中国而言，日本企业充足的资金和高水平的技术，是中国经济发展所急需的。同时，日本国内巨大容量的市场，也是中国企业拓展海外市场的重要目标。对日本而言，中国经济发展产生的庞大规模的市场，是日本和世界各国都极为关注的。在全球化的条件下，各国企业都试图利用中国这一最后的市场机会获取最大的利益。这对于日本经济的未来发展也是至关重要的。平等、自愿条件下的经济交往，对双方而言是互利的，因此不能说一方获取更大的利益而另一方的利益较小或受损，也不能轻易地说某一方更依赖于另一方。两国之间的经济利益已经成为双方重要的现实利益，所以不能轻言打经济牌，即以破坏双边经济关系为代价来换取政治利益。毫无疑问，双边政治关系的退化必然要影响到经济关系，这是无可置疑的。但是，在政经分离的条件下，政治上的矛盾冲突在某种限度之下，对经济关系的影响也是有限的。尽管近年来中日两国出现了一系列的问题，政治关系急剧冷却，但是经济关系并没有受到大的影响，相反日本各大企业却加大了对华直接投资的力度，就证明了上述的观点。

　　再次，在经济利益构成双方主导的现实甚至是长远利益而其他潜在的利益及冲突尚未超过经济利益的情况下，双方政治、外交关系将以不对双方经济利益产生重大冲击为底线。因此，今后中日两国关系将以和平发展兼相互对抗为主要特征，政治关系仍将以维护双方经济交流产生的巨大经济利益为主要目的。两国政府将会以理性的态度通过和平的方式寻求解决双方之间存在的矛盾和冲突，尽量避免相互关系的进一步恶化。

　　如前所述，基于国际关系格局以及中日两国内部发生的重大变化，中日关系已经进入了一个新的发展时期。在今后日本追求成为世界大国以及中国进一步崛起的过程中，两国在国际关系各个领域内的竞争、对抗状态将进一步确立和加深。但是我们同时也必须看到，作为相邻的两个大国，建立在互补的经济结构基础之上的日益加深的经济关系，形成了对双方而言都不可或缺的巨大利益，因此，经济利益成为思考双边关系和权衡外交决策的一个重要因素。另一方面，尽管在领土、地区安全、能源等一系列问题上，两国间存在的争议和竞争关系，大多是与两国未来发展攸关的重大国家利益，但是这种潜在的、未来的利益不仅无法给予准确的衡量，而且还存在不同的获取方式。这些潜在利益的获取方式需要在权衡现实利益与潜在利益、采用对抗策略还是和平策略的成本收益的基础上决定。

从目前乃至相当长的时间内，中日双方发生导致两国关系恶化的重大冲突的可能性是比较小的。考虑到在诸多领域特别是在经济领域双方存在的共同利益，相互合作的利益会大于相互对抗的利益。种种迹象表明，谋求通过和平方式解决争端、改善双边政治关系、维护良好的经济关系，是两国政府制定双边关系政策的共同基点。中日两国已经开始就双方存在争议的东海问题进行谈判，同时也积极寻求后小泉时代改善双边关系的对策。

**参考文献**

[1] 金熙德. 中日"政冷经热"现象探析. 日本学刊，2004，1.
[2] 大西广等. 中国特需—由威胁者变为救世主的中国. 紫翠会，2004.
[3] 冯昭奎. 中日关系走到了十字路口. 日本研究，2005，1.
[4] 商务部研究员. 对日可打多张经济牌. 经济参考报，2006，5（15）.
[5] 伊藤元重等编著. 日中关系的经济分析. 东洋经济新报社，2003.

# Politics and Economy: the Analysis of the
# Relations Between China and Japan

## Cui Yan

**Abstract**: Since 1990s, China and Japan have achieved a great jump in economics and trade development with the continuous and rapid increase of Chinese economy and complementary relations existing between the two countries' economy. Since entering 21st, the two countries' economics and trade relations tend to become close again, trade and investment has met a new round development climax. In contrast to the active economic relations, the two countries political relations begin to back up in a great degree. *Xiaoquan* has paid homage to the Yasukuni many times since he became the Japanese premier, touching the political basis of the two countries' relations. During that time, the two countries have been in the oppositional state on the territory, Taiwan (China) and so on. Aiming at this kind of realistic state between the two countries, this text makes the following analysis of the whole opinion, political and economic relations and the tendency in future.

Firstly, the important change took place between the relations of the two countries especially when the oppositional situation began to appear in every area of the two countries, which indicates that the relations of the two countries begin a new development period. Secondly, it is not accidental that the relations of the two countries run in the opposite directions, however, it is the result that they hanker for their different benefit in the era of the economy globalization. The economic intercourse of the both sides develops on the basis of equality and mutual benefit. They don't barter political benefits for damaging bilateral economic relations by easily using economic means. Thirdly, the main characteristics of their relations will be peaceful development and mutual opposition. The main purpose of the political relations will still be that maintaining the both sides great economic benefit that comes into being between their economic intercourse. The two governments will seek for resolving the contradiction and conflict by peaceful manner in rational attitudes, and avoid the further deterioration in their mutual relations to the best of their abilities.

# 文化与东北亚地区国际合作

## 谢晓娟

**摘要**：文化是考察国家间关系的重要变量。文化的交流与融通不仅构成了国际行为体进行交往与合作的催化剂，而且构成了当代国际合作的重要内容和特殊领域。文化深刻地影响着国际合作的规模、水平与模式。东北亚是一个在宗教、语言、民族等方面都体现文化多样性的地区。这一方面决定了这一地区的合作的多样性与层次性，另一方面也为该地区的合作设置了障碍。东北亚地区的国际合作应该建立在异质文化的跨文化认同、同源文化的现代化建构的基础上。通过对民族主义情绪的消融，不同社会制度间的信任，经济合作等方式推动跨文化认同。同源文化的现代化重构过程也会推动东北亚地区的合作。

**关键词**：文化　东北亚合作　跨文化认同

## 一、文化在国际合作中作用的一般理论分析

文化的交流与融通不仅构成了国际行为体进行交往与合作的催化剂，而且构成了当代国际合作的重要内容和特殊领域。"国际合作是指国际关系行为主体全面或局部的协调、联合等协力行为，是一种相互适应，它是基于各行为主体在一定领域和范围内利益或目标的基本一致或部分一致。——一般说来，国际合作建立在自愿、互利的基础之上"[①]，西方学者阿姆斯特茨认为，国际合作通常有三个基本特征：（1）国家以及其他非国家行为主体的行为是自愿的；（2）合作涉及对共享目标的认同与承诺；（3）合作所导致的是对参与者有利的结果。[②] 因此，合作是建立在认同的基础上的，而源于文化的认同则成为合作最原始的动因之一。某种文化的形成是复杂而漫长的，是一种根源于历史的生

---

＊　**作者简介**：谢晓娟，女（1964—），辽宁大学马克思主义学院教授，法学博士。

① 俞正梁：《当代国际关系导论》，复旦大学出版社1996年，第117页。

② S. D. Krasner, ed., International Regime, Ithaca, New York：Cornell University Press, 1983, p. 2.

活结构体系，这种体系往往为集团的成员所共有，它包括语言、传统、习惯、制度、思想和信仰等。因此，同源文化和异质文化对国际合作的影响是不同的。①

异质文化对国际合作具有诱发国际冲突的一面，也有融合认同并推动国际合作的一面。异质文化间在碰撞、冲突的同时也会进行沟通、交流并形成彼此的文化认同，从而为不同国际行为体的国际合作奠定基础。在沟通与融通中，异质文化认同的不断扩大和文化矛盾的弱化，有助于国际政治行为体双边或多边的国际合作，并促进全球的协调与发展。②

同源文化对民族和国家有着强大的内聚力和向心力，并以其共同文化特质的历史认同功能和文化亲和功能构成国际合作的纽带。共同的思想意识、历史记忆、精神信仰、价值观念和生活方式而产生的共同的情感归属，构成了建构国际合作的基础，成为推动国家合作的纽带。当然，同源文化并不意味着所有同源文化的国家之间不存在矛盾与冲突。

全球化的背景下，不管是同源文化还是异质文化，其发展趋势必然是推动国际合作。首先，全球化背景下的跨文化传通（intercultural communication）的深化促进了以文化为媒介的国际合作。在全球化进程中，文化间的交流、借鉴、吸纳、扩张和融合等功能不断加剧文化的世界化，进而成为全球化的动力和内容之一。跨文化的融通使知识、思想、制度、观念、习俗等不断繁衍，进而推动世界化和国际化，有助于消除不同文化间的矛盾与分歧，并为国际合作的深化提供基础。其次，现代通讯事业的迅猛发展，使人类交往的时空障碍缩小，为人类文化交流与融合提供了更多的机会。经济往来的增多、人员交流的频繁、移民浪潮等都扩大了人类文化交流面与交流量，从而推动世界的文化整合，推动世界范围内的国际文化交流与合作。再次，人类所面临的共同威胁的增多也促使人类在许多问题上达成共识，推动不同文化体系间的认同。和平发展问题、环境污染问题、人口问题、国际恐怖主义问题、世界文化遗产保护等全球性问题的存在导致全球范围内的国际协调增多。

文化影响着国际合作的规模、程度与模式。一是对国际合作规模的影响。总体而言，无论是全球范围内的合作、区域范围内的合作还是双边合作都基于文化的共识与认同。而且，多边合作与双边合作更多的是基于文化的融通与文

---

① 在张骥等人的著作《文化与当代国际政治》（人民出版社 2003 年）一书中把文化分为同源文化与异质文化，是从文化的根源与最显著的表象方面来谈的，并不是文化唯一的划分方法，无疑这种划分有利于我们在理解国际合作问题时注意到不同文化的潜在作用。

② 参见：张骥等：《文化与当代国际政治》，人民出版社 2003 年，第 254 页。

化间的宽容与尊重。二是对国际合作程度的影响。一般来讲，文化认同度较高的国家间合作程度要高些。以欧盟为例，欧洲文明的同一性构成了欧洲一体化进程的深刻文化根源。欧洲统一的基础在于对古希腊、罗马的共同文化传统的认同、对基督教的共同信仰，资产阶级革命以及自由、民主、平等和人权等其他普遍社会观念的普遍认同等。三是对国际合作模式的影响。文化同一性较强的国家间往往采取比较单一的模式，紧密的方式，而文化差异较大的国家往往采取多层次的多样式的合作方式，松散的合作方式。欧盟与北美自由贸易区都是一体化程度较高的合作组织，而亚太经合组织由于其文化的差异性较强从而采取较为松散的形式。亚太经合组织在承认多样性的前提下，实行互利、协商一致、自愿、灵活、渐进的原则，其协商的结果不具备法律效力，但受到道义的约束。

## 二、东北亚地区的文化特性对东北亚地区合作的影响

东北亚是指由中、日、朝、韩、蒙古、俄罗斯远东地区这样一个范围所构成的地缘概念。东北亚地区的文化以儒家文化为主。然而，东北亚文化不等于儒家文化。即使都是以儒家文化为主的国家本身也存在着其他方面的差异，比如种族与意识形态方面的差异等。在长期的历史发展过程中，北亚各国的文化呈现出很强的差异性，在宗教、语言、民族等方面呈现出纷繁复杂的情况。可以说，文化的差异性与共通性是任何一个区域都存在的。文化的共通性未必意味着国家间没有摩擦与竞争，文化存在很大差异的国家未必没有合作的空间。东北亚地区文化的特点同样决定了东北亚地区合作存在着广阔的空间与前景，同时，这种合作也受到来自文化方面的阻碍。

第一，东北亚文化对东北亚地区合作的推动作用。

人们经常在探讨东亚模式时谈到儒家传统文化的积极作用，东亚模式也被称为"文化影响模式"或是"感情型模式"[①]。人们认为东北亚文化中存在着"东北亚价值"，即东北亚各国在历史时代由于相互学习与交往而形成的并且被各国所认同的文化价值。从东北亚文化价值来看，至少包括这样一些因素，"'以人为本'的道德取向；对整体价值的认同；提倡'合和'精神，'天人合一'是中国文化的基本精神。'中庸'、'和谐'是儒家学者追求的最高价值，也是中国、日本与朝鲜、韩国文化精神的普遍原理之一。"[②] 这种文化不仅对

---

[①] 陈峰君著：《当代亚太政治与经济析论》，北京大学出版社 2001 年，第 346 页。

[②] 焦润明：《东北亚跨文化认同的前景、问题及其应对》，《日本研究》，2006 年第 1 期。

东亚各国经济的腾飞起到了积极的作用，而且也成为带动东亚地区合作的助推器。同样，文化的差异性使得东北亚合作具有很强的互补性。"差异存在的最大好处，是使亚太地区各国之间有极大的互补性。经济上的互补需要是亚太国家走向合作的第一要素。互补性也可以表现在文化、思想方面。"①

然而，东北亚文化的多样性和差异性则是更加显著的。从宗教上讲，东北亚地区集中了儒教、佛教、基督教、东正教、犹太教等不同的宗教。有的国家完全信奉一种宗教，更多的国家内部则存在数十种宗教（及宗教派系）。从语系的角度讲，东北亚国家属汉藏语系，印欧语系、阿尔泰语系、高加索语系、乌拉尔语系、日本语系、朝鲜语系等不同的语系；从民族的角度看，东北亚有俄罗斯族、汉族、朝鲜族、大和族、蒙古族等；从社会制度的角度讲，存在着社会主义制度和资本主义制度。

这种差异性和多样性影响着东北亚地区合作的多样性与多层次性。从经济的角度看，东北亚地区的合作表现为多个层次。第一种层次是联合国推动的东北亚合作。在联合国开发计划署的推动下，中、俄、韩、朝、蒙五国正式签署长达十年的《关于建立东北亚和图们江开发区协调委员会的协定》等三项协议。第二种是在亚太经合组织框架内的国际合作。第三种是东南亚国家联盟框架下的国际合作。2002 年，中国与东盟 10 国签署了《中国东盟全面经济合作框架协议》，决定到 2010 年建成中国东盟自由贸易区。② 之后，日本与东盟 10 国签署了《广泛经济伙伴联合声明》。③ 2003 年，中日韩发表了《中日韩推进三方合作联合宣言》。第四种是双边国家的经济合作。其中以中日、中韩之间的合作最具有代表性。

总之，与东北亚文化差异性较大相适应，东北亚地区经济合作一般采取开放的、灵活的、较为宽松非约束性的经济合作方式。

第二，东北亚文化的多样性对东北亚地区合作的障碍因素分析。

差异在形成互补并为国际合作提供有利条件的同时，也会带来麻烦并酝酿着冲突与矛盾。文化传统与价值观念领域的矛盾，国内某民族、种族、宗教文化冲突外逸诱发的国家或地区文化冲突，国际交往和文化交流过程中产生的文化冲突等都是会给国际合作带来阻碍。这些文化的差异和矛盾常常以社会制度、意识形态的分歧、民族主义对立情绪等表现出来。

第一，以民族主义情绪表现出来的上升到国家利益层面上的文化纠葛直接

① 王逸舟著：《当代国际政治析论》，上海人民出版社 1995 年，第 463—464 页。
② 《中国与东盟签署全面协议 2010 年建成自由贸易区》，2002 年 11 月 04 日中国新闻网。
③ 《日本同东盟十国签署建立经济合作伙伴关系协定》，2002 年 11 月 06 日中国新闻网。

影响了东北亚区域国家间的相互理解与信任，也使得区域合作缺乏植于社会民众的社会心理基础。

俄罗斯长期以来一直有"民族优越感"，这种过分的民族自豪感是以排他性为前提的，即把其他国家和民族的存在与发展视为对本国和本民族存在与发展的威胁，反映在国家之间关系上就是大俄罗斯主义和大国沙文主义。日本在对待侵略战争的问题上错误的历史观与军国主义的结合使得日本与中国、韩国、朝鲜的关系充满了复杂性。因日本教科书事件以及日本军事实力扩张等事件引发的中韩民众对日本的抗议活动，以及由此引发的国家间的对立情绪都无助于东北亚国家间的合作。以一些事件为契机，民族主义情绪容易引发国家间关系的紧张。

第二，东北亚国家意识形态差异以及蕴涵于意识形态中的价值冲突是影响东北亚地区合作的制度性因素。

意识形态是一种建立在明确的世界观基础上的政治信念思想体系。意识形态作为上层建筑，是国家利益或民族利益的反映。意识形态的形成与国家制度紧密相连，也与国家发展的历史相联系。东北亚国家的意识形态是与东北亚近代以来的战争纷争与冲突的历史相关联的，比如特定民族历史观和国家理念的形成。不同国家的特定历史观与国家理念以政治制度的形式肯定下来并凝聚入国家意识形态中。冷战思维更加剧了东北亚国家原有的意识形态的差别与对立。一方面，以国家为核心的意识形态的对立导致东北亚区域整体意识的缺乏。东北亚国家 普遍都具有强烈的国家至上主义、权威主义和民族主义的因素。例如，日本的政治文化中，以天皇权威为核心的家族国家政治是非常明显的。秉承传统文化特质的东北亚各国的意识形态，其内在的价值中就缺乏区域整体意识，缺乏区域共同利益观。另一方面是社会制度的差异。资本主义制度与社会主义制度的并存是一种客观存在。当以冷战思维对待不同社会制度的共存时，就会造成敌视和对立，这些都为东北亚区域共同意识的建构设置了障碍。

这种文化的障碍性一直深刻地影响着东北亚地区合作的规模、层次、深度与效果。

首先，从经济领域来讲，东北亚地区国家间的合作相对于欧盟与北美自由贸易区而言是落后而缓慢的。欧盟地区内贸易占其总额的63％，北美自由贸易区贸易占其总额的54.1％，东北亚中日韩三国间地区内贸易与贸易总量比重仅为19.3％。东北亚经济合作更多的是以双边合作的方式表现出来。民间合作热情很高，而政府间合作较为冷静。经济领域合作的缓慢除了受到经济自身规律的制约外，还受到政治关系的影响和文化的影响。政治关系的紧张无疑会在经济领域反映出来。文化的隔阂乃至民族间的对立情绪也会干扰经济关系的开展。

其次，从政治领域的角度来讲，目前东北亚还没有建立像欧盟的"共同安全模式"、亚太的"合作安全模式"以及东南亚的"协商安全"那样的安全合作模式。也就是说，东北亚地区还没有建立稳定的政治、安全磋商与合作机制。在目前各国文化差异和意识形态对立较大的前提下，建立稳定的东北亚安全合作机制是不现实的。所以，应该分层次地以某些热点问题为平台，在实践中逐渐形成一些机制，在此基础上寻求在东北亚地区建立全区域的安全体制。"在错综复杂的东亚，如果没有次区域体制，全区域体制就很可能是一幢无从建构的想象中的空中楼阁。"① 这说明东北亚区域的安全机制的建立是一个循序渐进的过程。围绕解决朝鲜核危机举行的"六方会谈"被认为是东北亚安全合作机制的雏形。东北亚安全合作机制的形成不仅取决于各个国家面临的共同利益，而且还取决于在文化上形成共识，包括对各国文化的尊重、对不同意识形态的包容和对历史问题的正确认识。

## 三、克服东北亚地区国际合作障碍的文化建构

东北亚地区的国际合作，无论是经济合作还是政治合作都应该建立在取得共识的基础上。这种共识不仅是各国基于自身现实利益的考虑，而是要建立跨文化认同的基础上。② 实现异质文化的跨文化认同、实现同源文化的现代化建构都是必要的出路。从目前的状况而言，各国政府要尽量消融国内日益弥漫的民族主义情绪，把这种民族主义情绪控制在政府决策外的层面上，建立不同社会制度间的信任机制。同时，通过经济合作的途径带动文化认同的形成。应该指出的是跨文化的认同并不是文化的趋同和差异的消失。同样，同源文化对现代化的回应也是一种重构的过程。无疑，这一过程会推动东北亚的合作。当然，这种文化建构是一个缓慢的、长期的过程。

一方面，实现异质文化的跨文化认同是我们追求的目标。从理论的角度讲，任何一种文化都不是在封闭的状态下生长起来的。任何一种民族文化都有着与其他民族文化相同或相似的内容，因此，实现跨国家的文化认同是可能

---

① 时殷弘著：《国际政治：理论探讨、历史概观、战略思考》，当代世界出版社 2002 年，第 563 页。

② 在《东北亚跨文化认同的前景、问题及其应对》一文中，焦润明认为，跨文化认同是指超越各种文化差异，基于人类共性和人类文化普同性基础上的认同。因为从构成民族和国家的文化发展的角度讲，任何文化都可以在超越民族的文化差异和狭隘视角，在更大的范围内进行认同与整合。

的。这种认同不意味着文化的单一和趋同,而是对不同文化的尊重、对不同意识形态的宽容。从目前的情况看,东北亚地区要实现跨文化的认同至少要注意以下几个方面。

首先,东北亚各国消融国内日益增强的民族主义情绪。民族主义情绪是文化尤其是社会文化最直接的表现形式。可以这样说,日本应该对东北亚地区国家尤其是民间的民族主义情绪的高涨甚至是激化负有主要责任。日本对战争的立场、态度已经超出历史观的范畴,而成为一种国家发展的价值取向。错误的历史观与强硬的外交政策相结合并掺杂着右翼军国主义势力的助威,引起了亚洲其他国家的警觉和反感,以一些事件为契机导致其他国家民族主义情绪的蔓延,从而导致国家间关系的紧张,也成为东北亚地区合作的障碍。因此,日本通过解决历史遗留问题建立东北亚和平互信的机制是一个首要的问题。

其次,建立不同社会制度间的信任。目前,东北亚地区是唯一冷战思维残存的地区。这里不仅存在韩朝的对立,也存在美国与朝鲜的危险博弈。韩国与朝鲜的对峙状态延续了半个世纪之久,目前没有完全解冻的迹象。美国把朝鲜定位为"危险国家"。美国与朝鲜之间围绕朝核问题的较量充满曲折和变数。在安全保证和经济补偿方面要挟朝鲜方面,使其在核武器方面让步;朝鲜则坚持在获得安全保障后才解除核武装,并以试射导弹相抗衡。尽管双方都作了一些弹性修改,但是其相互敌视的立场并没有改变。造成美国和朝鲜严重对立的根本原因是双方的敌意和由此而来的缺乏起码的相互信任。因此,要超越社会制度的界限,以不干涉其他国家的社会制度和意识形态作为外交政策的基点,建立起不同社会制度国家间的沟通机制和信任机制。

最后,以经济合作推动跨文化认同的形成。东北亚国家间的经济与贸易合作因为经济的互补性有了更为广阔的前景。东北亚各国间资源、资金、技术的合理配置对东北亚的共同繁荣起到了重要的作用。经济合作同时也促进了国家间文化的相互交流与相互渗透。经济合作同样推动了东北亚国家间平等互利、优势互补、平等竞争、机会均等文化新秩序的形成。这些原则是东北亚国家间合作的基础和最重要的原则。对于国家间关系处于紧张状态的国家更要注重发挥经济的粘合作用。以中日关系为例,在政治关系出现紧张的情况下,双方可以把政治关系与经济关系"适度分离",发展双方的经济关系。同时,双方应保持较低级别的政治对话,以增进相互了解,防止双方政治关系的恶化和失控。

另一方面,文化的差异是始终能存在的。文化的认同不意味着文化的同一与同化。因此,首先,不同国家对异质文化的尊重是重要的。经济和政治强势国家要排除文化上的高傲自大,避免走入文化沙文主义;经济和政治弱小国家要避免固步自封，形成文化孤立主义。民族主义的情感应该是理性的、平和的和宽容的，而不是狭隘和偏激的。其次，同源文化同样面临着现代化的重构问题。实际上，自1997年经济危机后，东亚各国都在强调减弱家族式的经营方式，实行与国际接轨的现代企业经管方式。这是在社会经济领域对传统的人伦关系的一种冲击，也是对现代西方文明的一种肯定，或者说是两者的一种融合。因此，把亚洲文明理解为与基督教文明相对的儒家文明与伊斯兰文明是与现实不相符合的。儒家文化自身的局限性比如缺少对个人的尊严、自由和独立的尊重等都面临着冲击。东北亚文化正在面临着文化的冲突与转型的问题，也就是说面临着适应现代化的问题，儒家文化对西方现代文化的回应无疑会形成独特的与现代性联结的方式，从而形成一种与欧美或者其他地区有所不同的文化。同源文化的现代化重构会为地区的合作乃至跨地区的合作奠定文化的根基。

## Culture and International Cooperation of Northeast Asia

Xie Xiaojuan

**Abstract**: Culture is an important variable that evaluates the relationship between the nations. Cross-cultural communication promotes the contact and cooperation of international bodies; meanwhile, it turns into the significant part and special field of contemporary international cooperation. Cultural deeply influences the size, level and pattern of international cooperation. Northeast Asia is multi-cultural region in respect of religion, language and nationality, which on one hand, makes the diversity and multi-level of international cooperation; on the other hand, blocks the cooperation in this area. The international cooperation in the Northeast Asia is supposed to be on the basis of the cross-cultural recognition of heterogeneous culture, and the modernization of cognate culture. Cross-cultural recognition should be pushed ahead by the softening of nationalism, the trusting among different regimes and economic cooperation. The process of modernization reestablishment of cognate culture would also become the impetus for the cooperation in the Northeast Asia.

**Key Words**: Culture    Cooperation of Northeast Asia    Cross-Cultural Recognition

# 东北亚：合作机遇与挑战创新

张东明[*]

**摘要：** 在和平与发展成为时代发展潮流的同时，合作与创新则正在成为世界不断发展的重要推动力，而与之呈鲜明对比的是东北亚地区和平与发展所面临的不确定因素依然存在，甚至因时有激化而对本地区的发展构成了严峻挑战。作为本地区最重要的三个经济体，中日韩之间经贸关系的重要性和紧密程度是毋庸置疑的，问题是这种经贸关系并没有完全在政治层面上得以体现。因此，能否通过扩大双边和多边经济合作关系不断改善本地区的政治关系，创造性地推动经贸关系和政治关系的良性互动格局的形成，并进而推动构筑整个东北亚及东亚合作格局，是本文试图探讨和研究的主要问题。

## 一、引 言

在当今世界正经历复杂而深刻变化时期，和平与发展成为世界时代发展潮流的同时，世界经济一体化、经济全球化和区域经济集团化呈并行发展趋势，世界经济总体保持增长，人类社会正面临着难得的发展机遇和挑战。合作与创新则正在成为世界不断发展的重要推动力，而与之呈鲜明对比的是东亚、东北亚地区和平与发展所面临的不确定因素依然存在，甚至因时有激化而对本地区的发展构成了严峻挑战。

21世纪初期，由于经济繁荣、政治稳定以及较少外部因素干扰，东亚区域合作开始步入黄金时期。东亚区域合作出现了东盟一体化、"10＋3"合作、"10＋1"合作以及次区域合作多层次共同发展并相互推动的良好发展态势。东亚合作在内容和形式上不断探索，取得了令世人瞩目的成就。就东亚合作的历史发展进程的总体而言，应该说各个合作机制正处于逐渐成型时期，在东亚合作中发挥着各自不同的作用：10＋3领导人会议为东亚合作确定方向和宏观战略，10＋1领导人会议则是实施东亚合作的主要载体。目前，东亚合作不仅包

---

[*] **作者简介：** 张东明，辽宁大学国际关系学院教授。

括贸易金融等经济领域的合作，还正在逐渐扩展到较为敏感的政治和安全领域。

似乎没有人对这样一个观点提出质疑，即东北亚合作应从中日韩的合作开始，中日韩的合作应成为东北亚经济合作的核心。可以从各种经济统计数据中得到非常充分的反映。

应该说，在东亚和平与发展中，最不确定的因素依然在东北亚地区。朝鲜半岛核危机至今还没有得到真正的消除；台海地区依然潜伏着深刻的危机；而直接影响东亚经济融合的因素，是涉及中日韩三个重要国家的双边关系。作为本地区三个最重要的经济体，中日韩三国有责任首先改善双边政治关系，并且在双边和多边经济合作中起到推动作用。就目前来看，东亚经济融合的基本框架正在形成某种规模，现在似乎到了需要各国之间进一步取得某种妥协、并扩大共识的阶段。

## 二、东北亚：机遇——经济发展

### 1. 一个东盟"10＋3"与三个东盟"10＋1"[1]

所谓"10"是指东南亚国家联盟的 10 个国家[2]，"3"是指中日韩三国，"1"是指中、日、韩三国中的一个。三个"10＋1"是指东盟与中国、东盟与日本、东盟与韩国。"10＋3"是指把东盟看成一方，把中日韩看成一方。东盟与中日韩三国从 1997 年开始，有个定期会晤的机制，上面的这些数字由此而来。但现在的"10＋1"与"10＋3"，意义已经发生了很大的变化，除了指所谓的定期会晤意义外，主要指它们之间的区域合作，因此，从某种意义上来说，这些数字后面代表的是东亚各国之间的区域合作模式。[3]

东亚的区域经济合作虽然远远落后于欧盟和北美，但 20 世纪 90 年代国际经济环境的新变化，东亚地区不同形式的次区域经济合作也获得了较大的发展。从目前的发展态势来看，东亚地区有四种合作形式与发展趋势：分别是东盟自由贸易区（ASEAN）、东盟与中－日－韩的合作对话（ASEAN10＋3）、东盟分别与中、日、韩的合作与对话（ASEAN10＋1）、中－日－韩三国的合作与对话（或称东北亚合作对话）。但需要强调的是，"10＋1"和"10＋3"合作并不是要取代东盟自由贸易区，也不是东盟自由贸易区的简单扩大。"10＋3"通常被看做是未来整个东亚经济合作的方向。[4]

就目前的情况看，三个"10＋1"中进展最快的是东盟－中国自由贸易区，其次是东盟－日本自由贸易协定，东盟－韩国自由贸易区的建立滞后。从政治、经济文化诸因素看，"10＋3"有两种可能性，一是三个"10＋1"建成后合并，二是中日韩三国建成自由贸易区后再与东盟合并。目前来看，前者发展得似乎更快。事实上，"10＋3"的关键是"3"，目前的任务是如何推进3的形成。当3真正形成时，"10"的作用就有可能让位于"3"，完全有可能由现在的"10＋3"变成"3＋10"。但即便如此，为了整个地区贸易的稳定发展，东盟的主导作用似乎应该得到进一步加强。

**2. 建立 FTA 与推动区域一体化**

为进一步扩大中日韩三国的经贸关系，三国的研究机构就建立中日韩FTA（自由贸易区）关系进行了几年的研究，其他机构也进行研究和探讨，各种研究和模型模拟均表明，中日韩建立 FTA 对三国有利，主要是个别国家有很多优惠，致使三国建立 FTA 困难重重。

目前，韩日正就建立 FTA 进行接触，但是进展缓慢；中韩已经同意就建立 FTA 进行研究，目前进展也比较顺利，有望取得更大进展，这将不仅有利于双方经贸的均衡扩大，也将促进友好关系的发展。值得关注的是，中日之间虽然经济贸易关系比较密切，但有关中日建立 FTA 的问题却与之大相径庭，虽然日本与中国的 FTA 经济效果将是无可置疑的，但是直到目前还没有什么具体的 FTA 计划，让人多少感到有些遗憾。因为中日韩三国 FTA 进展缓慢势必影响东北亚区域合作，也将影响整个东亚的区域合作进程。

对于中日韩合作，普遍认为中日韩通过谈判达成协议建立自由贸易区的难度非常大，最有可能的情况是形成"（1＋1）＋1"，或者在形成两个"1＋1"之后进行合并，最终形成"3"的局面，即中日韩三国不可能一下子过渡到中日韩自由贸易区，而是其中两国首先建成自由贸易区然后由第三方加入，或者先建两个自由贸易区，然后再合并。按照逻辑组合，这一可能的贸易区为：中韩自由贸易区、中日自由贸易区以及韩日自由贸易区。

如果从经济关系判断，可能最先建立的是中日自由贸易区；如果从政治关系判断，可能最先建立的是中韩自由贸易区。无论从哪个方面判断，日韩自由贸易区或者韩日自由贸易区都不太可能领先于这两者建立。如果就建立中日或者中韩自由贸易区的可能性作一比较的话，中韩首先建立自由贸易区的可能性更大。因为在现实的国际关系中，无论经济关系多么重要，没有一个良好的政治基础，两者不可能建立区域经济合作组织。[5]

人们之所以对中日韩经济合作抱有极大的热情，是因为这三方之间存在如下几方面合作的可能性和必要性。

首先，是优势互补。这其中包括自然资源的互补，产业结构的互补，劳动力资源的互补以及科学技术的互补。

其次，是从加强国际竞争力方面的考虑。在世界经济全球化、地区经济一

体化的今天，区域性的经济实力比任何时候都变得重要起来。在世界 GDP 前
30 位的国家和地区中，北美自由贸易区占世界 GDP 总额的 28.9％；欧盟 10
国占 28.4％；而中日韩三方加在一起的总和（包括香港、台湾地区）则占
22.2％。

再者，从三方地理文化条件看，三方相互毗邻，文化及传统十分接近。

中日韩在基础建设方面基本不存在大的问题。事业主体的相当部分有民间
化的可能性。

### 3. 目前区域经济合作的几点分析

应该说，经过最近几年的努力，以东盟与中日韩三国合作（即 10＋3）为
框架，可以说东亚地区合作已经起步，而东亚目前的这种合作主要集中在经济
领域。尤其是在贸易领域。东亚内部已经出现了作为地区经济一体化首要步骤
的优惠贸易区（Preferential Trading Area）建设的势头，有关国家，特别是
其中的发达国家如新加坡、日本、韩国等已经签署或者开始谈判双边自由贸易
协定。中国与东盟已开始以降低关税为目标的贸易合作。这些无疑都有助于促
进东亚优惠贸易区的实现。

就目前区域经济合作的发展情况来看，合作内容主要涉及的是贸易领域、
投资领域、经济技术合作领域、专项或者部门合作以及金融领域。对此，可作
如下具体分析。

第一，贸易领域。由于贸易方面合作的最简单形式是优惠贸易安排，参加
国通过谈判或者签订条约，允诺相互给予关税方面的特惠待遇或者取消它们之
间的部分关税壁垒，这种优惠的贸易安排或者由一个地区性的国际组织协调，
或者由参加国自己来协调。对于中日韩三国来讲，这在起步阶段不失为最好的
一种途径。

第二，投资领域。从目前的情况看，中国是日韩投资的接受国，尤其是在
一些技术或者制造业部门，但从长远的角度，中国反哺日韩的可能性正在逐渐
增大。毕竟中国也有自己的优势产业，比如在农业与轻工业制造方面，三方应
当在投资领域和准入方面做更多的工作，当然，这是个比较长的过程。

第三，经济技术合作领域。事实上，鉴于目前自由贸易区的发展重点正在
从以关税为主的贸易领域，逐步转向投资领域，因此，中日韩合作的最大或者
是最重要的领域应当是技术经济合作，换句话说，在经济技术合作领域探索一
些新的合作途径至关重要。

第四，特定领域或生产部门的合作。由于三方都是制造业大国，三方在这
方面的合作潜力更大，由此形成合作突破口的可能性也很大。目前普遍提到的
是三方以钢铁为代表的制造业，尤其是钢铁生产联合。[6] 目前可供考虑的领域

还应该有以石油为代表的能源、以交通为基础的物流。其中，随着能源问题全球范围内的日益突出，这一领域进行合作的重要性日益显现。

第五，以亚洲货币稳定为核心的金融合作。1997年亚洲金融危机留给亚洲各国的深刻教训之一，就是亚洲各国没有金融领域的协调机制。目前东亚13国已经建立起金融领域的初级合作机制，主要是各国中央银行对金融市场的监管合作以及货币互换协议。尤其是中日韩已经认识到金融方面合作的必要性，现在中日韩三国之间已经就建立货币交换机制达成一些共识。[7]在东亚地区最具经济实力的中日韩积极参加货币交换机制，一方面形成了本地区的金融安全网，另一方面也为建立地区性货币基金，乃至最终形成"亚元机制"奠定了基础。在金融方面的合作，标志着三方合作已经进入到一个比较高的层次。

### 4．中日韩合作进程、内容与形式

2003年10月7日，中国、日本和韩国三国领导人在印度尼西亚巴厘岛举行会议，签署并发表了《中日韩推进三方合作联合宣言》（以下简称《联合宣言》）。

在《联合宣言》中，三国领导人同意推进经贸、文化、人员交流、政治与安全等14个领域的合作，成立由三国外长牵头的三方委员会，研究、规划、协调和监督三国具体合作。《联合宣言》进一步要求三方委员会向年度领导人会议提交合作进展报告。2004年6月，三方委员会第一次会议在中国青岛举行。三国外长一致同意向今年11月在老挝举行的三方领导人会议提交《中日韩三国合作行动战略》。

2004年11月27日，中日韩三方委员会通过《中日韩合作进展报告》，本进展报告由三方委员会在相关部门配合下拟定，重点报告自《联合宣言》发表以来各领域合作的进展情况。尤其令人关注的是2004年11月27日中日韩三方委员会通过了《中日韩三国合作行动战略》，这是中日韩之间就合作问题达成的一个重要共识。

2006年5月4日，在印度海德拉巴参加亚洲开发银行年会的中国、日本和韩国三国财政部长4日举行的第六届三国财长会议上，就区域经济展望、区域财金合作及如何提高三国在国际金融组织中的代表性等问题交换了意见。三国财长重申将致力于推动其他区域合作项目的发展，如亚洲债券市场倡议等。他们表示注意到共享本地区金融一体化长期远景的重要性，并同意在"10+3"财长会机制的框架下进一步研究相关问题，包括区域货币单位的有用性。

### 5．东亚经济合作的意义

概括而言，东亚经济合作的意义主要体现在以下几个方面。首先，它标志着东亚地区国际关系的有可能发生以妥协与联合为趋势的重大变化。其次，标志着中国与东亚地区有可能建立起一种全新的关系，双方为别无选择的地区共存与共荣而合作。再次，标志着地理意义上的东亚充实了更多的经济与战略含义，对世界格局的演变逐步将产生影响。

经济方面自不待言，因为东亚各国经济之间的相互依赖已经是基本事实，金融危机已经显示了这点，东亚合作将更进一步加强经济相互依存。在战略方面，东亚面对着许多挑战。对中日两大国而言，没有地区依托，前者不可能成为经济大国，后者则不可能成为政治大国；对于东亚中小国家，不得不适应中国的经济大国化与日本的政治大国化，自然希望通过地区合作把中国与日本纳入统一的地区国际体系中，从而一方面承认中日在地区的利益，一方面要求中日承担更大的地区责任，使得这些中小国家受益。同时，东亚还有着一系列重大战略问题，如朝鲜半岛、台湾海峡、南中国海、印尼国内民族分裂等，地区合作框架有助于这些问题的解决。

## 三、挑战与创新：经济合作机制
### ——政治对话与安全合作机制

### 1. 挑战：安全

概括地讲，东亚地区的安全合作方式将有三大特征：

第一，渐进性。必须深刻地意识到安全共同体和一体化的发展进程与这一地区政治经济文化发展的程度所形成的制约，因此，分阶段论是必然的。此外，还必须充分考虑到安全进程与一体化进程的关系。一般而言，安全合作进程总是滞后于一体化的其他领域。一体化的过程可以带动安全合作，而安全合作又为一体化的发展奠定新的基础。

面对一些国家还是传统联盟成员这一现实，东亚国家间的安全合作不存在跳跃历史阶段而发展的可能性。东亚国家不应期待或谋求超越现实的合作和限度，必须与国际形势和地区形势的总体发展相适应。以循序渐进方式构筑多种层次的安全合作框架，并随着条件的成熟再谋求建立全区域性的安全机制似乎更为可行。

第二，曲折性。历史表明，传统安全手段往往在关键时刻颠覆共同安全的安排，并且在相当长的时间内复归主导地位。第一次世界大战后的国联倡导集体安全观念（类同于共同安全），但更多流于形式，很快被传统的强权体制所取代。更需要注意的是某些国家试图主导新型安全合作而行传统强权之路，并始终使新型安全合作处于辅助地位。与此同时，单纯的经济合作手段也不会必然引向政治与安全合作，从经济合作的初期阶段走向政治与安全合作的高级合作还需要合作各方克服阻碍做出巨大努力。

第三，具有广阔前景。因为它代表东亚国家的意志和愿望，代表了东亚安全的正确发展方向，随着充分尊重差异和具有极大的发展空间和发展多样性的亚洲价值观的形成和凝聚力的增强，未来的东亚地区安全模式将有可能成为有别于欧洲的、具有独特地域特色的体系。

总体而言，东亚合作缺少基本的地区制度创新，只是利用东盟的现有机制，接受东盟对东亚的利用。而实践证明，东盟目前的制度仍有很大局限性，把它套用过来似乎不足以推动东亚真正成为一个"地区"。

东亚合作缺少大国推动力。由于中日之间谁也不希望对方成为东亚的领袖，更由于无论中国还是日本都担心美国对东亚合作的不良反应，两大国只是小心翼翼地借助东盟机制"参与"东亚合作，而不是按照地区联合的目标，发挥大国在促进东亚地区联合上的领导（带头）作用。

**2. 目前东亚合作机制的几种形式**

亚洲合作对话会议——亚洲合作对话第四次外长会议 2002 年 6 月 6 日在伊斯兰堡开幕。亚洲合作对话会议是目前唯一面向全亚洲的官方对话与合作机制。2002 年 6 月，在泰国的倡议下，亚洲合作对话会议在泰国的昌安举行了第一次外长会议。

东亚峰会、10＋3、APEC 都是亚太地区的区域合作机制，它们各有各的核心和主导力量，谁也架空不了谁。对于亚太区域合作来说，多一种机制比少一种机制要好，各种机制各司其职，亚太区域合作的路子将越走越宽。

2005 年 12 月，在马来西亚首都吉隆坡召开的首届东亚峰会，是东亚区域化进程中的重要事件。来自东盟 10 国、中国、日本、韩国、印度、澳大利亚和新西兰等国的领导人参加了会议，与会各国领导人通过并签署了东亚峰会《吉隆坡宣言》，标志着东亚峰会机制的正式建立，是通向地区一体化道路上的一个重要的里程碑。东亚峰会打破了区域合作的地域限制，创造了一种在全球系首创的新的区域合作模式。

自 1997 年东盟与中日韩对话机制确立以来，东亚区域化发展的强劲势头就成为冷战结束以来国际政治经济大潮中最积极的现象之一，为世人所瞩目。此次峰会对于整合有着 30 亿人口的大东亚市场，推动大东亚合作走向机制化、集中化、正式化具有里程碑式的意义。在不发生重大变故的情况下，东亚区域一体化的发展将对国际关系产生持续、进步性的影响。

从长远意义上说，在包含历史、宗教、边界争端，并且某种程度上还遗留冷战时代不和因素的东亚，如果各国能够超越传统国际政治争端解决模式，通过对话、互利、合作的新方式解决问题，将对开创区域一体化的新途径、新模式具有重要的意义。

对东北亚地区而言，如果无视政治及外交，该地区的经济开发问题将无从谈起。在探讨面向 21 世纪国际经济环境的问题上，东北亚地区是否应以朝鲜半岛"南北和谈（交流与合作）"所带来的变化为视点，从一个新的层面重新审视该地区的经济合作问题，以期成为促进 21 世纪东北亚地区经济合作发展的一个契机，成为带动该地区进入新一轮经济发展的动力。

特别需要指出的是，东盟及中日韩 13 国领导人在万象召开的一系列会议，在东亚合作历史上具有极为重要的意义。10＋3 领导人会议的主题是"加强 10＋3 合作"，各国领导人就加强 10＋3 合作的方式和机制及未来发展方向展开了讨论；三个 10＋1 领导人会议和中日韩领导人会议也分别就进一步开展合作进行了讨论。会议取得的成果大大推进了东亚合作的进程，主要表现在以下几个方面。

首先，进一步明确了 10＋3 合作的发展方向。在东盟与中日韩领导人会议上，各国领导人讨论了加强 10＋3 合作的途径和机制，以及 10＋3 合作的未来发展方向，与会各方达成了广泛的一致，其中有两点共识对于推进东亚合作具有重大意义。

一是明确了东亚合作的长远目标。东盟及中日韩领导人会议首次认可东亚合作的长期目标是建立"东亚共同体"（East Asian Community）。东亚共同体的概念自 2005 年 12 月在日本—东盟特别首脑会议上提出后，引起了东亚各国各界人士的广泛讨论。会议上东亚各国领导人正式将建立"东亚共同体"作为东亚合作的长期目标，统一了东亚各国的认识，明确了东亚合作的方向，大大凝聚了各方各界的力量。

二是提升了东亚合作机制。中日韩领导人对东盟于 2005 年在马来西亚召开东亚峰会（East Asia Summit）的决定表示支持。此项决定对东亚合作的机制建设具有重要意义，是对目前 10＋3 合作机制的重要提升，为深入推动东亚合作提供了机制保障。

其次，各国领导人一致同意考虑在 2007 年 10＋3 合作 10 周年之际发表《第二个东亚合作联合声明》；并且认可了 10＋3 经济部长会议关于成立专家组对建立东亚自由贸易区进行可行性研究的决定，同时还一致认为有建立"亚洲债券市场"（Asian Bond Market）的需要。

东亚合作联合声明（菲律宾·马尼拉 1999/11/28）强调，承诺继续推动现有的磋商与合作，在各领域中、在不同的层次上共同做出努力，特别是在经济社会领域和政治与其他领域。

首先，经济和社会领域。联合声明指出：——在经济合作方面，加速贸

**92**

易、投资和技术转让，鼓励信息技术和电子商务方面的技术合作，推动工农业合作，加强中小企业，推动旅游业的发展，鼓励积极参与东亚增长区——包括湄公河盆地——的发展；通过考虑将诸如建立"东亚经济委员会"以及为主要地区工业启动产业论坛的倡议联系起来，以促进民营部门更广泛地参与经济合作活动；同时，鉴于这些行动是实现可持续经济增长以及对于防止东亚再次发生经济危机所发挥的不可或缺的作用，因此，应继续进行结构改革，并加强相互之间的合作。

——在货币与金融合作领域，联合声明指出，在共同感兴趣的金融、货币和财政问题上加强政策性对话、协调与合作，初始阶段可以集中在宏观经济风险管理、加强公司管理、资本流通的地区监控、强化银行和金融体系、改革国际金融体系、通过10＋3的框架，包括正在进行的10＋3财政和央行领导人和官员的对话与合作机制，加强自救与自助机制；

——在社会及人力资源开发方面，联合声明指出，社会及人力资源开发对于实现东亚可持续增长至关重要，这种重要性体现在可以在东亚国家内部和东亚国家之间减少经济和社会不平等。在这方面，他们同意，在诸如实施"东盟人力资源开发倡议"、建立"人力资源开发基金"以及"东盟社会保障体系行动纲领"等领域进一步加强合作。

——在科技发展领域，联合声明指出，加强在这些领域的合作，加强能力建设，促进东亚经济发展及可持续增长。

——在文化和信息领域，联合声明指出，加强地区合作，向世界其他地区宣传亚洲的观点，进一步促进东亚人民之间的交流，推进对彼此文化的了解、友好与和平，集中了解东亚文化的力量和优点，认识到本地区的力量部分来源于其多样性，并在这一认识的基础上继续努力。

——在发展合作领域，联合声明指出，给予并加强对东盟落实《河内行动计划》的支持是重要的，这将推动经济和可持续发展，增强技术能力，提高人民的生活水平，实现本地区长期的经济和政治稳定。

其次，政治和其他领域。——在政治—安全领域，联合声明指出，继续进行对话、协调与合作，加强相互理解与信任，从而在东亚地区建立持久和平与稳定。

——在跨国问题上，联合声明指出，加强合作，以解决东亚各国在这一领域的共同关切。

# 四、结　论

东亚一体化能取得今天的成就，不仅是东亚各国共同发展的要求，同时也是一体化进程自身逻辑发展和国际形势影响的结果。在未来几年内，东亚各国追求共同发展的努力仍会不断加强，一体化进程的自身发展逻辑也会推动东亚合作不断扩大和深化，另外，国际形势的发展也给东亚进一步推进一体化带来了挑战和机遇。东亚合作将翻开新的一页，展现新的局面，这主要表现在以下五个方面。

第一，明确的长远目标为东亚合作提供了新的动力。虽然没有明确规定东亚共同体的具体内容和实施步骤，但万象首脑会议不可逆转地认可了建立东亚共同体为东亚合作的长远目标，是开创东亚合作新局面的精神支撑。长远目标的确立不仅统一了东亚各国的思想认识，明确了东亚合作的方向与前途，更为重要的是促进了各国各界对建设东亚共同体的认同，并不断加强探索与研究，这反过来又必将推动东亚共同体的建立。这种作用很快就得到了体现。2004年12月5—6日，在马来西亚吉隆坡召开的"第二届东亚论坛"上，马来西亚总理巴达维在开幕式发言中就提出了建设东亚共同体的七点路线图，内容包括东亚峰会、东亚一体化宪章、东亚自由贸易区、东亚货币和金融合作条约、东亚友好合作区、东亚交通和通讯网络，以及有关人权和责任的东亚宣言。这在官、产、学、社会各界引起广泛的讨论，2007年13国的各界人士必将对东亚共同体的建设提出更多建设性建议，大力推动东亚合作走向新的高潮。

第二，新的合作机制将确立。东盟第十次首脑会议一致同意，将ASEAN＋3领导人会议转变为东亚峰会，并决定2005年在马来西亚举办首届东亚峰会。原先，东盟内部对是否召开东亚峰会意见存有分歧，原因是怕削弱东盟的主导权。因此，东亚峰会得以召开本身就是对推动东亚合作不同意见的整合，就是东亚合作取得的重大成果。东盟与日本首脑会议支持日本于2007年5月份在京都主办10＋3外长会议，将讨论东亚峰会的概念和模式。届时，东亚峰会机制将正式确立。这将在一定程度上促进东亚合作的重心由现在的10＋1合作转向13国之间的合作，将更加有利于推动东亚大区域的合作。可以说，东亚峰会机制的正式建立，是通向地区一体化道路上的一个重要的里程碑。

第三，东亚自由贸易区将初现轮廓。中国与东盟将在2010年（与东盟老成员国）和2015年（越、老、柬、缅）建成世界上最大的自由贸易区，日本、韩国与东盟的自由贸易区谈判也将在明年启动。在中国－东盟自由贸易区的带动下，可以期待日本、韩国与东盟的谈判很快取得成果。日本与韩国也早在

2003年10月就决定启动日韩自由贸易区的谈判，并争取在2005年达成实质性一致。由此我们可以看出，东亚地区正在形成东盟、东盟—中国、东盟—日本、东盟—韩国、日本—韩国五个次区域自由贸易区竞相发展的格局。这种格局继续发展的结果必然是互相交融，最终形成东亚大自由贸易区。

　　第四，能源合作和货币金融合作将继自由贸易区之后成为新的合作点。此次万象会议的与会各方都对目前的能源危机和美元危机表示关切。据国际能源机构（IEA）所说，从1997年到2010年，亚洲地区的石油日需求量将增加900万桶。其中，中国2003年的日石油需求量达到543万桶，超过了日本的531万桶，成为仅次于美国的世界第二大石油消费国。与此同时，亚洲区域内的石油产量却将减少。这种供求形势将进一步加剧世界石油供不应求的紧张关系。能源问题势必会在不久的将来成为严重阻碍东亚各国发展的"瓶颈"，这关乎东亚各国的共同利益。在10+3领导人会议和三个10+1领导人会议的主席声明中都突出强调了能源合作的重要性。一致同意加强能源合作，尤其是在生物燃料、水力电气等替代资源领域的合作。2004年6月已经在菲律宾召开了首次ASEAN+3能源部长会议。2007年面临着伴随经济发展而来的东亚能源需求的继续增长及国际石油市场油价居高不下的严峻形势，东亚能源合作将出现良好的前景。从另一方面看，东亚地区是世界上美元储备最丰富的地区。在2002年4月底的前20位美国国库券外国持有者中，东亚国家和地区占有7席：日本，第一位（3173亿美元）；中国大陆，第二位（820亿美元）；香港特区，第六位（421亿美元）；韩国，第八位（346亿美元）；中国台湾，第九位（319亿美元）；新加坡，第十三位（197亿美元）；泰国，第十六位（159亿美元）。上述7个东亚经济体持有的美国国库券合计5435亿美元，占美国国库券境外持有存量总额10245亿美元的53%。美元的持续下跌已经并将给东亚国家经济带来无法估量的损失。东亚国家只能通过区域内货币金融合作尽可能减少损失。东亚经济能否继续快速发展，在很大程度上将取决于区域内货币金融合作的成效。换个角度来说，这种严重的美元危机，也给东亚金融合作带来了难得的良机，正如20世纪70年代中后期美元危机促使欧洲货币体系诞生一样。总之，在更广的范围内，更深的层次上开展货币金融合作已经成为东亚各国的燃眉之急，我们可以期待2007年东亚各国在货币金融合作领域取得重大成果。能源合作和货币金融合作是关乎东亚各国长期发展的战略性问题。继自由贸易区取得重大成果之后，东亚合作的下一步推进重点应该集中在这两个领域。这是东亚发展的内部需求和外部压力共同作用的结果。

　　总之，东北亚地区合作领域的广泛和合作潜力的巨大都是无可争议的——这在经济领域表现的尤其突出。同时，所面临的严峻挑战又是有目共睹的，问题的关键是本地区有关国家能否深刻地认识到各国将不得不共存相处，并为了共同的利益而进行某些妥协，达成越来越多的共识，以创新意识和态度不断地为本地区的全面合作打下坚实的基础。因此，如何通过经济领域的广泛合作推动政治领域的缓和，形成经济政治良性互动的格局，并最终迈向一体化的目标，应该是本地区有关国家所面临的共同任务。

**参考文献**

[1] 张东明. 中日韩三国关系与东亚自由贸易区的建立. 当代亚太，2006，1.

[2] 它们是：印尼、马来西亚、菲律宾、新加坡、泰国、文莱、越南、缅甸、老挝、柬埔寨.

[3] 其中，第一个"10+1"，即东盟+中国已经正式签署自由贸易协议，其进程也已正式启动，第二个"10+1"即东盟+日本也于 2003 年 10 月签署了自由贸易协定，而东盟与韩国的"10+1"也在接触之中.

[4] 这一合作机制自 1997 年以来已召开了六次非正式首脑会议，对金融等领域的合作进行了积极的探讨，并已经建立起包括非正式首脑会议、外交、经济、财政部长会议、财政、央行副部长会议、高官会议等政府机制。现在整个东亚已经形成一个东盟—中国自由贸易区（10+1）、东盟—日本自由贸易协定，以及东盟—中日韩（10+3）合作对话机制，下一步需要做的是进一步扩大战果，向其他周边国家发展。中日韩是当前应该考虑的一个很重要的内容，因为中日韩 GDP 总值占 70%，如果中日韩在今后区域经济一体化中能够走到一起，对 10+3 的进程会有很大的推动，如果三方不能走到一起，10+3 就只是一个论坛而已.

[5] 2003 年 10 月 7 日，在印尼巴厘岛召开的"第五次中日韩三国首脑非正式会议"上，中日韩三国领导人共同签署了"中日韩推进三方合作联合宣言"，其中对三国研究机构关于"三国自由贸易安排的经济影响"的合作研究给予积极评价，同时达成了"在此基础上，三国将适时以建立未来更紧密经济伙伴关系为方向进行研究"的共识。这是三国政府首次以联合宣言的方式，明确表示对关于中日韩三国自由贸易区研究的支持和肯定，它为加快中日韩三国自由贸易区的建立带来了契机。遗憾的是后来由于日本在靖国神社等问题上未能处理好同中韩等邻国之间的关系，使得这一进程也受到相应影响.

[6] 曾有人提议建立 20 世纪 50 年代西欧的煤钢联营方式，这就是所谓的专项与部门合作，这种单一的合作方式由于涉及的方面较少，可以很快启动.

[7] 中国已与日本、韩国、泰国和马来西亚等国家的货币进行了交换。一旦其

中某一国家发生国际对冲基金冲击该国货币而外汇储备不足时，参加货币交换的各国就把交换的一定数额的货币兑换成美元来支援该国。这样就极大地增强了抵御金融危机的能力.

# Northeast Asia: Cooperative Opportunity and Creative Challenge

## Zhang Dongming

**Abstract:** While peace and development have been being the trend of the times, cooperation and creativity have become the important motive force. And what forms a sharp contrast is that there still exist some indefinite sectors and sometimes challenge to the development in the Northeast Asia and East Asia. As the three most important countries in economic development, it is no doubt that the trade and economic relationship among China, Japan and Korea is very important, but the problem is that this does not reflect completely in political field. So if the political relationships in the Northeast Asia and East Asia could be improvement continuously by extending bilateral and multilateral economic cooperation relationship, and promoting creatively the formation of a better virtuous mutual pattern and then forming a cooperative structure in the Northeast Asia and East Asia, it will be the focus theme that this paper tries to probe into.

# 试论东亚市民社会构建的模式

## 顾爱华　傅畅梅[*]

**摘要：**市民社会的构建包括实体性的向度和理念性的向度。实体性的向度主要指经济和政治方面，理念性的向度致力于价值或规范的意义。真正意义上的市民社会是经济、政治和文化三大要素的有效分离和有机统一。东亚市民社会的构建模式既要体现这一市民社会的普遍性，又由于其历史背景不同而呈现出自己的特殊性。

**关键词：**市民社会　国家　市场经济　文化

市民社会是与商品经济特别是市场经济相联系的，具有明晰的私人产权，并以契约关系相联结的，具有民主精神、法制意识和个体性、世俗性、多元性等文化品格的人群共同体。从人类社会发展的复杂性和多样性角度看，市民社会在不同的历史时期和不同的文化背景下，其含义、构成、作用和性质也各有特点。

就历史形态而言，市民社会已经历和正在经历三种形态：文明形态、政治形态和文化形态。而市民社会之历史演进的过程恰是人类不断争取生活资料、生活空间和生活意义的过程。文化形态的市民社会作为一种自主、自愿、全面发展的生活领域和关系结构，标志着人们开始过一种真正属于人的生活，它是以有效率的经济组织方式和民主的政治运作机制为前提，以自治原则、法治原则、个人主义、多元主义、公开性、公共性等为价值旨趣或规范基础。

市民社会不是一种自然的和永恒不变的现象，而是随着历史的发展不断发生变化；不是一致的共同模式，而是具有特质的社会现象。因此在构建东亚市民社会的模式选择上，笔者认为，应从以下几方面着手：

---

[*] 作者简介：顾爱华（1958—），女，辽宁大连人，辽宁大学哲学与公共管理学院教授，硕士生导师，东北大学科学技术哲学研究中心在读博士，研究方向：科技政策、科学技术与社会。

傅畅梅（1972—），女，辽宁大连人，沈阳航空工业学院社会科学部副教授，东北大学科学技术哲学研究中心在读博士，研究方向为科学技术与社会。

## 一、经济组织方式——市场经济

市场经济的发展，是市民社会孕育、形成、发展和成熟的必要前提，只有培育发达成熟的市场经济，东亚市民社会的形成和发展才有一个切实的基础。这主要是因为：市场经济造就了市民社会的主体。市民社会产生的一个重要标志就是大量的个人和组织摆脱了政治权力的束缚，成为非政治的生活主体，也就是市民社会主体。市民社会的形成和发展要求有合格主体，这是必要前提和基础，没有合格主体，就无法谈及市民社会。正是在这个意义上，我们认为，培育发达成熟的市场经济是构建市民社会的基础层面。而发达成熟的市场经济，无疑会为合格主体的生成和发展提供有利的条件，同时，市场经济还会拓展市民社会的活动空间，塑造市民社会的意识形态，营造市民社会的自治机制等。所有的这一切都为市民社会的发育、成熟提供了内在的机制。

市场经济为市民社会的生成提供的基础性作用具体体现在：

第一，市场经济的发展和成熟，有利于打破人与人之间的各种依赖关系，促使独立个人的生成，为市民社会提供合格主体生成条件。发达成熟的市场经济，一方面，社会按照价值规律使有限的资源得到优化配置。另一方面，在市场的作用下，由于社会和利益的分化，劳动者必然成为相对独立的利益主体。这种经济运行方式，不仅有助于调动劳动者的主动性、积极性和创造性，而且还有力地促使着真正掌握自己命运的独立"个人"的生成，有助于强化人的主体意识。

第二，培育发达成熟的市场经济，有助于促进人们之间的广泛交往，形成人的全面关系。市场经济的形成，市场体系的扩大和全面开放，能以其特有的方式和魅力把人们联系起来，它客观上要求突破地域、民族或国家的壁垒，在人们之间建立起最广泛、最普通的交往联系。

第三，培育发达成熟的市场经济，将为个人能力的充分实现提供广阔的天地。把人推向市场，参与竞争，这是市场经济的基本原则。谁要在竞争中占据主动、取得优势，谁就必须发挥自己的聪明才智，提高自身的能力素质。从而可以使个人能力的提高有了社会的动力基础，这样可以使人充分发挥后天能力，即主要依靠个人的努力来实现自身的价值。在某种意义上说，市场经济不仅为人的能力的发挥提供了平等的机遇和条件，而且提供了广泛的社会心理基础。

第四，培育发达成熟的市场经济，将为社会主体素质的提高提供现实可能性空间。市场经济是制度经济。制度是生产方式、分配方式和交往方式的规范化形式。"制度是一系列被制定出来的规则、守法秩序和行为的道德伦理规范，它旨在约束追求主体福利或效用的最大化利益的个人行为。"一种合理的制度一旦确立起来即获得普遍有效性，既是人们行为的根本原则，又是人们进行评价的价值尺度。这是实现公平和效率的根本保证。因此，发达成熟的市场经济不仅是个性生存和个性发展的科学保障，也为维护和促进社会主体素质的提高提供了一种必要条件和合理形式。

## 二、政治运作机制——市民社会与国家的共生共强

关于市民社会与国家关系模式，有以下几种代表性的观点：第一，市民社会制衡国家。即只有通过一个独立的市民社会的政治参与、舆论监督，才能有效地控制国家权力的行使并使国家易于对民众要求做出反应。第二，市民社会对抗国家。市民社会论者一般都认为市民社会与极权国家之间是一种压制和反抗关系。第三，市民社会与国家"共生共强"。在民主体制下，市民社会和国家关系的理想格局是强国家和强市民社会和谐共处。

根据东亚国家发展的历史和现状，我们认为前两种模式由于历史原因，但在现实中少有可行性，缺少实现这一模式的现实基础，根本无法实现。东亚市民社会是在东亚社会民主化的过程中得到政府法律允许后才出现的，因此东亚市民社会与国家或政府之间的关系相对密切，具有很强的相互协调性。当然，东亚市民社会也有为了维护自己的权利而与国家或政府相冲突的一面，但由于东亚社会中的国家或政府的权力相对来说仍然很强大，这一权力对市民社会的限制仍然很多，因此东亚市民社会的独立性相对较弱。我们不能想象，今天的东亚市民社会如何与国家或政府处于一种对立的状态，那样反而可能会削弱东亚市民社会的力量，而且会造成东亚社会的不稳定。由此可见，东亚市民社会与国家或政府之间的协调关系是适合东亚社会的一种形式。也就是说，在东亚市民社会和国家或政府之间需要一种良性互动的相互协调的关系。只有通过这种相互协调，才能够实现东亚社会的长期稳定和最终实现东亚社会的民主化或进一步完善东亚社会的民主制度。随着东亚市民社会的发展，尤其是随着跨国市民社会的发展，国家或政府的统治会进一步相对削弱，市民社会与国家或政府各自所应承担的社会角色也会进一步趋向合理。

因此，在社会宏观层面上，我们主张市民社会与国家共生共强，以达成一种良性互动关系。市民社会与国家的良性互动关系的具体实现可以通过以下方式：

第一，从国家的视角来看，国家对市民社会的作用应主要侧重两点，首先

是国家要承认市民社会的独立性，并为市民社会提供制度性的法律保障，使其具有一个合法的活动空间；其次是国家要对市民社会进行必要的干预与调节。国家对市民社会进行干预和调节，调节的主要内容是：一要通过国家抽象的立法行为，为市民社会的活动确立对人人适用的普遍规则；二是国家对市民社会自身无力解决的利益方面的矛盾和冲突进行具体的仲裁和协调。在承认国家对市民社会进行干预和调节的必要性时，还必须同时强调国家干预和调节的合理限度。

第二，从市民社会的视角看，其对国家的作用也主要侧重两点，首先，市民社会具有制衡国家的力量，正是在这个意义上，我们认为市民社会是保障民主和防止权威倒退至集权制的最后屏障，可以起到预防的作用。其次，市民社会的发展培育了多元利益集团，这些在经济和其他领域中成长起来的利益集团发展到一定的阶段，便会以各种不同方式要求在政治上表达它们的利益。这种欲望和活动是建立民主政治的强大动力。在这一意义上，市民社会为民主政治的实现奠定了坚实的社会基础。

总之，市民社会与国家的"共生共强"指的是通过一种双向的适度制衡实现的良性互动关系。通过这种互动，双方能够较好地抑制各自的内在弊病，使国家所维护的普遍利益与市民社会所捍卫的特殊利益得到符合社会总体发展趋势的平衡。

从长远来看，应把建立"小而强国家，大而强社会"的模式作为我们的目标。"大而强社会"，是指把市民社会从国家的超常控制中解放出来，建立充分发育的健全的社会肌体。"大而强"社会显示着市民社会的发育和进步状态。"小而强"政府，是指国家改变全能主义管理模式，但不是政府管辖界域上的缩小，更不是政府权威的缩小和弱化，而是政府功能的清理和优化，因而从某种意义上是政府功能的强化。

## 三、价值旨趣——多元、公开和民主

市民社会除了实体性的向度之外，还有一个理念性的向度。这个向度致力于在某种价值或规范的意义上来使用市民社会概念。一般而言，自治原则、法治原则、个人主义、多元主义、公开性、公共性等被人们认为是市民社会特有的价值旨趣或规范基础。

西方思想家从葛兰西开始，已经把国家与市民社会交锋的领域从经济转向文化意识形态，市民社会和国家的争夺不再是经济自由权，而是所谓的文化领导权。哈贝马斯所讨论的公共领域，实际上就是社会文化生活领域，柯亨与阿拉托的三分法，实际上是反对以国家为中心或以经济为中心的研究模式，主张回到以社会文化系统为中心的模式中去，在文化意义上重建市民社会。只有人们的价值观念、思想态度和思维模式的革故鼎新，才能在市民阶层中形成一种独立、自主的精神氛围和心理定势，从而为市民社会的建立提供精神条件。

从历史上来看，长期以来东亚地区的国家大多是一种处于专制状态下的社会结构，即一种由一个中心不断向外扩展和辐射的环状结构，或者说类似于金字塔的一种结构。在这种环状社会结构下，东亚社会显示出了一些自己的特点。其中最明显的表现为以下两点：

其一，就是专制的权威主义。也就是说，在东亚社会，从上到下形成了一种极权和专制。在这里，权力几乎不会受到任何制约，除非被暴力所推翻，然后又会形成新的极权和专制。这是一种单向性的权力统治体制，即国家自上而下对全体国民的统治，而国民却没有任何参与权力的机会。也就是说，在东亚国家，长期以来没有类似于欧洲的民主体制，甚至没有明显民主的气氛。人们的思想长期处于一种统一的状态，这种状态固然对暂时的稳定和发展有益，但不利于人的全面的、充分的和自由的发展。因此，在文化导向上，应逐渐实现多元的、公开的、民主的转向。从而为市民社会的真正实现提供文化支持。

其二，是非制度性的集体主义，即强调集体的利益而忽视个人的权利，甚至以集体利益的名义去损害和剥夺个人的一些基本权利。在这里，任何一个个人都必定属于某一个松散的集体，而每个人在这个集体中都缺乏独立的人格，个人必须无条件地服从这个集体，为这个集体做出牺牲，否则就会被一种无形的制度所约束，就会被集体所抛弃，以至于作为个人无法生存下去。因此，长期以来，在东亚国家中的公民个人不可能具有个人权利的意识，更难以去追求建立以个人权利为基础的社会独立团体。也就是说，在东亚社会，由于极权与专制的压制、个人权利意识相对淡薄。因此，首先需要在文化上唤醒人们的意识，增强人们的自治意识、法制观念等理念，从而为市民社会的真正实现提供精神动力。

**参考文献**

[1]［美］道格拉·C·诺思. 经济史中的结构与变迁［M］. 上海：上海人民出版社，1994，225—226.

[2] 袁祖社. "市民社会"的历史考察［J］. 天津社会科学，1999，3：97—102.

[3] 梁云祥. 东亚市民社会与国家的统治［J］. 国际政治研究，2004，3：47—81.

［4］陈明明. 比较现代化·市民社会·新制度主义 ［J］. 战略与管理，2001，
4：109—120.

［5］邓正来. 市民社会理论的研究 ［M］. 北京：中国政法大学出版社，2002.

［6］晏辉. 论市民社会的现代形态 ［J］. 北京师范大学学报，1999，3：85—
91.

# On the Pattern of Constructing East Asian Civil Society

Gu Aihua, Fu Changmei

**Abstract**: Civil society's constructing includes entity and idea dimensions. The entity mainly refers to the economic and the political aspect; the idea refers to the value or the significance of standard. The true civil society is the effective separation and the organic unification of the economical, the political and the cultural factors. The Pattern of Constructing East Asian Civil Society inevitable embodies the universality, and at the same time it presents own particularity due to the different historical background.

**Key Words**: Civil Society　Country　Market Economy　Culture

# 论"东亚现代性①"的理论实质

## ——从"西方现代性"和"多样现代性"的争论谈起

金香花*

**摘要：** 20世纪以来非西方国家的经济崛起使原本就纷繁复杂的现代性面临"多样（多元）"与"西方（一元）"之争。这一争论实际上提出了现代性之合理化的普遍内涵和民族文化的特殊构成之间的辩证理解问题。在此分析的基础上可以归纳出"东亚现代性"的理论实质是在"现代性认同"基础上的"外启"与"民族"相结合的历史性生成过程。

**关键词：** 现代性 多样现代性 西方现代性 东亚现代性

20世纪以来东亚现代化进程的推进与经济的崛起成为世界的一个神奇。与之相应，在学术界产生了以西方现代性为参照系的"东亚现代性"之提法，并引起了广泛的争论。东亚现代性有何区别于西方现代性的理论特点？实质是什么？在这里，一个有意义的前提性的问题是：现代性究竟是西方式的从而认为"多样"之提法是多余的、无意义的，还是存在着所谓"多样现代性"？如果能澄清这一问题，"东亚现代性"的问题也就迎刃而解了。

## 一、"西方现代性"还是"多样现代性"？

长期以来，一个主流的观点是：不论现代化的起点有何不同，所有现代化社会的"现代性"与格局，都将是趋同的，甚至是同一的，它包括经济上的工业化、政治上的民主化、社会领域的城市化、文化上的理性化等。他们相信，现代性社会只有"一个源头"，并认为西欧"现代"的政治、经济、文化具有普世价值。在这个意义上，现代性是一个单数名词，它将西方现代性的制度与文化模式看作是唯一的现代性模式。而现代化是单线演化的全球性现象，是现代性普世化的"典范"。詹姆逊反复地强调，"文化差异不论有多么深刻的社会基础，现在也正在变成平面化的，正在转变成一些形象或幻像，而那种深厚的

---

① 本文所指的东亚是指中、日、韩三国。

* 作者简介：金香花，女，辽宁大学哲学与公共管理学院，讲师。

传统不论是否曾经存在，今天也不再以那种形式存在。而是成了一种现时的发明。"[1]这实际上表明：基于工业主义的逻辑，所有社会在步入工业化之后，无论起点如何不同，最后必然形成近似的工业体系以及社会与文化形式，因而，非西方国家的现代性便是不充分的现代性。也有学者在考察了西方政治思想史上有关法治国家与伦理国家理论的发展，得出结论认为只有一种现代性方案，这就是自由民主政制，因此，多元的现代性其实就是政治的现代性，并作出反问：政治正当性早已成了多元的国家伦理，这一"多元现代性"方案是否还需要进一步追求和落实？也有观点认为现代社会与传统社会作为两种截然不同的社会形态，分别代表着先进的现代性和落后的传统性，现代性在本质上就是资本主义化，在这种理论中，西方现代化的道路被认为是每个国家都要经历的道路。

而另一种观点是：批判西方现代性一元说，认为在不同文化传统之下世界会呈现"多样现代性"。认为在非西方国家还未步入工业化道路之时，现代性确实为西方独有，但是不能因为西方的现代化及其现代性的出现比非西方国家早，就此定论现代性就是一元的、绝对普遍的。从而提出"多重现代性"（加拿大的查尔斯·泰勒语）；"另类的现代性（印度一次会议的题目）"之说。

多样现代性之呼声最高的莫过于作为多样现代性之一种的"东亚现代性"。"在目前，具有儒家特色的东亚现代性是现代化精神多元最有说服力的个案……"[2]在今天，有不少学者相信儒家的社会伦理是构成东亚现代性的文化资源，都在间接或直接地阐发东亚现代性的"可能性"与"应然性"，并且特别标举出儒家文化理念作为建构中国及东亚现代性的文化资源意义。杜维明认为，在儒家传统的影响下，工业东亚的"现代性"体现出与西方不同的轨迹。也就是说它以追求西方原有的现代性的中国化实现为目标时，由于儒学价值观融入其中，从而彰显与西方不尽相同的范式。他认为东亚现代社会有如下特征：强调自我是各种关系中的中心，义务感、自我约束，取得一致意见和合作，高度重视教育和礼仪，注重信用社区和政府的领导等，并把这些总称为"新儒家伦理"或"东亚的现代性"，并承认这些"东亚现代性"的社会理想还没有完全实现。

在发生学意义上，现代性无疑是西欧工业化的伴生物。但是，在发展中现代化理论"把现代性从现代欧洲的起源中分离了出来，并把现代性描述成一种一般意义上的社会发展模式；就时空而言，这种模式是中性的。"[3]如果说现代性具有一个超越一切民族一国家的普遍主义的性质，那么，普遍主义的现代性在与各国的文化与历史经验融合中，必然要打上民族文化的烙印。

多样现代性的提出与非西方国家工业化的经验总结以及内在文化价值的发现有关，同时也是与西方自命不凡的现代性的独断不无关系，是对西方现代性是整个人类必须去追求的铁定的想法的一种反驳。"我承认启蒙各项基本理想产生于欧洲文明，但它们不应该就此被编码化、神秘化……现代性建制方案即便是率先产生于西方的启蒙运动，但一经产生后它们就得到了自在的意义以及确定的内涵。"[4]现代化始源于西欧，现代化的"全球化"使西方的现代化文明模式在世界范围内扩散，因此，全球化的"文明标准"不期然而然是"西方的现代性的普世化"。多样的现代性的提出表明了与这一"独断的"现代性的"脱钩"中谋求与内在的创生性相结合的发展路向意识觉醒，而这一内在创生性恰恰源于文化传统。

细究起来可以发现多样现代性的提出者是文化传统的现代性内容的积极认同者；而坚定的西方现代性的维护者实际上否认不同文化的现代性构成。他们分别站在文化的角度和普遍的合理化角度来坚持各自的主张，实质是现代性之合理化的普遍内涵和民族文化的特殊构成之间的辩证理解问题。

## 二、现代性的普遍性与特殊性之间的张力

现代性作为一种抽象的哲理设想，源于启蒙对未来社会的一套哲理设计。在此意义上现代性就是理性。它是伴随在现代化进程中的，充满矛盾与张力的现代生活的哲学逻辑判定，对现代性的核心概念作终极性的规定是比较困难的。无论现代性从所谓"简单的现代性"到"自反现代性"，从"沉重的现代性"到"轻灵的现代性"抑或从"工具理性"到"交往理性"的转向实则蕴含着一种哲学范式的转换，是历史不断试错、选择和演进的人类实践结果。可见，现代性有一定的阶段性特点，它随着时代发展不断呈现出新意，产生细微的差别，是不断生成的过程，哈贝马斯称之为"一项未完成的使命"。

如果我们忽略不同时期现代性的细微差别，而把注意力集中于现代性的本质特性，现代性是人自身力量的发现，是主体性原则的确立与不断应用。现代性的普遍性内涵最直接地体现在不断寻求合理化的反思过程。马克思形象地概括了这个时代的特征："一切固定的古老的关系以及与之相适应的素被尊崇的观念和见解都被消除了，一切新形成的关系等不到固定下来就陈旧了。一切固定的东西都烟消云散了，一切神圣的东西都被亵渎了。人们终于不得不用冷静的眼光来看他们的生活地位、他们的相互关系。"[5]无论是批判工具理性的扩张所带来的"生活世界的殖民化"，进提出"交往理性"的哈贝马斯，还是对"大屠杀"等现代性事件进行批判的鲍曼，其实都是在反思中寻求合理化方式。艾森斯塔德也将"深度反思性"作为多重现代性的"共同核心"。按海德格尔的话来说就是借助自我意识之光，世界才得以"澄明"。

同时，现代性正内在地经历着全球化的过程，这使现代性的合理化诉求由一种确定性的规划变成不确定性的探险。"现代性的生活条件是我们所不能选择的——我们被抛入其中——它已经成为我们生存的必然。然而，对于现代性警惕的眼睛来说，它不仅仅是我们的宿命，而且也是对我们的挑战。"[6]可见，全球化不仅使不同的文明程度不同地加入现代性的实践，同时，现代性的反思也成了全球性的普遍课题。在此意义上，多样现代性是现代性的全球化。认为全球化只是"现代性的一种后果"的观点没能够真正重视西方的"文化他者"的重要意义。

从社会层面上看，自由、民主、权利的实现是全球范围内的普遍性的精神理念，普遍的契约关系的建构是制度上的趋同化表现。从"身份到契约的变迁"（梅因语）是我们时代的特点。在社会实践层面，现代性"首先意指在后封建的欧洲所建立而且在 20 世纪日益成为具有世界历史性影响的行为制度与模式。"[7]进入现代化生产的每一个国家无法否认的事实便是作为理性的功利谋划之契约关系的确立。制度层面的现代化遵循西方式的契约精神得以"重新格式化"——这是与形式上与西方趋同的过程，它不仅是市场经济的需求，更是与国际接轨的需求。

现代性的特殊性表现在西方缘起的现代性在各个国家被赋予不同的内涵。现代性在文化层面上必然要与作为稳定的心灵积习和历史传统相融合，以非完全西化，民族合理化的方式重组西方现代性理念。因此，非西方国家的现代性更多地表现为形式的合理化与文化认同的情理化理解，或者可以说是"外启"与"民族"的结合。但这并不是对将观念和理性看作所有现象的决定性因素的文化决定论的认同，文化是现代性的有效组成部分，但不能决定现代性的全貌。同样，正如泰勒对韦伯的社会与知性的变化导致的现代性这一"非文化论"持批评态度，文化虚无主义态度也有失客观态度。它忽视了人类生活的多样性文化背景与抽象、普遍的原则的多样化理解与运作。西方社会的现代性也不是他们所声称的那样是与历史文化传统连续体彻底决裂而成的"浮城"，而是西方固有理性传统的扬弃和"改写"。

"从整体意义上来讨论现代性是普遍主义还是特殊主义均有失于偏颇，就像讨论'人'是普遍的还是特殊的一样，这两种大而化之的解答都无法回答'人是什么'这个古老的斯芬克思之谜。"[8]我们或许可以说：现代性之合理性理念是一般的、普世的；而现代性之方案是多样的、具体的。如果没有看到现代性的普遍性与特殊性之间的张力与辩证统一，那么我们在许多根本问题上就会忽视或错过其他一些相当重要的思想线索以及发掘线索的可能性。而非西方国家在现代性与本土文化的整合中往往着力批判现代性的西化本质，这不仅遮蔽了对现代性的普遍内涵的思考，也遗忘了非西方国家也同样存在的，与西方现代性的弊端相同或不同的"现代性之隐忧"，制造了非西方国家现代性问题研究的盲区。

## 三、"东亚现代性"的理论实质

在今天，有不少学者间接、直接地都在阐发东亚现代性的"可能性"与"应然性"，并标举出以儒家文化理念作为构建东亚现代性的文化资源作用。杜维明的"新儒家伦理"或"东亚的现代性"，坚信儒家的社会伦理是构成东亚现代性的文化资源。在现代化的过程中，由于不同传统文化的巨大差异和现实特点，决定东亚国家没有也不可能完全照西方现代性依葫芦画瓢。不同文化传统与价值观正是不同类型的现代化相区别的标准。东亚传统虽然由于现代化而重构，但仍然从各种不同的方向塑造着现代性并以实质性的方式规定着什么是"现代"。"儒家命题，即儒家伦理和东亚现代性之间有选择的亲和性，并没有反证新教伦理和西方资本主义精神兴起的韦伯命题，但却迫使韦伯命题只适用于现代西方，也就是说西方的现代化虽在历史上引发了东亚的现代化，但没有在结构上规定了东亚现代性的内容。因此，东亚现代性是西化和包括儒家在内的东亚传统互动的结果。"[9]

东亚现代社会具有显著的外在社会结构的"形式合理化"与内在文化逻辑的"情理融合"之现代性特点。东亚"陌生人社会"现代性的心性秩序是东西价值观的"融合型"理念。"陌生人社会"的核心交往理念是共同的理性认同，即平等、自由、权利，这在东亚文化圈有着更为情理化的理解。理性使人摆脱屈从别人的权威，却从另一个层面使人陷入新的不平等，如知识权力结构的存在使人摆脱了传统的剥削与压迫，却以隐蔽的方式陷入到另一个不平等。从主张这些权利、力图实现这些权利到践行和反思这些权利，人们有了深刻的体会，即形式上的平等并不等于实质上的平等。在东亚，传统伦理型社会的实质理性的注重与契约更为完美地融合到一起。文化的影响是持久的，它流入东亚人血脉将以现代社会与西方价值观相融合的方式起作用，这也是有着几千年专制历史的东亚诸国的"权威主义"至今还能为人们所认同的原因。它能够适度地把握结构性张力之间的平衡，在东亚它作为"柔性的权威主义"持久地起作用。这也可以表明东亚的平等观念是趋近自然的平等，西方式的平等逻辑假设的引用和影响总是在这种传统关系之上起作用。因此是人们所认同的"不平等的平等"，这是历史实证的结果，或者可以称作历史合理性，是东亚社会的一个特点。用泰勒的话来说，现代性不是"一揽子的方案"，民主有许多模式，未必都要采用美国式的民主，究竟要什么样民主在不同国家肯定会很不一样。把现代性的文化变迁等同于西方意义上的世俗化模式，是一种非常种族中心论的看法。

东亚现代性的提出实际上是一种"现代性的认同"。无论怎样，"现代性争论"是凭籍着西方现代性的，差异共存和共生的"现代性认同"。毋庸置疑，现代化内涵的核心源自西方文化对理性的认同与追求合理化的过程，技术的、制度的、思想的"西化"实际上构成了东亚现代性的重要内容。因此，认为东亚社会的文化价值具有决定性作用，试图开辟完全不同于西方现代性道路或忽略现代性的西化本质其实 就是掩耳盗铃，欲盖弥彰。"东西本质差异"无论如何都是有问题的。东亚现代性实际上是对合理化的现代性普遍主义的"外启"与具体运行中融入传统文化因素的民族的"复合体"。现代性的普遍性和特殊性之间的张力也正体现于此。

东亚现代性的提出意味着从工业东亚的经验出发对已有的民族精神、制度模式、行为方式的重新评价，意味着现代性的理解角度的不断拓展，视野的日益扩大，内容的逐渐丰富。它不只是一种认同的焦虑，实际上是以西方现代性为镜鉴的文化特点认识的深化，是更有把握地深入矛盾和寻找出路的有意尝试。在这个意义上东亚现代性承认现代性的开放性，持的不是非此即彼的两端思维，而是辩证思维。现代性是任何走向现代文明的国家所不可避免的充满悖论性的过程。对它进行深刻的反思，避免现代性之分裂的深度，是讨论的落脚点。我们的比较往往止于不同发展层面的平面化的比较，停留在西方现代性的悖谬与我们文化的优势，来为自己辩护。正如伯曼指出，今天各后发国家在都试图想达到现代社会的高度而又避免现代分裂的深度。各种文明各有长，各有所短、各有所得，也各有所失，我们要在特殊性与普遍性的现代性张力当中最大程度地捍卫现代性的成果，最大意义上减少现代性的恶果。

东亚现代性的提出不仅仅是对西方理论回应的结果，更是中西文化相碰撞、融合的产物，是通过对现代性的哲学反思，获得战略性的主动地位的一种努力。这有助于将论题带入更为开阔的社会文化视域。

# 余　论

东亚现代性的出现是文化与经济相互选择的结果。泰勒不无幽默地说加入现代性这种不快都会被一种令人放心的"文化"观念所打消，你可以根据自己的文化塑造一种不同的现代性。"东亚现代性"的提出实际上已经是把自己纳入了西方概念的话语系统之中。多样现代性之间也的确分享着重要的共同特征，这主要表现在制度及其功能层面上。我们不得不借普遍的现代性之力，反复进行社会变革与经济改革，以实现现代性的本土化。东亚现代性主要是民族文化的自觉，使民族文化与现代经济的契合点上阐发的，而非根本的发展路子上的巨大差异，在这个意义上，没有必要太执著于东亚现代性，而是需要从辩证发展中，从流动的历史必然性中以及在对话中把握现代性的未来。

**参考文献**

[1] 王逢振，谢少波编. 文化研究访谈录 [M]. 北京：中国社会科学出版社，2003，106.

[2]《杜维明文集》第 2 卷 [M]. 武汉：武汉出版社，2002，249.

[3] 于尔根·哈贝马斯. 曹卫东等译. 现代性的哲学话语 [M]. 南京：译林出版社，2004，2.

[4] 吴冠军. 多元的现代性 [M]，北京：三联书店，2002，164.

[5]《马克思恩格斯选集》第 1 卷 [M]. 北京：人民出版社，254.

[6] 哈贝马斯. 章国锋译. 作为未来的过去 [M]. 杭州：浙江人民出版社，2001，95.

[7] 吉登斯. 赵旭东等译. 现代性与自我认同 [M]. 北京：三联出版社，16.

[8] 吴冠军. 多元的现代性 [M]. 北京：三联书店，2002，155.

[9]《杜维明文集》第 2 卷 [M]. 武汉：武汉出版社，2002，248.

# The Theoretic Essential of " the Modernity in the Eastern Asia"

Jin Xianghua

**Abstract**：Non-western countries have made great progress in economy since the beginning of 20th century, which makes the once-complicated modernity face the dispute of "pluralism" and "singlism". Indeed, the dispute put forward the logically comprehensive problem between the common essential of the reasonable modernity and the special component of national culture. Based on the analysis, the theoretic essential is the historical process of "overseas" and "nation" on the basis of "the common acceptance of modernity".

**Key Words**：Modernity　Modernities　Western　Modernity　East Asian Modernity

# 先秦儒家富贵道义观与和谐社会

## 王 雅[*]

**内容摘要**：先秦儒家把人人富裕且具美善德性的社会作为理想社会，为实现这一理想社会他们提出了富贵观、道义观和耻辱观，为个人和社会划出了获取财富，满足欲望时当为与不当为的界限。这对和谐社会建设有值得借鉴的意义。

**关键词**：先秦儒家 富贵观 道义观 耻辱观 和谐社会

在先秦儒家看来富裕而有尊严的生活是人所应向往和追求的，人人富裕且具美善德性是"郁郁乎文哉"的文明社会的基础，同时一个"有道"（良善）社会也应该是一个使人富裕和有尊严的社会。物质富裕，人格高贵，和谐优雅的人生与社会是先秦儒家的理想社会。这样的理想社会的实现，需要对个人和社会都有所规约。为此，先秦儒家在提出富贵观的同时，提出了耻辱观和道义观，为个人和社会划出了获取财富，满足自身欲望时当为与不当为的界限，并提出了"富"然后"教"的人文化育的治理方法。先秦儒家的这些思想与我们今天所要建立的和谐社会，有着基于人性的相似。

## 先秦儒家富贵道义观的提出及含义

先秦儒家从人的自然本性出发，首先肯定人对富贵欲求的合理性与正当性。孔子明言："富与贵，是人之所欲也。不以其道得之，不处也。贫与贱，是人之所恶也。不以其道得之，不去也。"[①] 孟子承认"富，人之所欲，""贵，人之所欲。"[②] 荀子看到："人生而有欲"，"饥而欲食，寒而欲暖，劳而欲息，"[③] 是人的本能。追求富贵是基于人的自然情感的正当、合理欲求，是符

---

[*] **作者简介**：王雅，女，辽宁大学哲学与公共管理学院，教授，博士。主要从事中国哲学与文化的教学与研究。

① 《论语·里仁》。
② 《孟子·万章上》。
③ 《荀子·富国篇》。

合人性人情的，具有天然的合情合法性。

　　为此，先秦儒家始终把人民生活的富足，人性的完美，作为评判统治者圣贤昏昧、政治有道无道、国家富裕强盛的标准。孔子在看到卫国人口众多之后，和弟子对答的一段话，鲜明地表达了孔子的这一思想，"子适卫，冉有仆。子曰：庶矣哉！冉有曰：既庶矣，又何加焉？曰：富之。曰：既富矣，又何加焉？曰：教之。"① 孟子更把"制民之产"作为治国第一要务，"明君制民之产，必使仰足以事父母，俯足以蓄妻子，乐岁终身饱，凶年免于死亡。然后驱而之善，故民之从之也轻。"这是王行王道的根本。他反复描述"五亩之宅，树之以桑，五十者可以衣帛矣。鸡豚狗彘之蓄，无失其时，七十者可以食肉矣。百亩之田，勿夺其时，八口之家可以无饥矣。谨庠序之教，申之以孝悌之义，颁白者不负戴与道路矣。七十者衣帛食肉，黎民不饥不寒，然而不王者，未之有也"② 的人民富足而有教养，国家安定强盛的社会生活画面，把孔子"富之"、"教之"具体化。荀子也同孟子一样主张"家五亩宅，百亩田，务其业而勿夺其时，所以富之。"③ 还专立《富国》篇，论述富国之道必先"节用裕民"，"节用以礼，裕民以政。"达到"裕民则民富"，民富则国富的效果，"仁人在上，百姓贵之如帝，亲之如父母，为之出死断亡而愉者，无它故焉。其所是焉诚美，其所得焉诚大，其所利焉诚多。"④ 这也是孟子劝梁惠王的"与民同乐"所要达到的效果。值得注意的、也是后人曲解先秦儒家的是：先秦儒家在对富贵的肯定和追求时，始终以是不是"以其道"、"合于义"为标准的。

　　什么是"道"呢？孔子认为"道"是社会、政治制度的法度原则，"天下有道，则礼乐征伐自天子出；天下无道，则礼乐征伐自诸侯出。"⑤ "邦有道则知，邦无道则愚。"⑥ "有道"、"无道"即国家社会政治制度是否有清明的法度原则；"道"是道理、思想，"吾道以一贯之。"⑦ "夫子之道，忠恕而已矣。"⑧ "朝闻道，夕死可矣。""吾道"、"夫子之道"即孔子的思想，"朝闻道"之道是

---

① 《论语·子路》。
② 《孟子·梁惠王上》。
③ 《荀子·大略篇》。
④ 《荀子·富国篇》。
⑤ 《论语·季氏》。
⑥ 《论语·公冶长》。
⑦ 《论语·里仁》。
⑧ 《论语·公冶长》。

"古先圣王君子之道。"① "道"是规矩、规范，"三年无改于父之道，可谓孝矣。"② "父之道"即父亲制定的规矩。孔子所论"道"的含义在《论语》中还有许多，但与这些含义相近，都含有规则、法则的意思，都是从"人道"出发，为人的行为制定规范和准则。荀子更明确地说："道者非天之道，非地之道，人之所以道也，君子之所道也。"③ 其具体内容就是礼让忠信，"道也者何也？礼让忠信是也。"④ 人的生活就应该是"学道"、"弘道"的生活。无论是求富贵，还是去贫贱，都应"由斯道"，"比中而行之"，⑤ 成就崇高人格。

对先秦儒家的这种道论，学界似乎谈及不多。在涉及财富与道德或社会原则的关系时人们更多谈到的是儒家的义利观，把道义观与义利观等而为一，并因孔子的"见利思义"，"君子喻于义，小人喻于利"⑥ 和孟子的"王何必曰利，亦有仁义而已矣"⑦ 言论，而得出儒家义利对立，重义轻利的结论，把先秦儒家的义利观看做是汉代董仲舒的"正其谊不谋其利，计其道不计其功"和后儒的"存天理，灭人欲"的重义轻利的义利观的前导，进而把中国近代的贫穷落后归罪为儒家义利观的消极影响。这对先秦儒家来说，可谓是极大的误解，不可不辩。

所谓的"见利思义"是孔子回答弟子子路问什么样的人是完善高尚的人时的答语，完整的原文为："子路问成人。子曰：若臧武仲之知，公孙绰之不欲，卞庄子之勇，冉求之艺，文之以礼乐，亦可以为成人矣。曰：今之成人者何必然？见利思义，见危授命，久要不忘平生之言，亦可以为成人矣。"⑧ 含义非常明了，"见利思义"就是在获取利益时要考虑到道义原则、社会规范，"义"其实就社会规范和道义原则。《易·系辞下》把"理财、正辞、禁民为非"定义为"义"，即"义"的最基本规定性不是高于物质利益的崇高道德，而是对不合社会规范的行为与言辞的禁止、限定，教人"临财毋苟得"⑨。这无论在何时何地，都应该是人在获取财富等利益时的基本态度、起码的原则，根本谈不上义利对立的问题。

至于"君子喻于义，小人喻于利"，"如郑氏说，则论语此章，盖为卿大夫

---

① 《论语正义·里仁》。
② 《论语·学而》。
③ 《荀子·儒效篇》。
④ 《荀子·强国篇》。
⑤ 《荀子·儒效篇》。
⑥ 《论语·里仁》。
⑦ 《孟子·梁惠王上》。
⑧ 《论语·宪问》。
⑨ 《礼记·曲礼上》。

之专利者而发。君子小人以位言。"董仲舒进一步解说曰："古之所予禄者，不食于力，不动于末。故利可均布，而民可家足。公仪子相鲁，见其家织帛，怒而出其妻。食与舍其茹葵，愠而拔其葵。曰：吾已食禄，又夺园夫女红利乎。古之贤人君子在列位者皆如是。及周之衰，其卿大夫缓于谊而急于利。"① 很明显，所谓的"君子喻于义，小人喻于利"，是说卿大夫等食禄者明白义的重要，不要与民争利；小人明白利的重要，"小人利而后可义"。② 这与孔子的"富而后教"的思想是一致的。郑玄与董仲舒的解释是符合孔子的时代和孔子的本意的。

　　而孟子的"王何必曰利，亦有仁义而已矣"，③ 可以说是对孔子上述思想的阐发，是劝告梁惠王等统治者不要与民争利，要以仁义之心待民，即行仁政，因民之利而利之，"不违农时，谷不可胜食也"，"勿夺其时，数口之家可以无饥矣。"孟子反复劝解梁惠王，"王如行仁政于民，省刑罚，薄税敛，深耕易耨，壮者以暇日修其孝悌忠信，入以事其父兄，出以事其长上，可使制梃以挞秦楚之坚甲利兵矣。""今王发政施仁，使天下仕者皆欲立于王之朝，耕者皆欲耕于王之野，商贾皆欲藏于王之市，行旅皆欲出于王之途，天下之欲疾其君者皆欲赴诉于王，其若是，孰能御之?"孟子还反复强调"制民之产"，"五亩之宅"，"百亩之田"，使民有恒产的主张，从而达到民富国强，仁者无敌的功效。在这里，孟子不仅没有重义轻利、把义利绝对对立起来的意思，而且没有否认任何人合情合理的私利存在的正当性，无论是梁惠王等统治者，还是社会一般民众。相反，孟子再三强调的是要满足各方不同的利益需求，使全社会都过上富足安定文明和乐的生活。这在孟子回答齐宣王疑问时表述的非常明确："王曰：寡人有疾，寡人好货。对曰：昔者公刘好货，《诗》云：乃积乃仓，乃裹糇粮，于橐于囊，思戢用光。弓矢斯张，干戈戚扬，爰方启行。王如好货，与百姓同之，于王何有? 王曰：寡人有疾，寡人好色。对曰：昔者大王好色，爱厥妃。《诗》云：古公亶父，来朝走马。率西水浒，至于岐下。爰及姜女，聿来胥宇。当是时也，内无怨女，外无旷夫。王如好色，与百姓同之，于王何有?"④ 在孟子看来，国王好货、好色都是正常的，古代的贤王圣人也都是具有自己喜好、自己私利的人，关键在于是否是"与百姓同之"，即在满足自己欲望的同时，也满足百姓的欲望。

---

　　① 清人刘宝楠：《论语正义》。

　　② 清人刘宝楠：《论语正义》。

　　③ 关于这里的义和利字的含义，杨泽波的《孟子义利观的三重向度》中有详解，可参阅。《东岳论丛》，1993 年 4 期。

　　④ 《孟子·梁惠王下》。

　　荀子明言:"自天子通于庶人,""德必称位,位必称禄,禄必称用。由士以上,则必以礼乐节之,众庶百姓,则必以法数制之。量地而立国,计利而畜民,度人力而授事,使民必胜事,事必出利,利足以生民,皆使衣帛百用出入相揜。"① 所强调的也是要满足社会各方的物质利益需求。

　　可见,在先秦儒家那里根本不存在重义轻利、义利对立的思想,先秦儒家义利观探讨的是:如何合情合理地获取、满足人的正当欲求,或者说怎样在获得自身的财富、地位、名望、尊严的时候,不违背社会的合理秩序和公义原则,不侵害和妨碍他人获得同样利益的权利与机会。义与利不是两个对立不兼容的、非此即彼存在,而是可以相互包容、相互依存的存在。先秦儒家不主张没有"利"的"义",道义或仁义总是和一定的"利"联系在一起,孔子所谓的"因民之所利而利之,""博施于民而能济众",孟子的"制民之产"、"民可使富"。孔孟荀一致认为,百姓越富裕,国家越富强,社会道德水准也会越高。义与利两者竞相促进提高,孔子的"富而好礼",孟子反复申说的仁政"必使仰足以事父母,俯足以蓄妻子,乐岁终身饱,凶年免于死亡。然后驱而之善,""谨庠序之教,申之以孝悌之义,""使天下仕者皆欲立于王之朝,耕者皆欲耕于王之野,商贾皆欲藏于王之市,行旅皆欲出于王之途,天下之欲疾其君者皆欲赴诉于王。"都是对财富与社会道德文明之间,也即义利之间互相包容、互相提升的恰当描述。

　　所谓"杀身成仁"、"舍生取义"、"富贵不能淫,贫贱不能移,威武不能屈"等豪气干云的话语,虽然含有推崇"义"的意味,但不能简单地理解为是对"利"的轻视与鄙弃,进而把其作为孔孟等先秦儒家重义轻利的根据。而应合理地理解为是先秦儒家对道德完美的君子的要求,是一种理想人格的标准,是人们努力的方向。这并不与正当合理地争取富足美好的生活相冲突,相反,是人们高贵而有尊严的生活道德支撑。

　　先秦儒家的义利观所要确立的其实是个人和社会获取财富,满足自身欲望时当为与不当为的界限,是文明有序的社会的基本原则。用现代西方新制度经济学理论的话说是探讨一种意识规范,一种与人们有关社会是否公平的经济和道德方面的评判交织在一起的行为规则,以克服人们在社会经济活动中的恃强凌弱、巧取豪夺的社会不公和自甘贫弱,不思进取、懒惰懈怠、粗俗卑下的道德风险。先秦儒家所主张的利,不仅承认公利,也承认所有社会成员的个人私利,只是认为作为社会中的人在追求自己的私利时,要不违背、侵犯他人和社会的公利;先秦儒家所主张的义,就为人们追求公利与私利的规范或途径和方

---

　　① 《荀子·富国篇》。

法（孟子曾明确地说"义，人路也"）。依循道义原则而致富贵是先秦儒家所倡导和追求的社会理想生活方式。

## 先秦儒家的耻辱观

从这样的道义观出发，先秦儒家设立了一种耻辱观，来规约人的富贵观。在先秦儒家看来，"耻之于人大矣，""人不可以无耻，无耻之耻，无耻矣。"① 在富贵与耻辱之间，认为"邦有道，穀；邦无道，穀，耻也。"② "邦有道，贫且贱焉，耻也。邦无道，富且贵焉，耻也。"③ 在政治清明，法度有序的国家里，处于贫穷卑贱的地位，是可耻的；而在一个政治昏暗、法度失序的国家里，获得财富，得到高贵的地位，也是可耻的。前者意味着懒惰、不上进，后者意味着同流合污和趁火打劫，都是不合道的，由此得到的富贵不会被人尊重，由此导致的贫贱也不能得到人的同情，如此生活，只有耻辱，没有尊严，也就没有了人生的价值和意义。因为"富"与"贵"是社会赋予个体的外在价值。在"邦有道"、社会公平正义的情况下，外在价值是以个体的品德、才能为基础和前提的。这种背景下，积极入世、谋取富贵不仅是人合情合理的天然权利，也是他作为社会人应尽的义务。富贵既是个人价值与社会价值、内在价值与外在价值实现后的高度和谐，也是完美人生的必要标志。正因为富贵与主体人格紧密联系，所以孔子讲到面对富贵、谋取富贵时，特别强调"取之有道"。这与现代经济伦理学的"人的尊严是权衡财富的界限"的观点是一致的。④ 这种耻辱观如同一把标尺，标示出富贵与道义的平衡点。即激励人们合情合理、合道合义地追求富贵，又时刻警醒人们要坚守人的尊严底线，"非其道，则一箪食不可受于人。如其道，则舜受尧之天下，不以为泰。"⑤ "一箪食，一豆羹，得之则生，弗得则死，呼尔而与之，行道之人弗受；蹴尔而与之，乞人不屑也。"⑥ 因为侮辱了他，伤害了他的尊严。对违道而求治富贵者，孟子称其为"失其本心"，这样的人连有人格尊严的乞丐都不如，是为"贱"，"人亦孰不欲富贵？而独于富贵之中，有私龙断焉。古之为市也，以其所有，

---

① 《孟子·尽心上》。

② 《论语·宪问》。

③ 《论语·泰伯》。

④ ［德］彼得·科斯洛夫斯基：《伦理经济学原理》，中国社会科学出版社 1997 年，第 80—81页，115 页。

⑤ 《孟子·滕文公下》。

⑥ 《孟子·告子上》。

易其所无者，有司者治之耳。有贱丈夫焉，必求龙断而登之，以左右望而罔市利。人皆以为贱，故从而征之。征商自此贱丈夫始矣。"① 通过正当的商品买卖致富是商品市场的准则，采取不正当的手段，囤积居奇，垄断市场，牟取暴利，虽然实现了自身的富裕，但发的是不义之财，也会被人轻贱、看不起（人皆以为贱），不会获得富贵的荣耀感。荀子把是否"以义经商"作为区分"良贾"和"贪贾"的标准，"贪贾"，"为事利，争货财，无辞让，果敢而振，猛贪而戾，倖倖然唯利之见"，② 对这种"贪贾"，荀子是极其鄙视的，对"从道而出"，③ "敦悫而无诈"的"良贾"则予以积极的肯定，"商贾敦悫无诈，则商旅安，货财通，而国求给矣"。④ 孔孟荀对获利致富手段的区分和评价，是在"富贵前景的追求与道德信义的持守之间进行权衡，在鱼与熊掌不能兼得的情况下，宁肯舍弃富贵而保持人的尊严或不能蒙受耻辱。"⑤

先秦儒家耻辱观的确立与发挥其功效的可能性在于"人皆有羞恶之心"。在孟子看来这种"羞恶之心"就是义。这个"义"与"义利"的"义"是一致的，关于"义"，孔子讲的不少，但在《论语》中没有作出明确的解释。《中庸》以"义者，宜也"释"义"，"义者，宜也，尊贤为大。亲亲之杀，尊贤之等，利所生也。"朱熹《中庸章句》说"宜者，分别事理，各有所宜也。礼，则节文斯二者而已。"结合春秋时期讲"义"的两层含义：等级差别的规定与遵守等级差别的自觉意识。可以确定孔子讲的"义"，亦含有这两方面的含义，《中庸》的解释符合孔子的思想。《左传·成公二年》引孔子的话说："名以出信，信以为器，器以藏礼，礼以行义。""礼以行义"就是以礼体现义的等级差别，"不仕无义。长幼之节，不可废也；君臣之义，如之何其废之？……君子之仕，行其义也"⑥ 里的"义"，是指人伦大义；孔子更把这些人伦大义和等级差别意识内在道德化，"君子义以为质，礼以行之，孙以出之，信以成之。"⑦ 即把"义"看做是属于内心的道德品质。"义"在孔子这里已经具有外在规定与内在道德的两重属性。所以在与富贵或利相接时，自然在内外两个方面发生制约：外在制约体现为等级差别的礼仪法度；内在制约表现为自身道德良心坦然磊落，不愧于"屋漏"。个人富贵的获得是个人价值和社会价值的双

---

① 《孟子·公孙丑下》。
② 《荀子·正论篇》。
③ 《荀子·修身篇》。
④ 《荀子·王霸篇》。
⑤ 陈启智《儒家经济思想及其特点》，《孔子研究》，2000 年第 6 期。
⑥ 《论语·微子》。
⑦ 《论语·卫灵公》。

重实现。

孔子自述"富而可求也，虽执鞭之士，吾亦为之。如不可求，从吾所好。"① "饭疏食，饮水，曲肱而枕之，乐亦在其中也。不义而富且贵，与我如浮云。"② 为世人标示出义利取舍之间的志意行止，诠释出"见利思义"③ 的微言高义。富贵的意义不仅在于财富的多寡、社会地位的显赫，更在于德性的美善，人格的高尚；不仅在于他人和社会的认可，更在于自身心灵的和乐安怡。孔子及先秦儒家对富贵、耻辱、义利的诠释是基于人性，发乎人情，止乎人理的，承认并高扬人的自然属性，理性地观照人的社会属性，以保证人既能满足华衣美食的自然需求，又能做到"见利思义，见危授命"④ 君子、大丈夫，由此构成的社会一定是文明有序的和谐社会。

## 先秦儒家富贵道义观与和谐社会

文明有序的和谐社会始终是中华民族的理想。在过去几千年的历史长河中，也曾或短暂或局部地达到过和谐的状态，但尚不能称为是和谐社会。改革开放后 20 多年的今天，我们把建立和谐社会作为全民族的目标提出，是因为我们国家绝大多数人已解决温饱，一些地区基本实现了小康，人们的生活已经从一般的物质满足，提升到精神层面的享受和愉悦，人们越来越渴望生活在一个充满人性的，公平正义的、宽容有度的、和谐优雅的社会里。先秦儒家富贵道义观与耻辱观所主张的是富裕、高贵、优雅的人生与社会。这对我们今天所要建立的和谐社会有着诸多启示。

我们所要建构的和谐社会首先是属人的社会，人是和谐社会的主体、基础和目的。人自身的和谐（包括身心、自然欲求与社会规范的和谐）是实现和谐社会的保证。先秦儒家的富贵道义观是在对人的共性进行分析的基础上提出的，它承认人的自然属性、自然欲望的合理性，同时看到人是社会群体的存在，社会的承认与评价对人的自然性起着规范制约的作用。人追求富贵的目的是获得社会的承认与艳羡。先秦儒家把人追求财富的自然愿望的实现置于合理有序的社会舞台中，一个人通过合情合理合法的手段获得财富和高贵的地位，获得他人的尊敬，他的身心是宁静恬适的，与他人和社会的关系也是友爱和谐

---

① 《论语·述而》。
② 《论语·述而》。
③ 《论语·宪问》。
④ 《论语·宪问》。

的，所谓"贫而乐，富而好礼"，"穷则独善其身，达则兼济天下"，人以平常心对待财富，持守有节，进退有度，人主宰财富，而不是财富驱使人，财富只是人实现人的价值的一个维度，且是一个受规约的维度。人身心的和谐与德性的完美才是人的价值实现的终极维度。

和谐社会必须是富裕社会。有人主张为中产社会。即社会成员中中产阶级或中等收入者占有多数。这是和谐社会的物质基础。民贫国穷的社会不可能是和谐社会，只有少数人富裕的社会也不可能建构和谐社会。但只有物资的富裕，没有文化、精神的富裕也不能建构和谐社会。只有中产的财富而没有中产文化、中产教养、中产品位的社会不能称为中产社会。无论是富裕社会，还是中产社会，都必须是物质财富与文化精神相匹配。先秦儒家始终把人民富足而有教养，国家安定强盛的社会作为理想社会。他们在劝谏统治者把"制民之产"，使民"有恒产则有恒心"作为实现王道政治的基本治理手段的同时，始终坚持倡导并力行在社会中进行礼乐教化，"富、庶、教"是儒家建构富裕且文明社会的三步曲。

和谐社会必须是有序社会。所谓有序社会，现代人容易理解为法治社会，认为只有法律才具有保障社会公平正义，维持社会正常秩序的效力。我们认为和谐社会一定是法治社会，但法治社会不一定是和谐社会。和谐社会是基于法治社会而又高于法治社会的社会。即是说，和谐社会秩序的确立，法只是一个方面，一个外在的方面，强制性的法律通常只能使人不触犯或避开法律，免受刑罚，不能使人在内心确立一种秩序。荀子有言"徒法不立"，意即治理社会只有法是不够的，还必须有礼，也可以说有德。有发自人的内心的约束力，当然，这种内在约束力要发挥效力，也要外化。先秦儒家的耻辱观基本上具有这样的功能。其内在制约表现为自身道德良心对社会规范的深度认同以至于与自身道德的融洽合一，外在表现则是仰不愧于天，俯不愧于地，坦然磊落的大丈夫。这样的人本身就是有序的、和谐的，由这样的人构成的有序社会的秩序是内外秩序的协调，是真正意义上的有序社会。

和谐社会必须是优雅社会。在和谐社会中，人是实现了人自身价值，人格完善，道德高尚的人，这样的人生活态度积极，努力在合法合理的前提下积累财富，乐于并有能力承担社会责任。在公共生活中，这样的人富有合作精神，自觉遵守社会的公平正义原则，心态平和宽容，言行诚实守信。由这样的人构成的社会必然呈现出文明有序高贵优雅的气象。先秦儒家讲究体面、有品位的优雅生活，为此提出了温良恭俭让的生活准则，以实现"郁郁乎文哉"的礼乐盛世，即优雅的生活。

# 大众传媒批评的话语霸权

吴玉杰*

**内容摘要**：大众传媒在当下文化视域中形成话语霸权。大众传媒上的文学批评形成强势，不仅和传统文学批评相抗衡，而且呈现把传统批评淹没或挤到"边缘"的趋势。传媒批评自身优点和局限决定其经济资本的强势和文化资本的弱势。

在福柯看来，不同的时代有不同的话语类型（认知型或知识型），不同的话语类型构成不同时期文化的言说规范。"葛兰西关于意识形态中的文化霸权讨论在福柯这里重点转向所有的话语领域中的霸权问题……话语霸权在一切交流、信息传播领域中，由于主体与客体、个体与大众、同类与异类之间力量的严重不对称导致的结果。力量的优势一方凭借自身的优势而占据排他性的普遍支配地位。随着社会发展，大众传播媒介凭借传播技术在平面、立体、空间一切话语存在的场所全方位渗透，即使没有拥有最多，也拥有占绝对优势的权势话语。媒体扮演的角色从最初的传递信息、传播知识发展到后来的舆论监督、议程设置。"② 20世纪90年代以来，大众传媒在文化视域中形成一种话语霸权，大众传媒上的文学批评在批评领域也形成强势，不仅和传统的文学批评相抗衡，而且还有把传统文学批评淹没或挤到"边缘"的趋势。传媒批评自身优点和局限决定它在经济资本方面的强势，同时也导致它在文化资本上的弱势。

## 一、传媒批评的开放格局

批评界从价值取向上对文学批评的分类有两种：一是两分法，学院批评和传媒批评；一是三分法，意识形态批评、学院批评和传媒批评。吴俊把文学批评形式及价值取向分为三种：一是基本上可以归属于官方或权力意识形态范畴

---

* 作者简介：吴玉杰，女，1969年生，辽宁瓦房店人。辽宁大学文化传播学院教授、文学博士，从事文学批评和文化研究。

② 李岩：《媒介批评 立场 范畴 命题 方式》，浙江大学出版社2005年，第52—53页。

的文学批评，可以视之为正统的（意识形态）文学批评；二是所谓的媒体批评，这里的媒体主要指报纸等为主的大众传媒，媒体批评以新闻性（即时性或时间性）为突出特点，是社会性最为广泛而内涵也最为驳杂的文学批评，几乎可以出现在任何一种公众和社会的流通载体之上（包括网络）；三是相对而言以文学理性为主要阐释依据和阐释目的的专业（性）文学批评，其价值多元，并不是以某种固定的学历或意识形态原则（立场）为唯一的归宿或目标。① 其实，传媒批评是一直存在的，只不过在 20 世纪 90 年代之前还没有形成霸权地位，在批评界只是一种弱势地位，未引起批评界的重视，或者说还不足以对它进行理论上的观照并给以传媒批评的命名。传媒时代真正到来的时候，传媒批评对传统批评所形成的攻势越来越强，它再也不是以前的那个处于边缘角落里的"弱者"，而是以一种"铺天盖地"的气势成为强者，处于一种话语霸权的地位。所以，"传媒批评"才得以由来，并和学院批评、意识形态批评形成三足鼎立，成为 20 世纪 90 年代以来批评领域的"新力军"。

对于传媒批评的概念，大体有三种看法："第一种认为，媒体批评是运用媒体进行的文艺批评，是'发表在媒体上的、以新闻传播媒介为载体的批评'；第二种认为，媒体批评是利用现代传播工具所作的文艺批评；第三种认为，媒体批评是一种价值批评，指那些带有明显的商业性和新闻性的文艺批评。"所以，有人综合上述观点，认为传媒批评"是利用现代传播工具对文艺进行的活泼通俗的大众批评形式。媒体批评兼有现代媒体、活泼通俗和大众批评三种规定性。"② 现代传媒的多样性决定传媒批评的多元样态，传媒批评的写作姿态、文体选择、文本言说等多方面呈现的都是开放性的格局，所以传媒批评的平民姿态、通俗性等自身优势使传媒批评赢得更多读者。

在大众传媒（报纸、广播、电视、互联网等）上发表的通俗性的文学批评文字都可以叫做传媒批评。所以，是大众传媒的多样形式决定传媒批评的多元样态。传媒批评多样性包括王山所说的"各种大众传播媒体上经常出现的文学动态、名家轶事、公众议论等新闻、轶事与批评的杂糅形态。"蒋原伦在《90年代批评》中把多元样态更加细腻化，"电视节目上一些以批评为题目的谈话性的节目；更多的是发表在各种报刊网络上的批评文章；报刊、电视和互联网中热点问题的炒作；报纸和时尚杂志中很浅显的带有新闻报道性的一种批评，如每年在各地举办的难以计数的新作品研讨会或新作品新闻发布会的报道；各种排行榜活动；畅销书排行榜、歌曲排行榜、电影票房排行榜等；各家报刊纷

---

① 吴俊：《当行规遭遇挑战时——文学批评的一种困境》，《文艺争鸣》，2001 年第 3 期。

② 周忠厚主编：《文艺批评学教程》，中国人民大学出版社 2002 年，第 94 页。

纷开出的书评或读书版面……。书评凭借大众传媒，以简短的语言、短小的篇幅，使读者在短时间内了解文化动态、文化时尚，网络书评已经成为书商促销的重要途径。"① 从引述的文字我们可以看出，传媒批评在大众传媒时代几乎是"无孔不入"，可能渗透到读者存在的每一个角落。

　　和传统文学批评比较起来，传媒批评具有自身的文体优势。如果说，大众传媒的多样性为传媒批评的开放格局提供外部客观因素的话，那么，传媒批评自身的文体优势则为读者覆盖面的广泛提供必要的内在因素。

　　传媒批评的迅捷性使文本常换常新。大众传媒同学术刊物相比，周期较短。一般的文学或评论期刊都是双月刊，月刊的较少，有的文学或评论期刊甚至是季刊，出版周期比较长；而大众传媒，如报纸的周期可以为一天，网络甚至随时都可以更新。所以，大众传媒对当下文学与批评的参与性更强，它能够及时反映文学及批评的正在进行时，也就是说，它基本可以和文学同步进行。"那也是为什么短评会成为通俗的文学形式，为什么报纸会取代书籍的地位，闲杂刊物会取代优美的文学作品。一般人看书时，都因贪求快速而草草了事。他们要求简短，并不是那种能作为严肃沉思起点的精简，而是短到能迅速提供他们所想要知道的东西，和过目后即遗忘的那种简短。"② 传媒批评的篇幅较短，一般 1000—2000 字，适应高强度、快节奏的现代生活，简短快捷已经成为一种阅读时尚。

　　传媒批评的读者意识使文本容易亲近。传媒批评和学院批评的读者有所不同。学院批评的读者是一些研究文学的专业人员（包括大学教师、博硕研究生、本科生和社科院的研究人员等）及有相当文学素养和兴趣的人。而传媒批评的受众可以是任何一个人，只要他能看文章即可。学院批评者"大多数人却不去关注那一文本是否得到大多数读者的接受，也不去关注读者是否同意他们的观点，"③ 他们在一定学理基础上论证自己的观点，"旁若无人"。而传媒批评者不同，他想要的就是读者通过阅读他的文本和他一同感受批评对象所含有的一切，从而达到对他所批评文本的认同。所以，传媒批评者比学院批评者更注重读者，更把读者作为上帝，他是写给所有的读者的。学院批评者有时甚至故意拒绝一些读者，好像多一些读者能读懂他的文本对他来说并不是一件幸事。实际上，让所有读者能读懂学院批评也是不可能的，不科学的。从这个意义上来说，传媒批评的读者意识使批评文本获得一种亲近感。

---

① 周忠厚主编：《文艺批评学教程》，中国人民大学出版社 2002 年，第 95 页。
② 亚斯贝尔斯：《当代的精神处境》，三联书店 1992 年，第 117 页。
③ 雷诺德·维霍夫：《传媒时代的文化身份和文学功能》，《外国文学》，1999 年第 4 期。

因为把读者作为上帝，所以就要调动一切艺术手段，使传媒批评更容易走进读者的内心深处。传媒批评的读者水平参差不齐，所以对语言的要求特别高。作为传媒批评，它比一般的通俗读物更富有理性，语言要求在通俗中有见地；作为传媒批评，它比学院批评通俗，所以在理性的底蕴中有活泼的笔致。李敬泽力图在学院批评和传媒批评中找到一个契合点，他说："2001 年在《南方周末》开《新作观止》专栏，这等于是要作一种自觉的媒体批评。在大众媒体上写一个版谈文学，面对的是各种各样不同的读者，知识背景差异很大，在那上面，你也没法儿做一个学院派，这个专栏写了两年半，编辑马莉苦口婆心地教导我要让读者知道你说什么，对我而言，这是一个珍贵的经历，实际上是寻求一个文学的专业立场与公众经验的接合点。"学院批评总是站在专业立场上进行文学批评，和大众传媒上的公共经验距离较大，如果让不同知识背景的读者大多能接受自己的批评文本，必须找到一个契合点，采用一种通俗但不庸俗更不媚俗、活泼但不失严肃的言说方式和笔致，也就是说，不同的读者可以从传媒批评文本中获得不同的审美感受，接受到不同层次的文本内涵。它有很强的适应能力，可以适应不同层次的读者需求。

传统的文学批评是封闭性的，因为大众传媒的开放性参与，文学批评扩大了自身的受众（读者）范围。如关于诗歌创作中的知识分子写作和民间写作的争论起初是在文学刊物（《1998 年中国诗歌年鉴》、1999 年《北京文学》等）上展开的，也仅限于作家和文学批评者等文学内部的人员知晓。后来，《南方周末》上发表谢有顺的文章《内在的诗歌真相》，使更多的受众知道关于诗歌的这场论争。传媒批评受众的覆盖面远远超越学院批评，所以，传媒批评在提升大众审美水平方面比学院批评更具有优势。

传媒批评首先是批评，然后才是传媒批评，如果没有把握好批评和传媒之间的关系，那么，传媒批评就会变味。有人把传媒批评写成一种骂评，实际上背离了传媒批评作为批评一种的内在规定性。我们知道，"好的传媒批评会是一座架在文化和大众之间的有效桥梁，读者走过去，抵达的是真知的所在；坏的媒体则是一座纸桥，没有判断力、奉媒体如圭臬的读者走过去，就掉进了谎言的渊薮。更要命的是，这样掉下去的读者不会是少数，也就是说，坏的媒体批评将培养出无以计数的'拿珍珠当泡沫，拿泡沫当珍珠'的糟糕群众（读者）。"① 可见，媒体的威力何等之大！

传媒批评的开放格局奠定其霸权地位的形成与巩固。传媒批评保持自己的优势，对读者是引导而不是误导，读者的欣赏水平是随之提升而不是随之落

---

① 静矣：《媒体批评与学院批评》，《南方文坛》，2001 年第 3 期。

降。而不可忽视的一个现实是，在媒体的强大攻势面前，有的批评家"努力发出自己的独立声音，但是在这个传媒的时代它显得那么苍白，根本就不是媒体的对手。"有的"批评家主动向媒体投降，随声附和媒体，把自己的判断和选择权交给媒体的编辑和记者们，从而使批评被异化成了一种被动和非自觉性的行为。"① 可见，传媒批评的霸权地位淹没了学院批评的声音，甚至把批评从批评行为异化为一种"雇佣"行为。批评者失去了自己的主体地位，失去主体意识和批评意识，实际上这样的批评文本并不是一种真正的批评。

## 二、传媒批评的新闻价值

文学批评是一种科学研究活动，需要遵循科学研究的一般原则和规律。它需要主体严谨的治学态度和扎实的理论基础，但是，大众传媒改变了批评家的批评观念，也改变了他们的一些批评行为。

批评家应该在批评领域中占有主导地位，可是在大众传媒的牵制下，批评家"反主为客，反引导为从属"，跟在大众传媒的后面，批评主体对大众传媒存在"明显的依赖附和色彩"。有人感言："多少并不起眼的作品因为改编成电影和电视剧而一夜身份倍增，引来多少煞有介事的阐述、赞扬？有多少热门作家的平庸之作被连篇累牍的评论弄得熠熠生辉，而非热门作家的精彩篇章却只有被读者细细品味？"② 大众传媒的积极参与，文学批评事件化、新闻化趋势比较明显，马桥事件、二王之争、二余论争事件等等，20 世纪 90 年代的文学时时、处处都是"文学事件"，是当代文学最热闹的一个时期。大众传媒可以改变一个作品的命运，改变批评的发展方向，使一般的文学批评演变成一个新闻事件，进而成为一场文坛官司，甚至成为一场对簿公堂的真正官司。大众传媒的神话力量能使一个普通的文学批评迅速演变成一个新闻事件。

当代文坛最大的一个事件是"马桥事件"，在媒体的参与下，演变成"马桥诉讼"（作家韩少功状告批评家张颐武）。《文汇报》、《羊城晚报》、《服务导报》、《劳动报》、《书刊文摘导报》、《中华读书报》、《南方周末》等发表或转发有关"马桥诉讼"的文章，并称为"马桥事件"。

马桥诉讼本身具有很强的新闻价值。所谓新闻价值，就是对"一个事件能否成为新闻所作的价值判断"。"新闻价值或新闻要素所体现的，主要是新闻选择中的业务标准和市场标准……市场标准指的是事件能够满足受众新闻需求的

---

① 吴义勤：《20 世纪 90 年代的中国文学批评》，《文艺研究》，2002 年第 5 期。
② 刘起林：《论 90 年代文学批评的非学理化倾向》，《东方文坛》，2002 年第 6 期。

诸条件以及吸引受众兴趣的诸条件，例如提供最新变化的信息，能够满足受众的求知欲、好奇心，具有趣味性、人情味等等。"而"一旦某个事件被确认为有新闻价值，就会引起对该事件或相关事件的连续关注。"① 马桥事件是批评家第一次直言不讳提出作家创作的"模仿"与"照搬"，马桥诉讼是法律第一次对文学批评的介入，因而马桥事件引发了第一场文坛官司，受众期待着法庭第一次对文坛官司的审判。因而众多媒体给予马桥事件更多的连续性的关注。

　　传媒批评首先考虑的是媒体自身的利益，"遵循的主要是媒体自身的逻辑，它的批评姿态和批评立场基本上符合为我所用的目的，文学的价值往往并非是它的旨趣所在，它更多的是想通过文学批评的形式表现并突出媒体自身的中心地位和作用，实用功利企图相当明确，因此，新闻、消息、有预谋地炒作及直接或变相地组织批评行为等等，构成了媒体批评的常见方法和表现特点。"② 第一场文坛官司有很强的新闻价值，传媒批评也为传媒带来更多的读者，更多的经济资本的回报。后来的文坛官司没有第一次新奇，也没有媒体成为被告，涉及的人数也不多，如余秋雨状告古远清等，所以无论从哪个方面来讲，其新闻性较弱，所以，虽然有的媒体给予一定的关注，但并没有第一次的规模。从市场标准来看，受众对后来的文坛官司已经不再表现出那样浓厚的兴趣。

　　文学批评事件化、新闻化，学术论争演变成了道德领域的论战，进而成为法庭上的对抗，这脱离了文学批评的本体，对批评本身也造成了伤害。我们不反对有的文学批评成为新闻，我们反对文学批评仅仅具有新闻价值，没有学术规范，没有文学批评价值。有的批评家发出感慨："20 世纪 90 年代的文学批评并不沉寂，批评所制造的热闹甚至喧哗的场景随处可见。但仔细辨析这些'混杂'的批评声音，我们会发现，热闹其实是媒体与编辑、记者们的热闹，它的主角是媒体而不是批评家，因而其与真正意义上的批评根本是没有关系的，在这里，我们听不到来自批评主体的坚定、洪亮的声音，他的声音要么附和在媒体的喧嚣中，要么就被媒体的声音淹没和覆盖了，批评家似乎已经丧失了独立地发出批评声音的能力。"③ 媒体的热闹淹没了批评家的声音，媒体批评的新闻性淹没了文学批评的内在规定性。批评家只有找回自我，有效利用传媒，而不是消失在传媒中，才能使传媒批评成为一种批评文本，而不是一种新闻文本。

---

① 郭庆光：《传播学教程》，人民大学出版社 1999 年，第 163—165 页。
② 吴俊：《当行规遭遇挑战时——文学批评的一种困境》，《文艺争鸣》，2001 年第 3 期。
③ 吴义勤：《20 世纪 90 年代的中国文学批评》，《文艺研究》，2002 年第 5 期。

## 三、命名背后的主体狂欢

文学批评需要一些概念和范畴，不同时代对概念和范畴的解释可能相同也可能有些差别，所以从文学批评史中也可以清晰看出概念和范畴发展与演变的历史。任何一个时代的文学都会出现一些新的文学现象，都有自身的特点，所以一个时代的文学批评需要一些新的概念和范畴。20 世纪 90 年代以来中国的文学批评领域一些新的概念和范畴不断涌现，如新写实、新状态、新体验、新都市，后现代、后新时期、后殖民主义，晚生代、新生代等。20 世纪 90 年代，批评界有这样的说法，就是"后北京"、"新南京"和"旧上海"。也就是说，谈论后现代的是北京批评家，提出新状态的是南京批评家，强调国学和文化根基的是上海批评家。① 可以说，命名热是 20 世纪 90 年代以来特有的文化景观。批评家不甘寂寞，为争夺话语霸权，争先恐后地对一些文学现象、文化现象进行命名。然而有些命名被提出之后，也仅仅止于平面的提出，并没有得到具体的深入论证和理论提升。

尼采说，命名意味着主人的权利；命名是用声音给事或物打下烙印，并且通过这种手段将这些事或物据为己有。命名是一种权利的象征。批评家之所以能够自由命名，首先是因为自由的文化氛围，我们不再崇拜谁，小人物也有言说与命名的权利。"过去我们认为是由上帝来命名的，是从圣经或某一部经典著作中拿到的，人只有通过'倾听神的声音'，才能对世界命名，现在不需要神，也不需要绝对的权威、经典，小人物通过他们的想象力，他就可以命名。"② 之所以热衷于命名，在于转型期特殊的消费文化语境。

从批评主体的角度分析命名热有四个方面的原因：

一是命名意味着对已有概念（范畴）的不满。20 世纪 90 年代的文化语境催生了批评家的命名热点。1949 年至新时期开始之前，批评家在主流意识形态的文化语境中，命名的自由度是非常有限的。作为政治附庸的文学及其批评脱离了正常的运行轨道，失却了自身的质的规定性。政治的高压只给时代政治的"宠儿"命名的权利，而一般的批评家被剥夺了命名的权利，或因命名而获罪（如邵荃麟因"中间人物论"而获罪）。如果说，起初，批评家自觉进行一种有意识的规避不去命名，那么，长时间的有意识后来便形成一种无意识，批评家已经失去命名的欲望。20 世纪 80 年代，批评家面对满目疮痍的文学与待

---

① 杨扬：《论 90 年代文学批评》，《南方文坛》，2000 年第 5 期。
② 陈晓明等：《90 年代文化与新状态恳谈会纪要》，《钟山》，1996 年第 2 期。

兴的文学批评，和作家一起重整文学的整体构架，首先面临的是观念的变化，回归文学与批评的本体。另一方面，批评家与理论家热衷于从西方引进一些理论、批评方法、概念和术语，尤其是 1985 年和 1986 年，被称为"方法年"、"观念年"。以往主要采用的是社会历史批评，而在 20 世纪 80 年代中期，西方一大批批评方法如结构主义批评、解构主义批评、英美新批评、精神分析批评、接受美学批评、女性主义批评、新历史主义批评等等都进入到批评家的阅读视野和批评实践当中。

20 世纪 80 年代观念的变化和方法的引进意味着对以前文学批评的不满和反驳。但 20 世纪 80 年代中期的批评家徜徉于西方文学批评的海洋中，五花八门的批评方法令人炫目，在当时他们还没有丰厚的理论储备和实践经验进行自己的命名，他们是拿来主义。第一次的新鲜尝试取得了很大的成功，给当代中国文学批评带来从未有过的繁荣。经过近十年的理论储备和批评实践，批评家积累了较为丰富的学养与经验。20 世纪 80 年代末至 90 年代的批评家不再满足于跟在别人的后面说别人说过的话，不再满足于仅用西方的术语批评中国的文学。因而，个人化或集体性的命名就成为一个必然。

二是命名意味着对文学现状的敏感。20 世纪 80 年代中后期以后，中国的文学现象非常复杂，作家尝试用各种新鲜的叙述方式进行创作，显示了和 80 年代前期很大的不同。而批评家出于对文学现状的敏感，敏锐地把握、捕捉到文学创作的新的气息和潮流，从而对这种"新"进行命名。《北京文学》提倡"新体验小说"，突出"亲历性"；《钟山》杂志推出"新写实小说"，强调"原生态"和"零度情感"写作。

新写实小说的命名应该说是一次成功的命名，从创作、批评、读者三个角度来说都是如此。新写实小说的大联展确实推出很多有个性的文学作品，同时给读者带来一次全新的阅读体验，而批评家在 20 世纪 90 年代对新写实小说的研究也取得了很大的成就。新写实小说创作与批评在《钟山》杂志命名与推波助澜中，逐渐成为 20 世纪 80 年代末至 90 年代一道繁荣的文学景观。新写实的命名及时对一种文学现象给予观照，贴近小说的文本，其命名促动了后来对新写实小说研究的发展与繁荣。新写实的命名显示了编辑与批评家对文学新质的敏感。

三是命名意味着言说的快感。在大一统的文化语境中，很多人没有给予对象命名的权力。他们只是在倾听、在欣赏他者的命名。大众传媒给批评者提供比较平等的机会，小人物也可以命名。大众传媒需要新鲜和刺激，不断的新的命名会使自身受到关注，同时一些批评者通过命名发出自己的声音，也会引起他者的注意。

热衷于命名，不是针对文学实际进行命名，或者对命名很少作理论上的深刻解释导致理论和批评实践的分离。王岳川认为："热衷于在批评中不断抛出'后'的新组合词，将理论的炫耀和缺乏深度的语言游戏作为后现代批评的装饰品……以'后'的标签取代思想本身，使后现代批评日益玄虚而使人避而远之，进而为人诟病为'伪批评'……缺乏批判精神和学术规范的'语言失禁'。其结果是在思想溃败的时代，制造文化的废墟和批评的黄昏。"① 命名可以找到言说的自信和快感。这是一种从未有过的感觉，是权力的释放和占有，是一种宣泄和满足。一般说来，命名是建立在对对象理性把握和深度分析的基础上才能得以进行，这样的命名才会有一定的科学性。但是，有些命名者停留或沉浸在表层的快感上，只对命名本身感兴趣，而对命名的实质不感兴趣。所以，只看到"命名"中的能指，而不去深究这种命名有无所指。这样的命名实际上是一种媚俗的命名。米兰·昆德拉说："有媚俗的态度。有媚俗的行为。媚俗者的媚俗需求，就是在美化的谎言之镜中照自己，并带着一种激动的满足感从镜中认出自己。"② 批评界对小女人散文、美女作家、美男作家等的命名就是一种媚俗。这样的命名始于快感止于快感。其实，真正的命名快感来源于命名者感受到自己本质力量的对象化，从中获得高度的人的自由自觉，是批评的热情、批评的激情和批评的理性高度自觉化的审美愉悦。

四是命名意味着话语的霸权。命名，尤其是命名那些无法命名之物的权力，是一种不可小看的权力。③ 这种权力被大众传媒充分利用，被大众传媒上的批评者充分利用，不断命名，推出新概念，形成命名热潮，命名热的背后实际上有一种迷恋快感和霸权的倾向。

命名，就是在第一时间争夺发言权，第一时间进入要观照的对象。要想在批评者如林的批评界发出自己的声音、占有一席之地，是非常不容易的。在第一时间把握发言机会给对象命名就是发出声音的见证，就会在短时间内引起同行的注意。要想在批评界巩固自己的先锋霸权地位，不断命名也是一个不错的策略。20 世纪 90 年代出现很多关于时间的命名，如 20 世纪、百年、世纪末等，"90 年代文学批评的时间性命名，虽然有着现实的急迫，却也有着争夺命名权与主讲权，取得安身立命之地的内在企图。"④ 我们不否认有的命名的合理性，同样我们也正视命名中的话语霸权。

---

① 王岳川：《中国镜像：90 年代文化研究》，中央编译出版社 2001 年，第 386 页。
② 米兰·昆德拉：《小说的艺术》，上海译文出版社 2004 年，第 167 页。
③ 布尔迪厄：《文化资本与炼金术》，上海人民出版社 1997 年，第 91 页。
④ 王利平：《简论 90 年代文学批评中的时间性命名》，《宁德师专学报》，2004 年第 1 期。

　　未得到深刻解释的命名只是一些无根的理论泡沫，而伪造的理论分量也会产生命名的暴力："命名暴力不仅仅是对命名现象的特殊解释，规定命名对象所呈现的层面，压抑一切与这种命名相抵触的含义；同时，命名暴力还意味着将这命名强项纳入这个大概念所控制的理论网络，恭顺地成为这个大概念的有利例证。换言之，虽然某些大概念的产生方式令人生疑，可是，大概念的理论特权却使它们轻易地制造出下一步的理论事实。"① 命名暴力是批评话语霸权极端化的表征，命名暴力一旦产生，又会形成新一轮的类似大一统的批评局面，而且其中命名的科学性也会遭到新的质疑。

　　命名是主体的话语狂欢，它表明主体对批评现状的不满，对当下文学的敏感。一些命名者也从命名中获得快感，独享话语霸权。命名是一种科学与理性，如果抛弃科学与理性，命名也不成其为真正的命名。

　　大众传媒批评具有传统批评所缺少的文体优势，它比传统批评更容易赢得读者，经济资本回报更快、更多、更强。但是，大众传媒对文学批评是一把双刃剑，如果处理不好批评与大众传媒的关系，或者，唯传媒独尊，淹没批评，那么传媒只能制造虚假的批评神话，传媒的文化信誉变成了问题，而且这种趋势也不利于文学批评的健康发展。合理建构传媒批评，是关系到传媒和批评两方面的重要大事。

　　大众传媒、文学创作和文学批评形成一种新的文学场。大众传媒时代，文学场的自主性越强，外部因素越是需要通过对于文学场内部的重塑才能发挥作用。一般认为，在文学场的结构上有两种对立的观念，一种是"为了生产的生产"、"纯粹生产"、"限制生产"。一种是"为了受众的生产"或"大生产"。就批评来说，学院批评可以具体化为纯生产，传媒批评属于大生产。但是，两者的经济资本和文化资本存在矛盾。因为学院批评不考虑一般读者的阅读期待，因而不可能在短时间内获得经济资本的回报，但它可能会在未来的文学批评场中获得文化资本的回报；传媒批评正好相反，因为它迎合读者的欣赏情趣，所以，在短时间内必有较多的经济资本的回报，但在未来的文学批评场中不会有学院批评获得那么多的文化资本的回报。从经济资本的角度考察，传媒批评占主要地位；而从文化资本的角度考察，学院批评在支配地位，传媒批评处于被支配地位。从分析中可以看出，传媒批评如果只重视经济资本忽视文化资本，对传媒和批评来说都不是长久之计。传媒批评最好在经济资本和文化资本中找到契合点，才能达到未来的"名"和现在的"利"双收，才能有效趋于自身的合理化建构。

---

　　① 　南帆：《90年代文学批评：大概念迷信》，《天津社会科学》，1997年第5期。

# The Hegemony of Criticism in Mass Media

Wu Yujie

**Abstract:** Today mass media shapes hegemony in cultural field. Literature criticism occupies strong position, which resists traditional criticism and makes traditional criticism stay at the edge of culture. Firm force in economic capital and infirm force in cultural capital are decided by strong point and localization of criticism in mass media.

# 网络教学对消除文化摩擦、强化
# 地域安全保障基础的作用
## ——早稻田大学亚洲五地学生会议的实践与分析

砂冈和子　　俞敬松*

**内容摘要：**近几年，网络教学对传统学习概念转变的影响越来越引人注目。但是，由于地理和政治因素的影响，远程教学大获成功的例子却是寥寥无几。本报告介绍日本早稻田大学自 1997 年以来，在大学信息化推进计划的基础上，利用互联网进行的英、汉、日、德、法、韩语等 6 个语种 Cross-Cultural Distance Learning（CCDL）活动的实践经验。

CCDL 汉语组协调日本早稻田大学、庆应大学、北京大学、清华大学、首都师范大学、高丽大学、台湾师范大学、元智大学等亚洲若干所高等教育机构，亚洲 5 地学生通过互联网联结起来召开以汉语为会议语言的异文化交流会议。本报告回顾"亚洲学生会议"实录资料，具体介绍会议的组织和实践，并将分析利用网络教学消除文化摩擦的具体事例。

"亚洲学生会议"已经走过了 6 年的岁月历程。过去的实践证明，在自发的外语学习环境中，可以排除很多文化隔膜所造成的障碍。年轻的一代不受过去的那种扭曲的东亚共同体观念影响，没有成见，可以自由地讲自己之所想，开诚布公地交流，打破了各自沿袭下来的陈旧观念。

不同文化地域的学生互相讨论有助于反思自己所属集体的文化特征以及自己的看法或思想的来源。对异文化和对个体的尊重意识，是消除民族间的文化摩擦，保障民族共生的安全基础。远程的异国文化交流功能不仅如此，还增加了从集体到个人的对自我正确认识的机会，从而有助于人类安全基础的教育，对加强区域安全保障也有一定的作用。

随着网络教学的普及，外语教学应随着教育观念的革新，要不断引进现代信息技术，并随之发展。教学中还要注意国际协调策略的运用。最后报告还提出把远程外语教学发展成一个提供外语支援的学生社会义务服务中心，首先为

　*　作者简介：砂冈和子，女，早稻田大学政治经济学术院。
　　　　　　俞敬松，男，北京大学软件与微电子学院讲师。

住在日本的华人通过电脑或手机提供就业、医疗，以及意外事故时的语言服务，并逐步推广到其他地区为更多的人群服务。这样跨地区的学生活动，可以进一步提高语言实践能力，并能直接地巩固区域安全。

## 一、文化交流为地域安全保障的必由之路

在经济全球化的背景下，国际合作领域日益拓宽，区域化和一体化也在不断发展中。亚洲国家正视过去纠纷和战争的不幸历史，面向未来开始保持相互平等尊重的关系。借此难得的时机，我们重新思考"亚洲"这个名称的定义，研究探索现代亚洲的安全问题有非常重要的意义。事实上，东南亚地区目前已经开始摸索跨越国界的协调和合作。在各国紧密联系的全球化时代，一国的安全问题不再局限在一国之内，任何种类的危机都可能迅速蔓延，使别国也同受损失；一国的安全问题获得解决，则可能使别国也获利。传统安全观逐渐发生质的变化，人们注意到国家安全危机也可能来源于多种多样的非军事威胁，而不仅仅等同于军事安全。假如破坏生态等问题再蔓延下去，整个地球环境都会发生不可逆转的恶化。为解决这种非传统安全问题，和平的国际环境是非常重要的条件，而密切的文化交流则是彻底解决问题的必由之路。

本报告将介绍日本早稻田大学自 1997 年以来，在大学信息化推进计划的基础上，连接北京、台北、首尔以及东京等多个地区，利用互联网电视会议进行英、汉、日、德、法、韩语等 6 个语种 Cross-Cultural Distance Learning（CCDL）活动的实践经验。我们取得的成果证明，CCDL 全体学员之间，文化和思想的碰撞与交流，是他们重新认识自己以及自身所属民族、社群或集团的价值观及文化的契机，同时也强化了对讨论对方的异文化的理解和关心。

青年人在心理上同时具有自利和自爱的动机，追求自由欲望的同时，又富有正义感，还会勇于探索未知事物。这些心理动机不仅具有工具价值，而且它们本身就是"人之为人不可或缺的因素"。多国学生在教员的策划之下，经常性地跨越地理之局限汇聚一堂，讨论诸如环境保护等人类所面临的共同问题，是建筑未来人类社会安全基础的重要活动。

所谓 Human Security（人类安全保障），是概括性地捕捉威胁人类的生存、生活和尊严的各种威胁，强化应对上述威胁的结构体系的一种思考方法。20 世纪 90 年代以来，通过在联合国的使用而逐渐广泛应用开来。1998 年阿马蒂亚·森获得诺贝尔经济学奖，使得与军事武装所对应的传统的安全保障概念相对的 Human Security 的概念也在国际社会中得到了广泛的认知。日本政府给予了很大的关注，也制定了外交方针积极地追随之。2001 年同时发生了多

起恐怖事件，曾经兴盛一时的美国的地缘国家战略受到了指责，认为它的界限在于不能把握非西方世界的多样性和价值观。"9·11"事件之后，美国的安全保障战略仿佛再次回归到了依靠传统的武力进行保障的状态，但是美国的良知并没有衰退，以知识阶层和人权团体为主、警告以武力来保障安全的必须有其界限的呼声从未停止。这是因为尊重个人的教育方针和媒体报道的自由是人类安全得到保障的重要基础。

## 二、早稻田大学的远程教学活动及组织

随着互联网的普及以及通信速度的高速发展，在商业、医疗领域以至个人之间的交流领域，具有面对面交流效果的远程电视会议方式的实时视频通讯技术越来越广泛采用。人在本地本国，却可以与外地异国建立相对廉价的网络可视会议系统，这种环境对于外语的学习而言同样是非常好的交流工具，也是提高教学水平和质量，提升院校国际知名度的积极措施。

早稻田大学自 1997 年以来，在大学信息化推进计划的基础上，由大学教务部远程中心的全面支持下，实施了以下教学计划。

（1）Cross-Cultural Distance Learning （CCDL），与外国高等教育机构之间共同实施同步远程授课，以及开设讨论班。

（2）On-Demand Internet Class （Open Course Ware），采用 On-Demand System 的函授课程。课件都放在视频点播讲座库中，兼用文本的 BBS 教学辅助系统进行授课①，并支持手机接入。

（3）采用远程讲学实施学生以及教员的交换留学或研究交流活动。

（4）合办远程研究项目。

上面的远程活动根据交流的目的可单独或组合采用以下几类方式，在网络空间中连接不同单位之间进行交流。

A）利用电视会议、在线聊天、BBS 系统等进行的网络型授课

例如 CCDL 异文化交流研究讨论会（英语、汉语、日语、德语、法语、韩语等 6 个语种）。2005 年度内参加的班级数达到 49 个，进行远程会议 687

---

①　国际上有名的 OCW 比如 MIT，China Quality Open Course Ware 等。在日本国内以 2005 年 5 月为止开设完整的 Open Course Ware 的教育单位有早稻田大学、庆应义塾大学，东京大学、京都大学、大阪大学、东京工业大学，北海道大学、名古屋大学、九州大学，国立情报教育中心等单位。详细参看 Japan OCW Cosortium http://www.jocw.jp/

次，参与教员 35 名。

B）网络同步授课

网络同步视频实时型、混合型以及函授讲座型课程。

2005 年开设网络同步视频讲座共有 5400 讲。

C）与远程教学组合的小班制 Tutorial 语言课程

以提高口语能力为目标设置的辅导式小班制语言课程。"Tutorial 汉语"是从北京、台北的对外汉语教育机构直接给早稻田大学的学生上课，是参加"亚洲学生会议"的准备课程。两者都具有远程教学的特点，在教学计划中，使用基于汉语语料库的各种 Web 教材、网络实时录像讲义、移动电话学习支持设备等利用新技术支持学习，向社会输送具有切实的口语运用能力的学生。2006 年开设英语 2500 个班 9600 名学生参加（前后期）。汉语开设 70 个班，620 名学生参加，日语开设 20 个班 100 名学生参加，德语 5 个班 50 名学生参加，韩语 5 个班 50 名学生参加。

远程会议的运行大致可以划分为技术面、教学面和统辖两者的管理组织层面，需要多个部门的共同参与并协调一致。从远程连接中所必需的技术支持、机器备件、会场的准备与管理，到授课形态、课程计划、教员的作用、学员的管理、学分的认定方法，都与传统的教学场所中的讲义授课有所不同。

在早稻田大学，我们重新改组了校内的组织，设立了负责与国外学校合作事宜的专门组织，叫做"远程教育中心"，以推进网络讨论会等新型教育形式的开展。在此基础上，信息规划部、教务部开放教育中心、IT 中心、国际部、与企业合作研究推进中心等组织都会参与合作，共同促进远程教育活动。另外我们与松下公司合作在校内设立了从事远程交流教育服务供应事业的合办企业——早稻田大学国际公司 WUI（株），在其技术支持下，Waseda University CCDL Support Office 和外国学校每年举行 600 次以上的电视会议，灵活运用 IT 技术进行语言教育。像早稻田大学这样，将远程授课运行技术委托给外部供应商，在大学教务处构建远程教育中心，大规模地进行国际远程交流活动的大学，在日本还不多。开展远程教学必须具备一定的硬件、软件、网络和人员等物理条件，交流双方还要紧密协调才能进行。以目前的条件而言，一般的远程教学活动，因为保障网络环境比较困难，时常给学生心情造成恶劣影响。而且网络上的师生关系不如传统教学那么贴近，学生坚持学习不容易，往往带来大幅度的退学率，所以成功的实例报告寥寥无几。

我们早稻田大学的远程教学活动注重加强教学支持队伍的技术培训，减少故障发生率、降低参与各方因技术问题而带来的焦虑。教师还要多了解学生上网络课程的特殊需求，以制作有针对性的课件，并进行网络授课。

## 三、亚洲 5 地学生电视会议的实践

本文介绍的亚洲 5 地学生会议，采用了同步视频交流模式，通过网络电视会议方式进行远程语言教育。自 2001 年到现在，将早稻田大学、庆应大学湘南校舍、北京大学、清华大学、首都师范大学、台湾师范大学、高丽大学等东亚的高等教育机构通过互联网联结起来，召开以汉语为会议语言的学生会议。从 2005 年开始又增加了以日语为会议语言的电视会议（参加的学校有：北大、清华、台湾元智大学、庆应义塾、早稻田），与汉语会议（参加的学校有：北大、清华、首都师范大学、台湾师范、高丽、庆应义塾、早稻田）交叉隔周召开。

亚洲 5 地学生会议从 2001 年 6 月开始到 2006 年 7 月为止共召开了 60 次。会议的具体情况分别如下所示。

参加学校：

5 地会议：北大、清华、高丽大学、台湾师大、庆应大学、早稻田大学

3 地会议：北大、清华、首都师范大学、台湾元智大学（以上各校的日语专业学生）、早稻田大学（注：首都师范大学 2005 年以后暂停交流活动）

讨论语言 5 地会议：汉语　3 地会议：日语

召开时期　由于各大学的校历不同，实际上可以召开会议的时期仅限于春季 5 月－6 月、秋季 10 月－12 月。除去日本，韩国、中国台湾地区、中国内地在期中考试或期末考试期间要准备考试，有时会出现没有学生参加的情况。

召开时间：2002－2005 年固定在日本时间 18：00－19：30。2006 年的召开时间改到日本时间 14：40－16：10。会议时间把以前的 2 个小时改为 2006 年后的 1 个小时。

主持：汉语会议的主持由参加的学校轮流担任，主持学校决定当天的会议主题并主持会议。日语的会议全部都由早稻田大学担任主持。

组织运行　交流合作学校的所有学生都应主动参与并协助组织会议。各个参加学校提前决定负责紧急联络的学生和教员，并用移动电话进行联络。早大的教学组织中，用于会议的网站及网络点播讲义的制作、网络连接支持等都由学生轮流协助进行。

## 四、学生电视会议的讨论题目

下面将回顾"亚洲学生会议"实录 DVD 资料，以具体分析网络教学中发

生过的文化摩擦的具体事例。

　　会议讨论题目是由主持的学校和参加会议的学校商量决定。一般而言，在主要题目之下还再设定 3—6 个小题目，以帮助那些对自己的语言能力缺乏自信的学生发言。由学生写出摘要，在会前上传到早大准备的授课用网站上。参加交流的学生提前下载摘要，准备发言内容。

　　开始的时候，选择学生们共同关心的事情等身边的话题作为开场，使会议气氛热烈起来。而后，可以引导学生逐渐转移到谈论异国文化上。比如 2004 年度的讨论主题以及参加学校如下表 1。

表1

| 召开日期 | 讨论主题 | 主持学校 | 参加学校 |
| --- | --- | --- | --- |
| 2004/1/14 | 关于男女之间的友情和同居 | 庆应 | 北大，清华，高丽，庆应，早稻田 |
| 2004/4/14 | 关于国际电视会议的意义 | 早稻田 | 北大，清华，台湾，高丽，庆应，早稻田 |
| 2004/4/28 | 关于网络交流 | 台湾师范 | 台湾，高丽，庆应，早稻田 |
| 2004/5/12 | 各国饮酒文化比较 | 高丽 | 北大，清华，台湾，高丽，早稻田 |
| 2004/5/26 | 关于各国的性观念 | 北大，清华 | 北大，清华，台湾，庆应，早稻田 |
| 2004/10/8 | 关于日本的招徕外国人观光 | 早稻田 | 台湾，高丽，庆应，早稻田 |
| 2004/10/20 | 关于偶像给青少年带来的影响 | 台湾师范 | 北大，清华，台湾，早稻田 |
| 2004/11/12 | 关于韩流 | 高丽 | 北大，清华，台湾，高丽，庆应，早稻田 |
| 2004/11/24 | 关于外语学习 | 庆应 | 北大，清华，台湾，高丽，庆应，早稻田 |
| 2004/12/10 | 关于教育 | 早稻田 | 高丽，庆应，早稻田 |

　　除去上述题目，在"亚洲学生电视会议"上谈论过的话题中还有"将来的梦想"、"关于就职"、"志愿者活动"、"手机的使用方法"、"关于校规、制服的是非"、"如何度过圣诞节"等。由于学生均为年轻人，与传统、专业的内容相比较，他们对中国当前的时尚、流行、文化显然更感兴趣。甚至有"先孕后婚""关于堕胎"等一般课堂上不易选上的话题，激发了大家参与讨论的热情。

虽然网上认识不久，外语水平也有限，但他们对贴近生活、体现文化差异的话题更容易产生自己的想法，也就容易开展讨论。

至于一些"关于台湾总统选举"、"关于义务实习活动"、"关于差距扩大的社会"等社会性或政治性话题，因讨论者对这些题目本身知识掌握程度的不同，讨论活动开展则不很顺利，可以说这些题目是面向语言能力、百科知识都比较丰富的高级学生，而不是语言初学者的。

# 五、文化摩擦的分类

从选定讨论题目到当天开会的司仪主持，学生会议都由学生们自己负责。每个教育单位的教员除了策划和组织以外，原则上不应干涉讨论题目或帮学生发言。开始讨论后，教员就躲开到电视镜头外，让学生自由自在地讨论。如果学生求救于老师帮忙，才能悄悄出面给他们做翻译，但绝对不干预他们的发言。因为 CCDL 远程教学的目的在于学员自发讨论，互相协调，培养解决问题的能力。所以学生还没有回答之前，教员帮他们答复，会剥夺学生思考的机会。

CCDL 远程教学已经与全球 40 多个地区的教育单位开展交流活动 6 年，在技术和教学上都取得了一定的成果，但也有不少矛盾和课题值得研究。比如亚洲 5 地学生会议也曾经发生过一些文化摩擦事例。下面介绍我们协调解决这些摩擦的具体措施，以作为其他单位开展异文化远程教学活动的参考。

**1. 词语的定义**

某一个词语的概念或者对它的理解，因地区和文化背景的不同而各不相同。

亚洲 5 地学生会议讨论过程中，也经常发生讨论进行了一半才发现所谓"牛头不对马嘴"、"鸡同鸭讲"之类的事情。如果在讨论之前没有明确词语本身的定义，讨论往往会出现分歧。

比如在"实习活动"的讨论中，在中国台湾地区和中国大陆，都是将在福利机构或农村进行志愿者活动作为大学生的义务性必修课安排到授课中，叫做"实习活动"。与此相对，日本大学生理解中的实习指的是作为就职预备活动中的一环去公司进行无酬的研修。事先没有把"义务活动"这个关键词确认它的定义，讨论必然出现分歧，修正双方的理解才能重新开始有意义的讨论。

还有在"关于差距扩大的社会"的讨论中，将广义的文化、习惯等方面的差异也都作为"差距"问题进行了讨论。其实这次主持会议的日本学生所选的讨论题目"差距扩大的社会"是当前日本社会中关于如何缩小"经济贫富差距"扩大的话题。学生们将定义重新限定为狭义的"差距"后重新进行了讨论。

### 2. 基本观点不同

在"关于差距扩大的社会"的讨论中,由于中国大陆和日本、中国台湾地区、韩国等地区在就业观上的态度差距太大,导致讨论无法继续进行。中国大陆学生对农牧民的职业有些歧视,相反日本、中国台湾地区、韩国等地区的学生没有任何歧视,甚至对晴耕雨读的农民生活有一种憧憬。关于这点,如果事前准备材料提供一些各地区的学历以及行业收入等差距的相关基本数据,将会使讨论论点更清楚一些,进而引导让学生深入思考不同社会职业观的不同以及和教育观、教育制度的密切关系。来自不同地域和社会背景的学生们一起探索如何提高全民的综合素质,创造新的就业岗位等社会问题,是互相取长补短,更好地认识到自己的社会的优点和不足的很好办法。

### 3. 对自己民族意识的不同

在"韩流"的讨论中,高丽大学的学生们以近年来席卷全亚洲的电影、歌手以及偶像的韩流热为主题作了充满自豪感的基调报告。对此,由于中国曾经是毋庸置疑的亚洲文化的中心,中国的学生们认为韩流热潮仅仅是一时性的短暂现象,并且对韩国出口低俗的韩流作品进行了批判。日本的学生们没有附会任何一方的观点,他们发言认为:娱乐属于私人的兴趣范畴,不适于用一般性的论调来定位。

虽然大家同属于亚洲人,但是在对于自己民族的自豪感方面,各国学生的论调是各不相同的。北京大学和清华大学的学生们认为自己的民族是亚洲的中心,这种意识非常强烈,他们的发言与其说是代表个人,不如说是代表了国家,或者说很多都是带有强烈的集团思想的发言。这是集团归属意识的高涨,是中国大陆的一种显著性倾向,与此相对,日本的庆应义塾大学和早稻田大学的学生们自我意识非常强烈,他们经常会从个人主义的立场出发积极地对中国大陆学生的观点进行反驳。当学生们发现自己在日常生活中认为理所当然的想法和发言竟然会被别人所反驳时,内心中应该会感受到强烈的震撼。尤其是北京大学和清华大学的学生是为他人所公认的精英中的精英,他们自己也深以为是,所以对他们而言,这种被别人所指责的经验也并不为多。对于日本或者其他地方的学生们而言,以母语发言人为对象、在文化摩擦中互相学习的活动,对他们继续学习自己和对方的社会或语言也是一种巨大的刺激和激励。而教员仅仅是给学生提供事前事后的参考教材、给出学习的建议,并不进行带有结论性色彩的发言。这是因为在交流中互相学习是 CCDL 的最基本的目的所在。

### 4. 个人和集体发言的不同

大家开始讨论的时候，往往以各个地区集团为单位互相对立，有不知不觉中用个人发言来代表各自的集团发言的倾向。与对自己持有不同看法的人一起讨论，才能认识到不同文化之间的差距和解决矛盾的途径。先有集群对集群的辩论慢慢变成个人对个人交换意见也是很有益的交流。

### 5. 文化背景知识的不同

在"关于制服"的讨论中，日本中学生的制服和中国的制服在设计和穿着风格上都有所不同，讨论进行到一半以后，双方才注意到他们是在对制服的不同理解的基础上进行讨论的。如果事前在文字信息之外能够在网络上交换关于制服的照片，这些误解也就迎刃而解了。这些文化背景知识不同而产生的误解可以靠不断补充信息解决，它对交流的障碍比定义或观点不同发生的矛盾要简单得多。

## 六、同步多媒体系统点出交流障碍问题分析

每次的电视会议都进行了自动录像，并上传到大学点播教材库中，供学生预习复习以及教授进行教学分析用。非母语发言人因外语能力有限，发问，话题转换或结束说话时往往语言不得体。有时候民族特有的姿势、表情等非语言态度给交流对方产生误会。我们开发了实况会议记录的相互评价系统，由母语发言人对会议讨论的内容进行分析，将评论和修正的内容直接写入收录的讲义录像中。交流对方看了以后能够学到如何纠正交流障碍了。针对非语言交流障碍问题的媒体库标注也在建设之中。

实况录像的分析将交流障碍的问题点可视化，克服纠正也就比较容易，深加工后的录像资料的价值也就更高了。对非母语说话人的学生和教员而言，这样可以避免以后再发生讨论中发生过的语言错误和因文化背景不同而产生的对表情、态度差别的非语言认知歧义。

目前我们主要使用的技术基础是 SMIL（Synchronized Multimedia Integration Language），W3C 制定的同步多媒体集成语言，用来操作的并同步显示不同种类的多媒体元素。将学生讨论会议的原始画面，母语使用者的订正，学生之间的讨论，教师对语言使用以及非语言交流问题的标注、分析与讲解等，各种来源的媒体元素——有声音，有视频，有动画和课件，也有文本等等形式的信息——有机地交织编辑在一起。我们将采用以标准 SMIL 为基础并按照 XML 的技术规范进行适度的扩充，以达到由学生选择性地收看和使用，提出自己的疑问并参与相关问题的讨论，与别的同学老师在网络上分享自己的

体会和知识的学习系统。

## 七、IT技术支援作为社会性安全保障资源的多语言教育政策

在当今全球化的推进过程中，物流、人员往来以及信息通信急剧增加，进而也导致国家或地区内的多民族化倾向。我们不能知晓以何种语言为母语的人会在什么时候进入到自己的社会共同体中，也不见得能预测自己会在未来进入何种社会环境生活。这样，在进行多语言的社会服务时，必须使用多种手段以保障所有人的权益。多语言的服务包含社会生活的多个侧面，例如可以考虑到日常生活（购物，申请驾照等等）、医疗、保险、职场、教育学习，以及紧急救援等情况下的信息支持。比如说手机，以其高可靠性及无所不在的网络，在发生灾害时，比电脑更容易发挥生命线的作用，所以通过手机来提供灾害紧急信息的外语翻译和信息支持，应该是为外国人在异国他乡生活中所迫切需要的一种服务方式。即使技术含量不高，但是这些帮助对于外国人融入当地社会，至少减少生活障碍以及更好地理解当地社会，都会有所助益。依靠准确及时地沟通交流，在一定程度上保证了人类社会的安全。

在亚洲，存在中国大陆及中国台湾地区、香港等多个以汉语为母语的地区和国家，华侨和华人在各国也都有密集分布。在亚洲很多国家和地区，有相当数量的华人留学生和进修者在册；在最近的汉语学习热中，来自世界各地的留学生纷纷到中国大陆及中国台湾地区、香港地区的对外汉语教育机构进修，形成了各自的聚居群落。随着世界规模的人员以及信息相互往来的增加，亚洲出现了多民族共同居住的状况。支持外国人学习本国或本地区的语言固然十分重要，但是仅仅要求他们来适应国情是不够的。包括逐渐固定为 Global Language 的英语在内，随着多语言化社会的演变，以外籍居民的存在为契机，接收方也必须培养多民族共生的意识，这是非常重要的。

学好一种外语是加深对对象地区或者语言使用者集团的理解的最好的交流工具，同时也是各个地区治安和繁荣的基本保障，也是有助于强化人类社会安全基础的重要活动。在教育科研、商业贸易、医疗救助以及其他所有种类的社会活动中，灵活运用语言的情况是非常多的。长期以来早稻田大学 CCDL 在语言的学习中灵活运用了 IT 技术，我们所进行的通过远程电视会议进行的外语学习方式取得了很大成功。如果我们所进行的外语教育能够为此做出贡献，让具有高度的语言能力以及能体会对方的个性化要求的学生为社会服务，不仅对学生而言是非常好的提高技能的机会，而且这种语言学实习的形式也是教学上的重大革新，对学校和教师而言则是一种很有价值的事业。例如，可以把学

生志愿者组织起来，利用电视会议或者网络、手机等，建立以外国人为服务对象的 CALLC ENTER。这些社会服务事业，不仅仅依靠由政府等公共机构来进行，而更多的依靠 NPO 这样的非政府组织或者民间机构来提供多语言的服务，会给社会带来更和谐的感觉和体验，同时应该是低成本的有效解决方案。

新型信息通信手段的出现，让网站、数据库、知识库等巨大的知识集成体，通过网路向一般民众开放，这给知识的获得方法也带来了很大的变化。此前由教育机关和少数大众传媒所垄断的知识传播方式，正在逐步转向双向的知识流通，作为知识提供者的教育机构或者权威者也应随之改变。我们认为，迄今为止的理解型国际外语教育转变为社会性安全保障资源的公共多语言教育的时期已经来临。在面向安全课题的框架，以构筑安心、安全的社会为目的的语言教育政策的创立过程中，必须和综合政策学相对应，融会贯通认知科学、社会心理学、Human Communication 等人类科学，以及高科技技术以及它对社会的应用研究。虽然远程教育和传统的教育方式之间并没有完全的互相替代的可能，但充分掌握所有获取新知识的方法，从目前的表面现象中提炼新的宏观教育和认知规律，可以说是分配给网络时代的教员们的新任务。

＊该项目为早稻田大学特定课题资金资助（2006B—002）。

**参考文献：**

1. 阿马蒂亚·森. 伦理学与经济学［M］. 北京：商务印书馆，2003.

2. 冯昭奎. 安全在传统与非传统之间. 新华网，2003，9（2）.

3. 日比谷润子、平高史也. 多种语言社会和支持外国人的学习. 庆应义塾大学出版会，2005.

4. 信世昌. 基于社会互动语言观点的远距教学原则. 汉语国际远程教育的实践与展望. 早稻田大学 CCDL 汉语国际远程教育讨论会，论文集好文出版，2002.

5. 砂冈和子，村上公一，李均洋，张立新. 数字化校园〔M〕. 松冈一郎原著东洋经济新报社翻译本，北京：首都师范出版社，2004.

6. 砂冈和子，门田康宏，森下幸雄，池上大介 The Construction of Foreign Language Learning Environment in International Distance Conference. 早稻田大学 CCDL 论文集收录，2002.

# A Study on Cross-Border Regional Development

Akira Kaneko & Piao Xuejin　　*

It is widely understood that cross-border regional development is an important step to achieve prosperity of a multi-country region such as Europe and East Asia. The European Union (EU) shows a very good example of cross-border regional development. Political, cultural, economical conditions in East Asia are so different from EU. Therefore EU's experience cannot be directly applied on this region today. However, it gives us some useful hints to people who wishes to realize mutual prosperity of this region.

Ethnic issues are also another important matters. There are many ethnic minorities settle both sides of a national border in this region. Though they may cause problems to both countries, they have a great possibility to tie both countries with their identity on language, culture and tradition. Their business network may contribute on wide range of development. Korean ethnicity people in China may play an important role on this field.

Two different topics are discussed separately on this thesis as mentioned above. Importance of cross-border regional development and lessons from EU's programs are discussed on the first paper. Akira Kaneko submits this part. Piao submits the second paper of this thesis which discusses on roles of ethnic minorities not only on cross-border regional development but broad prosperity of this region.

　*　作者简介: Akira Kaneko, Professor, Faculty of Regional Development Studies and a group leader of Center for Sustainable Development Studies, Toyo University 东洋大学教授兼国际共生社会研究中心研究主任。

Piao Xuejin, Graduate School of Regional Development Studies and Research Assistant of Center for Sustainable Development Studies, Toyo University 东洋大学博士研究生兼国际共生社会研究中心助理研究员。

## Part Ⅰ: A Study on Cross—Border Regional Development
## —Lessons from EU's programs

Akira Kaneko*

### 1. Introduction

East Asia consists of several countries. Some of countries directly close together with borderline, and island country and region are linked to other countries across the sea. Most of regions close to the border have been left without major regional development programs. Recently cross-border regional development projects are realized in other regions such as EU and ASEAN because of improvement of political conditions in these regions. Though East Asia is in different political conditions, it is widely understood that cross-border regional development give contribution to development not only on both countries but on wide range of region.

### 2. Necessity of cross-border regional development

There are some barriers on a national border. Though magnitude of barrier is different country by country, it is basically on the way to be decreased even in this region. Cross-border regional development may have benefit on the following cases: a. gap of labor cost, b. gap of resources such as natural, technology and human resources, and c. handicap on geographical conditions. Development and improvement of transportation infrastructure may solve handicap on geographical conditions.

A new transportation network, which connects country to country directly, may realize cross-border regional development and also give chances of development widely related regions/countries.

A new access to sea ports for an inland country, shortening of distance and time for passenger and freight transportation, and a new sea route which link regions separated by sea are examples of this. Development corridors in Greater Mekong Sub-region are also good examples.

Though we can understand necessity and benefit of cross-border regional

* 作者简介: Akira Kaneko, Professor, Faculty of Regional Development Studies and a group
leader of Center for Sustainable Development Studies, Toyo University

development idealistically, it is not so easy task to make them clear realistically. Theoretical and empirical studies are required other than to solve political constraints.

It must be assessed to start development that who and what extent development cost are to be paid and also who and what extent benefit are taken. Win-win relation must be constructed between related countries of the development. Though socio-economic analytical and planning models have been developed and widely applied on actual development projects, accurate data for these models are scares in the East Asia. These conditions make it difficult to start cross-border regional development in the East Asia.

Therefore step-by-step approach is effective under these circumstances. Basic studies on economic analysis with common methods have been carried out and achieved important results such as development of international IO tables in Asia. Officials, experts and scholars of East Asian countries have also carried out discussions and studies on constructing a Grand Design of North East Asian Region. Deregulation of cross border procedures has been tried. Though they are only the first step, these efforts may contribute realization of cross-border regional development in the East Asia.

### 3. Cross-border regional development in East Asia

There are numbers of cross border points such as China and Russia, China and Mongolia, Mongolia and Russia, and China and DPRK. In these points, shops and markets, restaurants, hotels and other trade facilities such as customs and immigration stations. They are used for frontier trade. However, regional development with close cooperation between both countries is limited.

The Japan (East) Sea rim and the Yellow Sea rim are another type of cross border development. Active economic activities are carried out in wide area over several countries. Trade and transportation in these areas have increased in recent years. China is the most important trade partner of Japan and number of flight between Japan and China is almost the same as the busiest route in Japan.

Tumen river area, border of Russia, China and DPRK, is discussed as a area for cross-border regional development by related countries with UN initiative.

Though there are several cross-border regional development in their first step as mentioned above, they have issues to implement full scale and cooperated cross-border regional development such as:

a. Big difference on political, economical, cultural and social conditions country by country;

b. No national policy on regional development through close cooperation among related countries;

c. Less recognition on necessity of closely coordinated cross-border regional development because of spontaneous and business oriented manner;

d. No comprehensive vision on all over the region;

e. No general consensus among related countries to construct a grand design, and

f. No cooperation system on formulating and implementing a project on the region.

Though Tumon river area development is carried out with initiatives by UN and all of related countries support it, no major progress has been achieved and extended its project terms for more than 10 years since some of the above mentioned reasons.

### 4. EU's cross-border regional development

1) Outline of EU's cross-border regional development

One of key objectives of EU has been harmonious development among member countries and regions since the era of European Economic Community. EU has carried out measures to support poorer regions in EU and special support policy has been implemented since 1993.

In 1999, EU reformed its regional development policy: Improving the effectiveness of the structural policy instruments. Continuing the funding effort on economic and social cohesion and extending the structural policy to the future member states are elements of the policy reform. The structural fund and the cohesion fund are key instruments of policy instruments. Three priority objects were established on the reform of the structure fund such as:

**Objective 1** To promote the development and structural adjustment of regions whose development is lagging, i. e. below 75% per capita GDP to EU average,

**Objective 2** To contribute to the economic and social conversion to regions in structural difficulties, and

**Objective 3** To gather all measures for human resources development outside the regions outside eligible for Objective 1.

A regional policy "INTERREG III" aims to strength economic and social cohesion in the EU by promoting cross-border, transnational and interregional cooperation. INTERREG III has three types of programs, STRAND A, B and C.

STRAND A—cross-border cooperation aims to promote integral regional development between neighboring border regions.

STRAND B—trans-national cooperation aims to contribute to harmonious territorial integration across the EU. 13 groups of regions are assigned as INTERREG IIIB such as Western Mediterranean, Alpine space, Atlantic area, South-west Europe, North-west Europe. North Sea area, Baltic Sea area, Cadeses, Northern Periphery, Archmed, Caribbean area, Azores-Madeira-Canaries area, Indian Ocean/Reunion islands area.

STRAND C—inter-regional cooperation aims to improve regional development and cohesion.

EU prepares a total budget of 4, 875 million Euro for INTERREG III covering 7 years of 2000—2006. Private and other public funds are also used for these programs.

Technical assistance measures are also prepared to support INTERREG III programs with financial support. The creation of joint management structures, exchange of experiences and good practice are some of components of technical assistance.

2) Features of EU's Cross-border regional development

Features of EU's Cross-border regional development are as follows:

a) To establish a grand design and master program all over EU's territory,

b) To intend harmonious development for integration of EU,

c) To intend close cooperation with neighboring outside countries,

d) To establish a clear target area and objectives on a regional development,

e) To consider the importance on cultural identity on a regional development,

f) To establish a cooperation program based on proceeding bilateral and/

or multilateral cooperation program,

　　g) To concentrate financial support on prioritized nations and/or region,

　　h) To establish clear procedures and structures for implementation and evaluation of the program,

　　i) To take seriously non-physical infrastructures such as laws an regulations, and administrative structures adding to improvement of physical infrastructure, and

　　j) planning and implementation with participation manner.

　　**5. Comparison of features on cross-border regional development between EU and East**

　　Asia

Features on cross-border regional development are discussed on proceeding chapters on both East Asia and EU. Five key items are chosen to make clear the difference between them.

　　a. Should a cross-border regional development, especially STRAND B level, be decided on national level?

　　EU "Yes": Decision on cross-border regional development among member countries is established through discussion among member countries. Cooperation agreement among related countries is required on cross-border regional development with neighboring outside countries.

　　East Asia "No": No agreement is established on national level. Though cooperation and/or friendship on private and local level is practiced, no national level agreement has been established.

　　b. Is a clear target area and objectives on a regional development established?

　　EU "Yes": A development program is established with a clear target area and objectives on a cross-border regional development.

　　East Asia "No except Tumen river development project": No clear target area and objectives are established except Tumen river development project with UN initiative.

　　c. Are planning and implementation process, and fund for the project secured?

　　EU "Yes": EU has established planning and implementation process, and fund for cross-border regional development projects.

**147**

East Asia "No": Each component on cross-border regional development is implemented by ODA or a private business activity and so on. No planning and implementation process, and fund for cross-border regional development projects have been established. UN and international organization have made effort to establish them such as Tumen river area development project.

d. Are efforts to make easier on cross border procedures with mutual cooperation?

EU "Yes": Cross border procedures have been sufficiently improved among EU members. Furthermore efforts are included in a cross-border regional development program.

East Asia "Partly": Though it is implemented case by case base, only limited results have been achieved.

e. Has participatory planning, implementation and evaluation systems been established on a regional development?

EU "Yes": Participatory planning and implementation are key components of regional development in EU.

East Asia "Partly": Situation is different from country to country. International organizations request to apply participatory planning and implementation on their assistance programs even in East Asia.

## 6. Conclusion

Political, economical, social and cultural situations are far different from EU to East Asia. Therefore EU's programs and experiences can not be directly applied on cross-border regional development. However, EU's programs and experiences give important suggestions on realization of cross-border regional development in East Asia shown below;

Suggestion 1: Consensus as national policy is necessary to promote cross-border regional development.

Suggestion 2: Establishment of a clear target area and objectives is necessary on a cross-border regional development.

Suggestion 3: Establishment of clear planning and implementation procedure, and security on development fund are necessary on a cross-border regional development.

Suggestion 4: Mutual close cooperation to improve cross border procedures are necessary to make border barrier lower.

Suggestion 5: Formation of participatory planning, implementation and evaluation system is necessary to promote a cross-border regional development.

Five suggestions mentioned above are indispensable to promote cross-border regional development in East Asia even they seem so difficult to apply today. Step by step and continuous efforts are required.

The new national land plan is being studied in Japan. One of key issues on planning is harmonious regional development with East Asian countries. It is expected that the idea of cross-border regional development is clearly mentioned on the government plan. It may be one of replies on Suggestion 1 mentioned above.

Some of the research institutes in Japan are studying on establishing a comprehensive development plan, on all over the East Asian area with experts and researchers of East Asian countries. I understand the very first step of application of Suggestion 2.

Though many serious discussions on various fields are carried out, Suggestion 3 is not so easy to implement because economy system and scale of economic resources are different from country to country especially in East Asia compared to EU member countries.

Suggestion 4 is actually being realized step by step to promote mutual economic benefits as mentioned before.

Participatory development is applied in Japan and also Japan's ODA projects. Though it is widely recognized that participation is a key for efficient and sustainable development, development of a system that is suitable on situation of each country is necessary for smooth application of this idea.

The author is expecting mutual prosperity in East Asian countries through cross-border regional development.

**Bibliography**

EU Documents in English

"Structural Policy Reform" (2001)

"General Provision on the Structural Funds" (2004)

"ERDF: European Regional Development Fund" (2002)

"Guidelines for Programmes in 2000—2006" (2000)

"Revised Guidelines for 2000—2006 Programmes" (2003)

"DG Regio Annual Management Plan 2005" (2005)

"Regional Policy Inforegio Community Initiative Programmes" (2002)

"Regional Policy Inforegio Interreg IIIB Western Mediterranean" (2005)

"Regional Policy Inforegio Interreg IIIB Atlantic Rim" (2005)

"Regional Policy Inforegio Interreg IIIB ARCH-NED" (2005)

"Baltic Sea Region Interreg IIIB Neighbourhood Programme 2000—2006" (2004)

"Baltic Sea Region Interreg IIIB Neighbourhood Programme 2000—2006 Programme Complement 2004" (2004)

"Cohesion Policy in Support of Growth and Jobs: Community Strategic Guidelines, 2007—2013" (2005)

Books and Papers in Japanese

Akira Kaneko "A Study on Regional Development on Sea Rim Area in East Asia Compare to EU's Planning Experiences (Study Report No. 3)" 2006, Regional Vitalization Research Institute, Toyo University

Kazu Takahasho "Enlargement of EU to Eastern Part of Europe" (The 10th Conference of Japan Sea Rim Study Association)" 2004

"Economic Research Institute North-East Asia " North-East Asia Economy 2004 " Economic Research Institute North-East Asia" (ERINA)

National Institute for Research Advancement (NIRA) "Vitality and Regional Cooperation in East Asia (NIRA Seminar Report No. 2004—03)" 2005 NIRA

Akira Kaneko, Tetsuya Koizumi "A Study on Regional Cooperation and Cross-Border Regional Development 1 (Regional Development Studies No. 8)" 2005 Faculty of regional development studies, Toyo University

Akira Kaneko "A Study on Cross-Border Regional Development in North East Asia (The 10th conference of Japan sea rim study association)" 2004 Japan Sea Rim Study Association

Tetsuya Koizumi, Akira Kaneko "A Study on Grand Design of North East Asian Region (The 59th conference of Japan Society of Civil Engineering)" 2004 Japan Society of Civil Engineering

NIRA "Grand Design of North East Asian (NIRA Policy report 11)" 2002 NIRA

Goichi Tsuzi "EU's Regional Policy" 2003 Sekaishisousha

# 关于东北亚地区区域交流和协力合作的研究
## －以中国的朝鲜族为例－

朴学进*

当今世界的全球化、区域化和一体化，推动了区域交流和协力合作。因而形成了各种跨国界的国际性地区合作组织或集团。还有地方自治和地方政府权限的加大，非政府机构和民间团体的活动给区域交流和协力合作起到了推波助澜的作用。以经济交流和协力合作为例，世界经济的一体化、区域化使各国在经济上互相合作、互相渗透、互相依赖的关系日益加强，这一趋势表明世界上任何国家都不能脱离世界经济和世界市场而独立发展，无论是发达国家还是发展中国家，都在思考如何参与国际经济合作，如何进行区域经济联合等问题。为此，位于东北亚区域的各国都对其不适应形势发展需要的冷战时期的发展战略进行调整。这种调整使东北亚地区的各种区域交流和协力更加具有开放性、互补性、多样性、阶段性和实效性。在上述大环境的影响下，对东北亚地区以经济交流为首的合作计划（如图们江开发计划）和与之相关的研究相继出台。本论文将阐述东北亚的基本概况以及通过中国东北各地区与韩国的交流合作活动，从民族性的观点出发，对在东北亚地区分布很广的朝鲜民族的存在对本地区的区域交流和协力合作所产生的影响和作用进行分析和研究。

## 一、东北亚地区的概况

### 1. 东北亚的地区范围

东北亚是指亚洲东北部的国家和地区。广义的东北亚包括中国的东北、华北、西北及俄罗斯远东（与西伯利亚）、日本、韩国、朝鲜和蒙古国，其面积为 3400 万平方公里，占世界总面积的 26％，人口约 6.8 亿，占世界人口的31％，国内生产总值（GDP）约 5 兆亿美元，占世界国内生产总值的 30％。

---

＊ 作者简介：朴学进，东洋大学博士研究生。

狭义的东北亚仅指中国东北、俄罗斯远东、日本、韩国、朝鲜和蒙古国,其总面积998.8万平方公里,人口近3.24亿,国民生产总值(GNP)达3兆亿美元。东北亚各经济体在地理上毗邻、在经济上存在着紧密联系、在传统文化和对外战略取向上具有较多自然的、人文的共同基础。据此,本论文探讨的东北亚地区的范围主要是指后者。

### 2. 东北亚地区经济格局简况

当今世界是开放的世界,随着科技进步和经济全球化的发展,区域经济合作成为世界经济发展的一个主导潮流。东北亚是世界版图上地缘优势比较明显的地区之一,经济总量占世界的五分之一,有着巨大的成长潜力,完全可以成为世界经济新的增长中心。推进和深化东北亚地区各国之间的交流与合作,是顺应世界经济发展大趋势的必然选择,必将有利于发挥各国比较优势,在更大范围内有效配置资源,促进本地区经济的发展。全球地缘经济发展的历史进程表明,处在同一区域内的两个或两个以上的毗邻国家,只要其国家关系正常,受经济利益驱使,必然进行地缘经济合作。当地缘经济合作走向成熟时,彼此有可能建立区域经济集团,实行超国家的经济协调发展政策。如欧盟地缘经济体,其各成员国都在欧洲大陆上,英国也只有一个海峡相隔;北美自由贸易区地缘经济体的成员国,都在北美洲的范围内。在东北亚地缘经济体中,中国、俄罗斯、蒙古国彼此为邻,中国、俄罗斯与朝鲜半岛两国领土相连,日本仅隔日本海与各国相邻。这种地缘关系的存在,有利于各国建立密切的地缘经济关系,势必使东北亚各国进行贸易与投资等方面的地缘经济合作。

东北亚地区经济格局的基本特征,从总体上可以概括为:

①自然资源的互补性十分明显

未来东北亚各国(地区)对俄罗斯东部地区乃至蒙古国的工业资源的依赖程度将会加强,中国东北农业资源的优势将会得到进一步发挥。

②经济实力和科技实力存在明显的梯度

日本属于第一梯度,经济实力均强;韩国和俄罗斯东部地区属于第二梯度,但后者在军事科技方面占明显优势;中国东北为第三梯度;朝鲜和蒙古国为第四个梯度,但朝鲜在军事科技方面有一定实力。

③地域格局鲜明

从地域格局看,日本和韩国处于地域外围,但它们是东北亚地区的经济核心,其经济发展将直接影响其他地区。俄罗斯远东、中国东北、蒙古国和朝鲜则为大陆腹地,是未来工业化潜力很大的地区,也将是东北亚地缘经济格局变化最大的部分。

④日本海沿岸地区

日本海沿岸地区是毗邻各国的落后地区，但也是很有发展前景的地区，图们江地区开发就说明了这一点。从长远看，该地区有条件成为各国利益的焦点与合作开发的热点，从而对东北亚地区的整体性发展产生重要作用。

**3. 地缘文化环境**

东北亚地区是一个多民族地区，大的民族主要有汉族、大和族、俄罗斯族、朝鲜族、蒙古族。东北亚地区各民族经过长期的历史发展，在不同的地理环境中形成了具有一定共性的文化心理素质，同时也有巨大差异。本区的各民族，无论是在语系、宗教信仰、民族性格、生活习俗上，还是在道德伦理、价值取向、行为准则、思维方式、文化色彩上都有明显的区别。本区民族文化心理的复杂性和多元性导致相互关系的排斥性和松散性。反映在地缘经济合作上就是缺乏向心力和融合性。例如，在建立东北亚区域经济合作组织的酝酿中，各国都想把区域组建在以我为中心的基础上，并不愿把力量投入到区域合作项目上。东北亚地区每个民族都有优秀的一面，但也都有它丑陋的一面。由于有其优秀一面，许多民族创造了高度的物质文明和精神文明。而由于有其丑陋一面，既束缚了本国社会经济文化的发展，也给国际经济合作带来了障碍。此外，东北亚相关国家的东方文化或西方文化的主流或二者兼有的地缘文化环境，均对东北亚地区的交流和协力合作产生一定影响。

# 二、中国东北三省与韩国的交流和协力合作

中国政府继建设沿海经济特区、开发浦东新区和实施西部大开发战略之后，又作出了振兴东北地区等老工业基地的重大战略决策。这标志着东北地区即将进入新的发展阶段，成为中国经济新的重要增长区域。同时，应用高新技术和先进适用技术改造传统产业，解决资源型城市和地区发展接续产业问题。东北地区等老工业基地振兴战略的实施，不仅会促进东北地区加快发展步伐，也为包括韩国在内的各国投资者提供了重大商机。随着东北老工业基地的调整改造和发展振兴，原有的体制性、政策性问题将进一步突破，对外开放的领域和层次不断拓宽，产业结构加快优化升级，重大建设项目加速推进。所有这些，为国内外各种资本、技术、项目的进入创造了良好的体制和政策环境，为获取更大的投资回报提供了广阔空间。中国的第 11 个国家 5 年计划也提倡各地方政府充分发挥本地区的优势来发展本地区的经济。在交流和协力合作方面中国的东北有地理优势和民族优势。中国东北处在东北亚的中央位置，与朝鲜、俄罗斯、韩国、蒙古等接壤离日本也非常近。在中国政府推动下，或可在未来与以上国家形成共同经济体。对韩国和朝鲜来说，最大的吸引力来自东北

三省有 200 多万朝鲜族人口，在交流和协力合作方面没有语言障碍。特别是对韩国企业在东北投资起到积极影响，在东北韩国企业的中层管理人员很多都是朝鲜族。还有把在日朝鲜人，在俄国远东地区朝鲜人的因素考虑进来，在东北亚地区交流和协力合作方面朝鲜族的媒介作用是很明显的。

中国东北地区立足于东北亚区域经济的崛起，从战略高度重视和促进中韩经济合作。同时对韩国来说东北无论是劳动力还是原材料都较韩国低廉得多，因此对韩国投资者很有吸引力。老工业基地政策实施，更给韩商投资带来机遇。正如韩国驻沈阳总领事吴甲烈在参加韩国周活动时说：韩国国民对东北的印象非常好，感觉非常亲切和熟悉。中国和韩国都是东北亚地区具有影响的国家，有着友好交往的传统和历史，尤其是两国建交 12 年来，双边关系取得了迅猛发展，给两国人民带来了实实在在的利益，为地区的和平、稳定与发展作出了重要贡献。近年来，韩流、汉风席卷中韩大地，两国人民文化交流日益频繁，相互影响不断加深，双方应继续保持和发展这一良好态势。此外，双方在科技、教育、环保、卫生等各个领域，都可以开展广泛的交流与合作。进入 21 世纪以来，中韩两国建立和发展全面合作伙伴关系，必将开创中韩睦邻友好和互利合作的新局面，促进东北亚地区的共同繁荣和发展。

**吉林省**

吉林省地处东北亚腹地，与韩国经济互补性强，加强双边经贸合作条件得天独厚，前景十分广阔。吉林省是中国朝鲜族主要聚居地，朝鲜族人口达 118 万人，中国唯一的朝鲜族自治州延边就在吉林省境内。吉林省与韩国有着优良的合作交流传统，韩国是吉林省最主要的贸易伙伴之一，2003 年，吉林省对韩国出口 7 亿美元，在吉林省对外出口中排在第一位；到吉林省投资的韩国企业累计达 1123 户，排在到吉林省投资的国家和地区的第一位；对外吉林省劳务输出中，对韩劳务输出排在第一位。同时，韩国也是进口吉林省商品最多的国家之一，2003 年，韩国进口吉林省商品达 1.1 亿美元。

吉林省加工制造业基础雄厚，劳动力素质较高、成本较低，是承接韩国制造业转移的最佳区域之一。吉林省国有经济比重较大，振兴吉林老工业基地过程中，将有大批国有企业需要改制，发展混合所有制经济。吉林省与韩国商品贸易活跃，在农产品、中药材、电子产品等双方互有优势的领域，还有很大发展空间。吉林省劳动力资源丰富，劳务输出一直是吉林省对韩合作的传统优势，也是韩国解决本国劳动力不足、降低生产成本的主要渠道，双方应继续扩大这方面的合作。吉林省生态环境良好，旅游资源丰富，去年韩国来吉林省参观旅游的人数达到 7.2 万人次，双方在旅游产业上合作潜力巨大。吉林省与韩国有着良好、密切的交往历史。吉林省与韩国江原道早在 1998 年就建立了友好省道关系，所属市州与韩国相应地方政府也都建立了友好关系，社会团体和民间组织交往十分密切，友谊日益加深。

### 辽宁省

2004 年 5 月韩国周在中国·沈阳举行。这一天，韩国第三大银行正式设立沈阳分行，这是第一家入沈的外资银行，将主要开展向东北的 3000 多家韩国企业提供外币贷款业务和侨务汇款业务；同一天，韩国中小企业银行也进驻沈阳金融商贸开发区。韩国银行进入沈阳的背景是：沈阳与韩国的合作势头强劲，韩国在沈阳开工建设和已经投产的企业达 1700 多家；韩国在沈阳的投资已从第 4 位跃居第 1 位，占沈阳外商投资 40％以上的份额。当地官员认为，外资银行的引入，必将为沈阳带来更多外商投资，对沈阳与韩国的经济合作起到实质性的推动作用。在中国·沈阳韩国周期间，沈阳市推出了 88 个重点工业项目，并且给予了最优惠的投资政策。

如果向韩国人问起出国旅游会选择哪些国家，可能会有很多人答道：中国。韩国与中国这几年在旅游、商业等方面的交往已是越来越多，而沈阳凭借着西塔这一颇具朝鲜族特色地区的吸引力更是在对韩旅游和招商上拨得了头筹。2002 年，韩国来沈的旅游人数为 10.2 万人次，韩国客源外汇消费为 6000 多万美元，分别占沈阳全年接待海外旅游者人数和外汇总收入的 43％和 45.1％。目前，韩国已经成为沈阳第一大海外客源市场。2002 年末，在沈阳市批准利用的 6000 多家外资企业中，韩资企业数目多达 1900 多家，占沈阳外资企业数的 32％。

2003 年 3 月底，沈阳赴韩组织中国沈阳——韩国清州旅游及企业投资说明会。在这次赴韩交流合作中，沈阳旅游人不仅为韩国带去了丰富的旅游资源，还为韩国投资商带去了投资总额为 23.5 亿美元的招商项目。由于此次投资说明会所带招商项目既能够体现沈阳特色，也符合沈阳长远发展规划；既包括以北方绿洲、棋盘山国际室内海洋公园、怪坡风景区为代表的 22 个旅游开发项目，也包括中国北方苗木花卉现代农业园、长白信息产业园、沈阳物流配送中心等 60 余个农业、工业、服务业和城市建设四个方面的招商项目，此次说明会吸引了数百位韩国政府和工商界人士。会后，20 余位来自韩国各地的工商企业界人士主动留下来与沈阳市市长陈政高等人就海产品深加工、节水净水设备、汽车相关产业等方面进行了交流，并达成初步投资意向。

### 黑龙江省

哈大齐工业走廊是东北老工业基地重要组成部分。在振兴东北老工业基地战略中，作为黑龙江省省会城市哈尔滨，成为全省"南联北开"、全国对俄经济技术合作、东北亚区域合作的战略支撑点。在韩国周举办之前，已有 163 户韩资企业在哈落户，4000多位韩国朋友在哈工作、学习和生活，韩国已成为哈尔滨第三大贸易伙伴。在哈尔滨举行的韩国周期间，众多韩国企业的加盟，无疑成为一支"生力军"。据了解，哈尔滨的"韩国周"创造了三个"第一"：哈尔滨第一次与一个国家单独搞大型活动周；哈尔滨第一次集中一个国家的众多政要参加活动；在韩国也是第一次有如此多的政要集中出访一个外国城市。在韩国周活动中，哈尔滨市与韩方企业共签订了13个经济合作项目，资金总额超过16亿美元。在来哈的韩商中，仅房地产类企业就来了33个，其中社长、会长等高级企业首脑就有10余位。同时，机械制造、电子通信、农业、生化制药企业也纷纷前来寻找商机，显示出韩国客商对哈大齐工业走廊起步区前景的看好。除了项目投资外，中韩企业高峰论坛也为双方提供了一次充分沟通的机会，论坛上，双方各论短长，哈尔滨市的政界、企业界人士向韩商展示了哈尔滨的前景，韩商也表示回国后要向那些有意在哈投资的人士介绍中国的情况。

上述这些各个领域的交流合作活动，都为在新的起点上进一步发展双方友好关系奠定了坚实基础。东北三省与韩国交流合作在继续巩固和发展业已建立的友好关系的同时，积极探索和不断扩大彼此间交流合作的空间和渠道找出新途径、新方式，全面拓宽和提升交流与合作的领域和层次。双方正在进一步加强省道之间政府友好往来，定期召开双方领导或专业机构协商会议，互派高层代表团访问。双方各自提供优惠和便利条件，鼓励双方企业在加强传统领域合作的同时，积极推动在新领域开展合作，定期组织企业和投资者到对方进行资源、市场等考察，召开治谈会、展销会、科技成果及项目发布会等，扩大贸易和投资规模。

从地理上，东北距离俄罗斯、朝鲜很近，这让一向注重俄罗斯、朝鲜市场的韩国投资者对在东北的投资感兴趣。东北朝鲜族人口多，韩国人在与东北的交流合作中不会感到不适。东北的朝鲜族人在中韩交流合作中充当翻译、担任宣传员、工作人员。在长期的中韩交往中，他们充当了桥梁和纽带作用。特别是由于政治原因韩国与朝鲜的交流合作中产生阻碍时，朝鲜族的桥梁和纽带作用将会得到更充分的发挥。

# 三、正在扩大的国际性朝鲜人社群网络

## 1. 中国朝鲜族与朝鲜半岛的关系

全世界的朝鲜人大约有7000万人，朝鲜半岛以外的海外朝鲜人有550万人左右。在海外朝鲜人中的40%，约220万人在中国生活。中国朝鲜族与朝鲜半岛有血缘关系和地方边缘关系，并且有着传统的交流关系。战后取得了中国国籍的朝鲜族开始了与朝鲜半岛的交流或者移动。据说在 10 年的"文化大革命"时期，"大跃进"和 3 年的饥荒时期，几万朝鲜族人回到朝鲜。自改革开放以来，特别是 20 世纪 90 年代以后，由于中韩建交的原因朝鲜族通过各种关系出国到韩国。据说现在，在韩国的朝鲜族大约有 15—20 万。

对朝鲜关系：自从中国执行了改革开放政策随着市场经济化发展以来与中国朝鲜族的朝鲜的交流活动正从文化交流核心变成经济交流核心。到 20 世纪 70 年代，主要是政府、民间团体的互访，一般市民的探亲，以及通过人员流动的小规模国境贸易。现在，对朝鲜一边保持着血缘性交流关系，一边还有改革开放之后的经济交流关系，但后者已经变得越来越重要。特别在 20 世纪 90 年代，朝鲜部分地区实行对外开放的措施，设立罗津、先峰自由经济贸易地带以后，朝鲜族把朝鲜作为新的经济活动舞台，以卡拉 OK、餐厅、加工业以及建筑业为中心积极进入到朝鲜市场。

对韩国关系：自从中韩外交关系正常化以来，中国朝鲜族与韩国的各项交流进一步加深。特别是朝鲜族的经济与韩国经济的联系更加强化，甚至到了"韩国打喷嚏的时候朝鲜族感冒"的境界。当韩国 1997 年陷入金融危机的时候延边经济立即陷入低谷，据说当时的影响不仅在延边，而且给北京的朝鲜族企业严重的打击。

总之，由于中国朝鲜族与朝鲜半岛的关系，随着中国和朝鲜半岛南北关系的变化而变化。另外，改革开放之后的中国朝鲜族的对外活动，正从以血缘关系和地方边缘关系的交流、协力合作转向以市场经济关系为主的交流、协力合作。但是在经济交流中仍然以民族、血缘关系为主。而且经济交流关系渐渐占据重要的地位。

**2. 朝鲜族与在日朝鲜人**

在中国改革开放和经济全球化的浪潮中，以延边地区为中心的约 200 万中国朝鲜族人脱离了传统的农耕社会，开始了人口大移动。在中国国内，约有 30—40 万朝鲜族人进入沿海城市；在海外，约有 25—30 万人进入了以韩国、日本为首的世界五大洲。

其中，在日本的中国朝鲜族人已达 4—5 万。这些年轻人以留学生、就学生、IT 技术者、教育研究者、研修劳动者、打工者、投资经营者的身份活跃在社会各界，因为历史、教育、文化的原因，在中国的朝鲜族会日语的人特别多，再加上会中文和韩文，使朝鲜族拥有中日朝三种语言能力，享有中日朝三种文化能力的优势。在东北亚地区的跨国交流舞台上发挥着不可替代的重要作用。在日本的中国朝鲜族有识之士，在 1999 年成立了中国朝鲜族研究会，

1995 年成立了天池协会，1989 年组成了延边大学校友会等。其中，中国朝鲜族研究会登记会员已经超过 100 名，正成为多民族、多国籍的研究会。正如第一届朝鲜族研讨会提倡的自立精神、开放精神、创新精神，中国朝鲜族有望成为开拓东北亚和平与繁荣时代的先锋。《朝日新闻》编集委员船桥洋一先生在研讨会上，分别从社群网络、文化和综合力量几个方面阐述了朝鲜族的特点和作用。他尤其提到，日本需要与亚洲近邻各国互相交流、携手发展，日本缺少的智能和能力，正是朝鲜族拥有的特长。东京大学教授姜尚中也在特别演讲中谈到了构筑朝鲜族人的社群网络与形成东北亚共同之家的关系。在会上，在日朝鲜族人的经济活动和经营业绩也受到关注。现在，在日中国朝鲜族和在日与在朝鲜/韩国人的社群网络逐渐地形成。这种关系的加强对中日各种交流有着积极影响。

**3. 朝鲜族与在俄罗斯远东朝鲜人**

朝鲜族与俄罗斯的交流随着中苏正常化开始展开。在此之前可以说交流关系几乎是不存在的。20 世纪 90 年代以后，在中国东北部和俄罗斯远东地区的国境地带朝鲜族的经济活动变得很活跃。据说大约有 40 万的朝鲜人在俄罗斯生活，但是与中国朝鲜族的交流合作关系是相当脆弱的。但是，随着朝鲜族人跨国境的经济活动，朝鲜族与在俄罗斯远东朝鲜人的交流合作关系渐渐紧密起来。另外，在俄罗斯的中国朝鲜族内部社区网络也在形成。

总之，随着朝鲜族的出国热潮在形成独自的国际性社群网络，与此同时与在当地的朝鲜人的关系越来越紧密。朝鲜人的国际性社群网络随着科学技术的发展和流动人口的增加会急速扩大。

# 四、在东北亚交流合作中的朝鲜族的作用

中国朝鲜族在独特的政治、历史、文化、经济背景下，它存在"双重性"或者"多重性"的民族特性。这种特性在当今世界的全球化、区域化和一体化的大环境下，表现出特有的影响力和作用力。在东北亚的地区交流合作中，朝鲜族的民族特性，跨国境的经济活动以及与当地朝鲜人的民族关系等因素起的作用是显而易见的。这种作用可以说是媒介作用或者是桥梁作用。但是，在东北亚交流合作中朝鲜族为了起到上述的作用和贡献及职责，必须克服自身的缺点和短处。就是说，充分认识到自身的定位和职责，与此同时要克服作为越境民族的"流动性"、"急躁的特征"、"依赖性"等民族弱点。这样就能更进一步发挥民族优势。还有必要指出的一点是，除非形成像华侨那样的经济力量，否则朝鲜族的媒介作用将被受到限制。

　　中国朝鲜族的民族身份含有双重的性格，一个是作为朝鲜人的身份，还有一个是作为中国朝鲜族的身份就是中国公民的身份。这个双重的身份有时被分离出来，并且有时在双重的身份中摇动。朝鲜族这样的双重身份在国际性的交流中，有时作为朝鲜人的职责，展开重视血缘/语言/习惯性的交流活动，有时作为中国朝鲜族的独特的身份展开交流活动。不管怎么说，朝鲜族拥有的国际性社群网络不仅对中国东北的经济发展以及各项交流起到积极的效果，也对整个东北亚的交流协力合作起到媒介作用。同时，朝鲜族的这些作用的成功经验对面临很多困难的东北亚交流协力合作给了一个积极的启示。

**参考文献**

1. 北京大学亚洲—太平洋研究院. 亚太研究论丛 [M]. 北京：北京大学出版社，2005.

2. 孙新，徐长文. 中日韩经济合作促进东亚繁荣 [M]. 北京：中国海关出版社，2005.

3. 朴哲浩，黄虎国. 试论旅游业在东北亚地区开发中的地位及其发展战略 [J]. 东疆学刊，2000.

4. 李铁立. 边界效应与跨边界次区域经济合作研究 [M]. 北京：中国金融出版社，2005.

5. 朴光姬. 中日韩与东北亚经济合作 [M]. 北京：世界知识出版社，2004 年

6. 张蕴岭、周小兵：《东亚合作的进程与前景》[M]. 北京：世界知识出版社，2004 年

7. 张蕴岭. 东北亚合区域经济合作 [M]. 北京：世界知识出版社，2004.

8. 庞德良、张建政：《东北亚金融合作的成效》[M]. 北京：世界知识出版社，2004.

9. 何剑. 东北振兴与东北亚合作联动论 [J]. 东北亚论坛；2004 (5).

10. 金熙德. 中国的东北亚研究 [M]. 北京：世界知识出版社，2001.

11. 日语参考文献（略）.

# 中国对东盟的对外直接投资研究

王厚双　任　靓*

**内容摘要**：在经济全球化的浪潮中，国际直接投资和跨国公司充当了主要角色，国际直接投资日益成为当今国际经济合作的主流现象。我国在前些年的发展中，多以"引进来"为主，随着我国经济实力的增强，我国实施"走出去"战略已经成为可能，同时"走出去"也是我国融入国际经济的必经之路。2002 年 11 月，东盟与中国签署了全面经济合作框架协议，承诺在 2010 年建立一个东盟十国与中国组成的自由贸易区。该贸易区将是世界上人口最多和仅次于欧盟和北美自由贸易区之后的全球第三大市场，也是发展中国家组成的最大的自由贸易区。它将为我国对东盟的投资提供契机。本文站在我国对外国投资的角度分析了我国对东盟投资的可行性及其对我国经济增长的作用。

文章从东盟的投资环境入手，通过分析东盟的自然、政治、经济、人才环境以及我国对东盟直接投资的优势得出中国对东盟进行直接投资是完全可行的结论。在这个前提下本文分析了我国应在哪些产业上对东盟进行直接投资，并根据不同国家的实际状况，逐一分析了在不同的国家我国应投资的产业。文章全面展示了中国对东盟直接投资的蓝图。在文章的最后，客观地分析了中国对东盟直接投资所存在的问题，并给出了相应的政策建议。本文对探讨中国对东盟的直接投资具有一定的现实意义！

**关键词**：中国　东盟　优势　产业

## 前　言

东盟和中国一样都是发展中国家的一部分，由于地缘上的相近、气候上的

＊　作者简介：王厚双，男，1962 年生，辽宁大学经济学院国际经济与贸易系主任，博士，教授，博士生导师，主要研究国际贸易理论与政策。

任靓，女，1979 年生，沈阳理工大学经济学院助教，辽宁大学国际贸易专业博士研究生。

相似、双方又处在相同的发展阶段，造成了中国与东盟在出口产品上存在着很大的相似性，产业的同构性将导致不可避免的市场竞争，东盟国家一直把中国作为最有力的竞争对手，认为中国经济的发展将会在东盟的出口、吸引外商投资等方面威胁到东盟经济的发展。基于此，中国可以采用对东盟直接投资的方式进入东盟国家内部，一方面，可以在很大程度上打消东盟国家对中国的顾虑，另一方面，可以给东盟成员国提供大量的就业机会，帮助当地政府解决就业问题。中国对东盟的直接投资是双赢的。

# 一、中国对东盟①直接投资的可行性分析

## 1. 东盟的投资环境

（1）东盟有利的自然环境

东盟各国与我国一衣带水，在经济发展水平、产业结构、消费者偏好方面都有相似之处，历史、文化上有着共同的渊源而且在地理位置上我国与东盟有的隔海相望，有的陆路相连，这样使得我国与东盟的心理距离和地理距离都比较近，这不仅可以减少投资进入的障碍，而且可以减少投资进入的风险。有利于逐步获取海外市场投资信息，获取海外投资经营经验。同时，东盟区内自然资源丰富，像印度尼西亚和菲律宾等国具有中国需要且无法替代的自然资源，加大对这样国家的投资力度会降低成本。

（2）东盟稳定的政治环境

我国与东盟国家在许多重大国际问题上认识趋同，而且近年来东盟国家政局稳定，在未来较长时期内没有发生政局突变和社会动荡的可能，东盟国家在利用外资的政策方面具有较强的连续性，良好的政治环境使我国对东盟的投资得到了进一步的保证。

（3）东盟良好的经济环境

2002 年 11 月签署了《中国－东盟全面经济合作框架协议》。这个协议的签署标志着双方的经济合作进入了新的里程碑。该协议的签署是我国经济、政治及社会发展的战略之一，适应了以中国崛起为背景的经济需求与政治需求。到 2010 年，原东盟六国率先实现互免关税，到 2015 年，东盟所有成员国之间

---

① 东南亚国家联盟（Association of South-East Asian Nation）简称东盟（ASEAN），成立于 1967 年 8 月，最早由印度尼西亚、马来西亚、菲律宾、新加坡和泰国 5 个成员国组成。1984 年旧文莱独立后成为成员国，之后，越南、老挝、柬埔寨、缅甸先后加入，目前东盟有 10 个成员国，人口约为 5 亿人，国土总面积（陆地面积）大约 450 万平方公里，是世界上举足轻重的区域一体化组织。

将实现贸易自由化，所以，将来中国在东盟一国投资，开拓的将是东盟十国450万平方公里土地上5亿人口的大市场。目前，世界经济增长缓慢，发达国家对外投资力度明显下降，而且发达国家之间的资本对流仍占主导地位，流向发展中国家的资本相对较少，为了满足产业结构调整的需要，使得发达国家的企业纷纷从"夕阳产业"和劳动密集型部门撤资，从而使得东盟国家的产业部门留下了不少"真空"，这样东盟国家无法获得足够的外资，同时也为我国资金进入东盟提供了良好的契机。

（4）东盟适合的人才环境

东南亚是海外华侨最重要的聚居地，也是海外华商经济实力最强的地区。目前东盟10国中华侨人数达2500多万，占全球华人华侨总数的80%以上①。开发利用华商网络这种特殊的资源可以减少"投石问路"的费用，更快地熟悉东南亚市场状况，广开投资渠道、节省成本、提高效率。

**2. 中国的投资优势**

（1）我国具有成熟技术的比较优势

我国对东盟国家具有一定的产业梯度，东盟中有些国家的不少产业部门的技术水平不同程度地落后于我国，这样我国可以对外转移传统工业部门的成熟技术和产品。我国现在已拥有许多已经趋于成熟和稳定的中间技术和加工制造业，如机电、轻纺、食品加工等。近些年来，我国在这些成熟的技术方面形成了过剩的生产能力。而这些生产能力又是东盟国家所需要的，我国扩大对东盟的投资可减少过剩的生产能力。同发达国家的先进技术相比，与东盟国家具有相似需求结构的我国的成熟和适用性生产技术对东盟国家更加具有吸引力。这样就为我国那些具有成熟生产技术比较优势的企业发展境外投资提供了巨大的发展空间，它们提供的具有中等水平的技术设备大受欢迎。与此同时，我国在某些高科技领域也具有相当的优势，如在航天、软件开发、生物工程、超导技术等方面已赶上和超越了世界先进水平，我国在这些技术上对东盟国家中经济发展水平较高的国家进行投资是完全可能的，这也是我国企业跨国投资的战略之一。

（2）我国具有相对技术优势

目前，我国有一些电子、电器生产企业具有较强的技术实力，这些企业可以在东盟的某些国家投资以充分发挥自己技术上的相对优势，我国民营企业具有规模小、项目小、劳动密集型技术以及容易上马和转产的相对优势，具有为小市场服务的小规模生产技术，而且我国民营企业的小规模技术相对于大部分

---

① 李仕燕、李玉华：《东盟市场的中国式捷径》，《大经贸》，2005年第1期，第42页。

东盟国家来说是较先进的，适合东盟国家投资环境的需要，符合东盟国家的技术水平及市场的要求，这些技术比发达国家的技术具有更强的地方适应性，这些优势是发达国家大型跨国公司无法比拟的，我国跨国企业可以在利用东道国廉价劳动力和丰富自然资源的基础上，通过设备和技术的输出，建立小规模的劳动密集型企业，生产成本相对低廉，这样我国跨国企业的产品能以较低的价格进入东道国市场，从而扩展到第三国市场和国际市场。小规模技术优势可以很好地与小规模市场结合起来。从东盟国家的实际状况来看，我国企业的技术更加适应发展中国家的生产要素和劳动力质量。

（3）我国民族产品具有优势

波特在《竞争优势》一书中提出了产品差异性的竞争战略，我国有许多具有民族特色的民族产品表现出了明显的产品差异性，比如我国的中药、丝绸、餐饮及园林等民族产品，随着我国与东盟国家合作的进一步加强，民族产品的比较优势地位将得到进一步强化，这是不可模仿的竞争优势。

（4）我国企业在规模上的比较优势

我国对外直接投资的主体的规模各不相同，并且以中小企业居多。发展中国家所能提供的投资环境并不完善且发展中国家市场范围小，这样在某种程度上就限制了国际上大型跨国公司的进入。目前，我国的公司总体上处于小规模阶段，比较容易上马和转产，选择对东盟国家投资可以避免与大型跨国公司的激烈竞争，适合我国对外投资的需要。

## 二、中国对东盟直接投资的产业选择与区位选择

### 1. 中国对东盟直接投资的产业选择

东盟的经济发展水平与我国相当，但具体分析，可以看到在东盟内部有像新加坡这样经济比较发达、经济水平高于我国的国家，也有像马来西亚、泰国、印度尼西亚等经济发展水平中等、经济发展程度与我国相当的国家，更有像老挝、缅甸、越南这样经济比较落后，经济实力弱于我国的成员国，因此，我们对这些国家的投资切忌一刀切。我国目前的经济状况在东盟国家中处于中上游的地位。

对外直接投资产业选择的国际经验表明，无论是发达国家还是新兴工业化国家，其对外直接投资产业选择的过程大都是：分别以资源开发型——制造业——第三产业为主。我国目前所面临的状况是经济结构和产业结构都急需调整，而制造业的对外直接投资能更有效地实现国内产业结构调整的目标。所以我国对外直接投资应从以资源开发业为主转向以制造业为主，将投资重点放在

国内生产能力过剩，拥有成熟的适用技术或小规模生产技术的制造业，同时通过产业与技术的梯度转移，在国内发展比较优势的产业，加速国内产业结构的调整。我国可以在以下几个产业对东盟国家进行投资。

（1）制造业

我国把对东盟投资的重点放在制造业上具有一定的基础和条件。首先，经过几十年的建设和发展，我国制造业的生产规模已达到相当可观的程度，技术水平和产品质量得到了显著的提高，在国际市场上拥有一定的竞争力。其次，我国制造业拥有大量的、标准化的适用技术，符合东盟国家小规模、低成本的生产需要，在东盟国家投资制造业容易找到立足点，还能带动我国技术设备，原材料和零部件的出口。再次，我国制造业中的家用电器、摩托车、金属制品、家用机械类产品在国内的生产能力已经过剩，并出现了不同程度的生产滑坡，在东盟投资这些产业一方面可以使剩余的生产能力得到充分利用，另一方面可以延长这些产品的生命周期，这样有利于我国产业结构的调整，促进产业结构的高级化。

（2）资源开发业

任何一个国家或地区在经济发展过程中，包括产业结构的调整过程中，都会不同程度地受到关键性短缺资源的制约。这已经成为经济发展的"瓶颈"，我国也不例外，我国人均自然资源占有量比较低，甚至有些资源的国内绝对储存量和产量都比较低。当在本国获取资源成本太高或者根本不可能获取资源，而进口资源又会面临着成本高、国外供给渠道不稳定、市场价格波动幅度大等一系列问题时，采用对外直接投资就成为获取这些资源从而克服本国自然资源禀赋不足、支持国内产业结构调整的重要途径。当以对外直接投资为依托，获取必要的资源，使内产业逐步由厚、重、粗、大型向轻、薄、短、小型转变后，我国经济的发展就会减少对自然资源的依赖，产业结构的调整也就回避了自身资源短缺的缺陷，进而能发挥技术、管理知识等软性资源优势，资源瓶颈问题就会逐步消失，产业结构能在投入资源更新变化的基础上，进一步向高级化的方向发展，形成经济发展与产业结构调整互动的良性循环。

（3）高科技产业

首先，我国在高科技产业中的航天技术、卫星通讯技术、大规模集成电路技术方面处于国际领先地位。而且在以微电子技术为代表的高新技术包括生物工程技术、超导技术研究、海洋开发技术、新材料技术等领域也具有一定优势。这些优势为我国对东盟在高科技产业的投资提供了技术上的可能。其次，与劳动密集型产业和初级产业的对外投资相比，这些技术密集型产业对我国的经济结构调整和产业结构升级产生的作用和功效都要大得多。再次，目前高新技术产品在市场上十分畅销，其附加值也很高，对该领域投资除了能使我国获得巨大的收益，还能提高我国产品在国际市场上的占有率，这与我国境外投资的战略目标是完全相符的。

**2. 中国对东盟直接投资的区位选择**

尽管东盟国家地缘临近，有相近的文化渊源，但是东盟各国生产力水平发展很不平衡，经济实力差别很大。例如，新加坡和文莱在人均收入水平上居东盟国家的第一层次，但是在经济结构上这两个国家表现出了很大的不同：新加坡产业结构先进，知识技术密集型产业占很大比重，而文莱经济结构不先进，主要是依靠出口石油资源致富；马来西亚和泰国处于第二个层次的经济水平与产业结构，正好与我国沿海内地的不同区域相互对应，形成产业结构上的互补。因此，我国企业在对东盟国家进行投资时，应充分考虑东盟各个国家的经济情况和我国企业的自身实际状况，将两者结合采取不同的投资战略。

（1）越南

越南的矿产资源、农产品资源十分丰富，劳动力价格极具竞争力，而且越南的税率低，这些都是外资投资越南的有利条件。越南政府希望通过实现工业化来创造就业和减少贫困，政府执行新修订的《外国投资法》，鼓励外商集中在工业区和出口加工区的投资，同时政府不断出台对外招商引资的优惠政策。在政府政策的支持下，进入工业园区的企业无论是国内的还是国外的效益普遍都很好。劳动密集型产业在越南占有极其重要的地位，其中纺织服装业是越南最大的劳动密集型产业，我国投资者可在越南投资纺织服装业。除此之外，越南制鞋原料尤其是皮革短缺，皮革市场潜力巨大。越南计划在最近 5 年内投资 6000 万美元来引进皮革加工设备和技术，提高皮革质量和产量来满足国内市场的需求，而我国在面料和皮革方面具有明显的优势，进入越南市场也相对容易。

（2）马来西亚

中国和马来西亚近年来保持了全面发展的合作关系，马来西亚已经成为我国在东盟最大的贸易伙伴。马来西亚制造业中以国内市场为主的制造业占 47%，增长前景十分广阔，这一部分制造业主要包括食品制造业、饮料及香烟产品业、纸及纸产品业、非金属矿产品业、树胶产品业、工业化学业、塑胶产品业、石油产品业、基本金属业、铸造金属业以及交通配备业。这些行业都是值得我国关注的，可以考虑进入马来西亚与其合作的行业。马来西亚工业有一定的基础，但是在研制、设计和开发能力方面严重不足，机械工业和成套设备制造业方面比较薄弱，而我国在基础工业方面具有比较大的优势，因此，可以考虑在这方面对马来西亚进行投资。除此之外，中国还可以考虑在马来西亚从事家电等轻工产品的组装加工业务,利用我国生产的零部件,在当地生产和销售。马来西亚盛产石油,但石化工业又相对薄弱,中国可以考虑在石油化工方面对马来西亚进行投资。马来西亚是棕油大国,但是该国棕油只是在粗加工后出口,所以马来西亚在棕油加工、油脂化工、棕油副产品的综合利用等方面潜力巨大。此外还可以开发马来西亚富饶的水产品资源、热带农业和经济作物资源。高科技行业也是中国对马来西亚投资的重点。一方面,马来西亚正在积极筹建太空中心和生物谷以大力发展航天事业和生物工程产业,中国可在航天、卫星研制及发射、生物等领域对马来西亚进行投资,与其合作,采取技术投资的方式参与这些产业。另一方面,马来西亚软件开发较薄弱,中国可在这方面利用自己的相对优势发挥作用。

(3)柬埔寨

柬埔寨是个森林和淡水资源十分丰富的国家,是典型的农业国。据中国一东盟商务理事会提供的报告得知,中国在以下几大领域投资具有较大的预期回报。第一,食品工业,柬埔寨的用糖量很大,但是本国却不能盛产食糖,柬埔寨的原盐产量、品位在东南亚地区有很大影响,但在盐业加工方面却是空白,因此在柬埔寨投资建立食品加工厂、糖厂、输出盐业加工技术会取得较大的经济效益。第二,柬埔寨有丰富的渔业资源,但是捕捞技术和设备、渔业加工技术、设备都很落后,可以利用我国的渔业捕捞技术和设备、渔业加工技术和设备对柬方投资并与其合作。第三,柬埔寨在自来水管、下水管、电线护套以及民用电器商品方面都要依靠进口,而这些方面都是我国的强项,生产工艺简单易行,设备技术容易解决,投资不高,回报率十分可观。

(4)老挝

老挝是个农业国家,中国生产的手扶拖拉机、柴油机、碾米机、脱粒机、农用运输车、化肥农药等均受青睐。老挝水利资源十分丰富,我国企业可出口水电设备和在老挝承接水利工程。老挝要发展建材工业、食品工业、木材加工业和造纸业、服装工业等。我国物美价廉的机械设备可出口或与老挝企业合作办厂。老挝工业化较落后,90%以上的生活制成品和生产资料都需要进口,从日常生活的服装鞋袜、塑料制品、洗涤用品、妇女用品、厨房用品到生产用的建材产品、机械设备、农机产品、电力设备等在老挝都有市场,可考虑在当地直接设厂,就地生产和销售。除此之外,老挝还鼓励外商前往开商场、宾馆、餐厅。

(5)文莱

文莱人口仅有35万,还不及中国的一个县,但是文莱人口的素质即受教育的程度较高，按人类发展指数看，文莱在 175 个国家中排名第 31 位①，文莱是一个生活、工作和休闲的安全地，是一个干净、美丽的绿色国度。文莱希望发展农业和渔业，因此在农作物商品生产、畜牧业商品生产、水产养殖和捕捞渔业方面投资会得到丰厚的回报。

（6）新加坡

新加坡今后二三十年里将有大型土木工程项目逐步上马，如地铁、填海项目等，我国工程公司在这些领域具有一定的优势。新加坡产业结构单一，其制造业以电子和炼油为主，其他制造业在经济成分中所占比重较低，新加坡政府决定今后加大发展生化医疗科学产业，希望该产业能够成为新加坡经济第四个重要产业。我国工业部门齐全，环保技术、海洋高新技术等高科技领域已经有了长足的进步和发展，产品技术日益成熟。我国可在这些产业对新加坡进行投资。同时，中国有很多科研成果待转化为商品，这对新加坡企业极具吸引力，也加速了我国对新加坡的投资。

（7）缅甸

缅甸的可耕地和闲置地很多。目前，缅甸允许外国人租赁土地经营农业，土地租赁期为 30 年。我国南方同缅甸气候相同，可派农业技术人员到缅甸去租赁土地，发展农业合作项目。我国可在缅甸设厂，这样既能带动机械设备出口、零部件出口，还有利于我国占领市场，同时还可获得我国政府鼓励带料出口加工的优惠政策支持。缅甸劳动力成本低也成为在缅甸设厂提供了有利的条件，我国由于经济结构调整造成的无法继续经营和发展的企业，可考虑迁厂缅甸。

（8）菲律宾

对菲律宾的投资可以从以下三个方面着手，第一，投资椰子壳产品的生产。菲律宾是世界上数一数二的椰子生产大国，椰子壳加工产业很有发展潜力。如果中国企业从投资椰树种植做起，建立从椰子汁、干椰肉、椰油、椰柏到椰纤维、活性炭、纤维碎渣等一条龙的配套生产，效益将非常可观。第二，菲律宾人口增长迅速，对各类医药的需求稳定增长。但菲律宾医药制造产业非常薄弱，传统上主要是从欧美国家进口药品，而菲律宾的现实消费者能力与医药产品昂贵的价格之间的矛盾十分尖锐，因此，中国很有可能成为菲律宾新的医药产品进口来源地。中国的医药行业可对菲律宾进行投资。第三，电力工程。今后十年，菲律宾需要额外 6000 兆瓦的电力，这样我国可对菲律宾大量

① 李凤发：《中国企业开辟新战场－东盟十国投资调查》，《中国经济信息》，2004 年第 23 期，第 22 页。

出口电力设备，同时也为我国在菲律宾承包电力工程提供了广阔的空间。

（9）泰国

自从泰国经济复苏以来，泰国的汽车工业、电子和电器工业、金属加工业、模具制造业发展迅速，对机床的需求大幅度上升，尤其是对机床的零配件及附件的需求量极大，机床零配件及附件的年进口总值约1.86亿美元，这样我国就可以在泰国投资设厂生产各种零配件及附件。泰国引用水和果汁市场的竞争十分激烈，但还远未达到饱和的程度，目前泰国年人均果汁消费量仅为2升，可开发空间很大。我国对这一行业投资，将会获利很大。

（10）印度尼西亚

印度尼西亚现已放宽了对外资进入其服务贸易领域的限制，中国可以考虑在这一领域投资，印尼通讯供求矛盾突出，中国应不失时机地组织通讯运营企业联合通讯设备公司，尽早介入印尼的移动通讯市场。近年来到印尼旅游的中国游客不断增加，中国企业可前去兴建一些专为国内游客提供服务的宾馆、餐饮等设施。我国在资源开发及加工项目方面都可进行投资，印尼天然气资源丰富，铜、锰、铝等有色金属的储量也相当可观，但地质探矿能力较差，我国在这方面进行投资还可弥补我国国内资源的不足，在国外寻找到资源供给的渠道。除此之外，渔业、棕桐油等资源的开发和加工都可作为投资领域，据不完全统计，印尼约有4万多种植物，其中药用植物最为丰富，而且印尼民间有很多传统医药配方有待开发。利用这些有利条件，可以在印尼建立传统医药开发中心，来研究新的传统医药配方，开发新的中药产品来开拓印尼传统医药市场。

# 三、中国对东盟直接投资存在的问题

近年来，我国同东盟之间的经贸关系有了长足的发展，中国对东盟的投资也取得了一定的进展，但仍存在着一些问题。

**1. 中国和东盟的域外依存度较高**

尽管中国和东盟之间的贸易已经有了较大的发展，但是同时必须注意到，中国和东盟各国都对"10＋1"以外的市场具有较大的依赖性。就中国而言，中国与欧美国家以及中国与东亚其他国家和地区的贸易份额远远高于中国与东盟的贸易份额。从东盟国家来看，尽管东盟各国在"10＋1"中的贸易份额比较大，然而，与中国的情况相类似，东盟各国对"10＋1"以外国家贸易的依赖性也比较强，尤其是对美国和日本的依赖性较强，这些国家常常会把日本和美国等国家的投资企业作为重点考察和经济合作对象，希望通过美国和日本等国家的企业获得更多的资金、设备和技术支持，从而忽略了正在蓬勃发展的中国，这样使得我国的企业在东盟国家的直接投资受到了严重的影响。

**2. 我国企业存在的问题**

我国的一些企业没能制订整体投资战略和行业规划，也没有明确的产业政策和行业导向，投资的随意性很大，这些企业不懂得投资的基本常识，更不了解当地的法律和通用语言，不能建立自己的商品网络，在东盟国家找不到可靠的企业合伙人，甚至出现了有的企业还被合伙人欺骗和敲诈的局面。

# 四、中国对东盟直接投资的政策建议

**1. 建立海外管理机构**

针对我国目前对外投资多头管理的状况，我国应借鉴美国，设立国际开发署，借鉴日本建立海外经济援助基金会的做法，建立一个集外贸、外资、外汇、计划和管理于一身的有权威的半官方机构，来负责协调全国各部门、各行业、各企业的对外投资活动，研究拟定我国对外投资的法律规范和政策，为海外投资企业提供必要服务，总结我国对外投资和跨国经营的经验和存在的问题。同时这些机构可以设立信息咨询服务中心，为跨国公司提供信息咨询服务和项目论证。

**2. 制定 FDI 规划**

我国政府应尽快制订对外直接投资的战略规划，尤其是制定对东盟国家直接投资的战略规划，虽然对外投资的主体是企业而不是政府，但是政府应从全球的高度，从全球的角度制定出符合我国经济发展的具有长期性、全局性和战略性的总体规划，明确国家优先重点发展的海外投资项目，通过关税、外汇贷款等手段引导企业开展对外直接投资①。当前确定我国对外直接投资战略既要顺应国际直接投资的变化趋势、国内外产业结构的调整趋势，又要切合我国作为发展中国家资金相对短缺、缺乏先进技术和管理经验等客观实际，确定我国的对外直接投资的发展战略，并制定和完善相应的实施策略，包括政府扶持策略、投资区域选择策略、投资产业选择策略、投资方式选择策略、投资主体选择策略及融资策略等，并根据我国自身在对外投资方面的比较优势，制定境外投资产业指导目录，并对优先鼓励的产业实行税收和外汇适用等方面的优惠。

**3. 健全和完善 FDI 法规**

目前，我国在对外投资立法方面严重滞后，我国现已出台的有关对外投资

---

① 李招忠：《我国对外投资发展中存在的问题与对策》，《江苏商论》，2004 年第 6 期，第 79 页。

的法规大多是针对企业出国前的审批管理等方面的，没有完整的法规是管理企业出国后的行为的，为了进一步扩大和提升对外直接投资项目的规模与技术含量，在宏观方面，政府要加强对外直接投资的调控力度，健全对外投资的管理机制，尤其要加强对外投资方面的立法，我国在对外直接投资方面还没有形成完善的法律体系。因此，建议有关部门应尽快制定和建立专门的法律，如《对外投资法》、《海外投资公司法》①、《海外投资保险法》、《海外投资促进与保护法》、《对外投资审查法》、《境外国有资产管理法》② 和其他对外投资法律法规，要形成完整的对外投资法规体系，要通过这些法律法规规范和指导海外投资的方向、经营主体、投资方式、组织结构、地域分布等，对海外直接投资公司的立项、审批、资金汇出、利润汇回、税收、信贷、会计核算等方面作出原则上的规定，明确规范税收鼓励与保护、政府资助与服务、投资保险制度、海外投资的监管措施等；同时要加快出台海外投资、对外承包工程和劳务合作等相关行政法规，将现有的有关对外投资的政策和条例全部纳入法制化的轨道，规范管理、增加透明度，使对外投资合理化，使海外企业经营有法可依、有章可循，以鼓励和保护我国企业进行国际化的动力与利益，保证我国对外投资事业的健康发展。

### 4. 制定优惠政策

为了促进对外投资的顺利发展，政府对海外企业应在产业政策、地区政策、财政政策、税收政策以及金融政策等方面给予必要的优惠。在金融政策方面，首先，要鼓励投资者按照国际惯例以灵活的方式筹集资金，借鉴发达国家的经验，从我国实际条件出发，采取多种方式融资。其次，要赋予有一定规模和实力的跨国公司金融权，允许企业内部资金自由调配，放宽利润和外汇的管制。再次，组建我国的海外投资促进银行，为海外企业提供优惠信贷服务。跨国公司的全球经营战略之所以能实现，其中关键的一点是有实力雄厚的金融支持系统。

在税收政策方面；首先，要改革现行的海外投资上缴利润政策，建立符合国际规范的对外投资企业所得税抵扣、税收延付、赋税亏损退算或结转等税收制度，要完善国际税收制度，与东道国签订避免双重征税协定，采用多层次差异性税收政策，鼓励企业根据国家产业政策和对外投资规划开展对外投资活动，引导企业实现政府宏观政策目标；其次，建立支持企业对外直接投资的财

---

　　① 郭虹，赵春明：《我国发展对外直接投资的条件与对策分析》，《北京师范大学学报社会科学版》，2005 年第 1 期，第 125 页。

　　② 李招忠：《我国对外投资发展中存在的问题与对策》，《江苏商论》，2004 年第 6 期，第 79 页。

政资金支持渠道，根据我国实施"走出去"战略的不同阶段，在中央和地方财政预算中安排专项政策扶持资金。在投资保护方面，应借鉴欧美等资本输出大国的做法，建立对外投资风险保障体系，如建立国家对外投资基金、对外投资保险险种、对外投资担保机构等，以降低我国跨国公司的投资风险，努力为国内企业对外投资创造良好的投资环境。除此之外，在政策上应当鼓励有条件的民营企业发展对外直接投资，实现以经济目的和市场导向为主的多元主体的对外直接投资格局。

**5. 培养投资主体**

无论是我国的国内企业还是跨国经营企业都存在规模普遍偏小的问题，所谓的大企业大多也只相当于新兴工业化国家（地区）的中小企业。国际直接投资的新趋势要求我们必须改变我国企业小、散、差的状况，尽快培育出能在国际市场上一搏雌雄的"三位一体"式的跨国企业集团，即形成由国内有一定规模基础和产品，在国际市场销量大的企业集团＋大型贸易跨国企业＋银行所组成的融资本、生产、贸易为一体的实力雄厚的跨国公司，或是由一个企业牵头，由中小企业集群组成的"捆绑式"的对外直接投资集团军。

**参考文献**

1. ［美］大卫格林纳韦. 国际贸易前沿问题 ［M］. 北京：中国税务出版社，北京腾图电子出版社，2000.

2. 王厚双，崔日明，王韶玲. 各国贸易政策比较 ［M］. 北京：经济日报出版社，2002.

3. 赵春明，焦军普. 国际贸易学 ［M］北京：. 石油工业出版社，2003.

4. 刘红忠. 中国对外直接投资的实证研究及国际比较 ［M］. 上海：复旦大学出版社，2001.

5. 崔日明. 中国—东盟自由贸易区：从构想到现实 ［J］. 国际经济合作，2002（11）

6. 王秀红，李传水. 东盟的地理位置、环境及地缘力量构成 ［J］. 东南亚纵横，2003，1.

7. 赵仁康. 建立中国—东盟自由贸易区的制约因素及前景 ［J］. 世界经济与政治论坛，2002，（3）.

8. 陈雯. 试析东盟自由贸易区建设对东盟区内贸易的影响 ［J］. 世界经济，2002，12.

9. 胡正豪. 中国与东盟关系：国际贸易的视角 ［J］，国际观察，2001，2.

10. 厦门大学WTO研究中心，中国入世与东盟经济课题组. 论入世后中国与东盟的经贸关系 [J]. 南洋问题研究，2002年，1.

11. 曹云华. 中国加入WTO对中国与东盟关系的影响 [J]. 当代亚太. 2001，12.

12. 游筱群，陈永. 试论20世纪末期以来中国与东盟国家的经济关系 [J]. 探索，2004，4.

13. 曹云华. 中国与东盟关系：现状和前景 [J]. 东南亚研究，2002，1.

14. 贾继锋. 中国与东盟经贸合作的现状与未来 [J]. 亚太经济·亚太纵横，1997，6.

15. 郑昭阳. "10+1" 和 "10+3" 贸易合作的比较分析 [J]. 比较研究，2003，5.

16. 张昊光，姜秀兰. 中国与东盟贸易关系的结构性思考 [J]. 现代管理科学，2004，4.

17. 毛捷，杨晓兰. 东亚地区产业区域转移新特点探析 [J]. 软科学，2002，16.

18. 刘继萱. 对外投资：产业选择和区位选择相结合 [J]. 亚太经济，2001，6.

19. 朱坚真，高世昌. 略论中国与东盟产业协作的主要途径 [J]. 经济研究参考，2002，54.

20. 梅冰. 中国对东盟直接投资的战略选择 [J]. 中国金融半月刊，2003，6.

21. 刘海云. 规模经济与发展中国家的对外直接投资 [J]. 国际贸易问题，1998，8.

22. 李仕燕，李玉华. 东盟市场的中国式捷径 [J]. 大经贸，2005，1.

23. 聂名华. 论中国境外投资的区位选择 [J]. 投资研究，1999，12.

24. 王同春. 中国发展对外投资的区位选择 [J]. 经济问题探索，2000，10.

25. 刘志范. 论我国企业对外直接投资的区位选择 [J]. 科技管理研究，2004，5.

26. 白云，牛晓耕，许冀艺. 我国企业对外直接投资的区位选择 [J]. 经济论坛，2004，19.

27. 张凤玲，席大伟. 中国对外直接投资行业分布的贸易效应 [J]. 北方经贸，2004，12.

28. 聂名华. 论中国境外投资的行业选择 [J]. 当代亚太，2001，8.

29. 颜京宁. 中国企业境外投资：选择哪些地区和行业 [J]. 中国经济信息，2001，13.

30. 仇怡. 中国企业开展对外直接投资的比较优势 [J]. 经济与管理，2004，9.

31. 宋伟良，许永胜. 中国企业跨国投资的区位选择 [J]. 中国审计，2004，12.

32. 李海波，王雅婧. 东盟：中国企业"走出去"的第一站 [J]. 经济论坛，2004，7.

33. 李凤发. 中国企业开辟新战场——东盟十国投资调查 [J]. 中国经济信息，2004，23.

34. Paul R. Krugman and Maurice Obstfeld, International Economics Theory and Policy, Sixth Edition，清华大学出版社，2003.

35. Paul R. Krugman, Geography and Trade (1991), Leuvenr University Press and MIT Press.

36. Balassa. B. Comparative Advantage, Trade and Economic Development [M] (1989), New York University Press.

## Study on China's Investment to ASEAN

Wang Houshuang & Ren Liang

**Abstract:** The international direct investment and the multinational corporation are playing the main role in the economical globalization tide, and the international direct investment is becoming the mainstream in the international cooperation. There are many articles about FDI that discuss how to attract foreign capital because the primary strategy is "introduction" in the past few years. With the enhancement of our economic potentiality, it is possible for us to enforce the strategy of "going out" and at the same time the strategy of "going out" is essential if we want to join the globalization. The Association of South-East Asian Nation (ASEAN) and China signed the comprehensive agreement of economic cooperation in November, 2002. And at the same time ASEAN and China pledged it would establish Free Trade Area (FTA) in 2010. The FTA will become the third largest market with the most population inferior to the European Union (EU) and the North American Free

Trade Area (NAFTA), and it is also the biggest free trade market including developing countries. The foundation of CAFTA will provide the opportunity of our investing to ASEAN. This article has analyzed the feasibility and the function to the increasing of our economy from the angle of our investing to the ASEAN.

Beginning with the investment environment of ASEAN, the article draws a conclusion that investing to ASEAN is completely feasible through analyzing the environment of ASEAN's nature, politics, economy, talent and the advantage of our direct investing to ASEAN. Under the premise, the article analyses the industries our country should invest on ASEAN and at the same time it also analyses the industries we should invest according to the actual situation of different country one by one. The article comprehensively demonstrated the blueprint. At last, the article objectively analyses the problems when investing to ASEAN and gives related suggestions. There is practical significance on this article in discussing the investment on ASEAN.

**Key Words:** China ASEAN Advantage Industry

### China-U. S. Trade and the East Asian Manufacturing Supply Chain

Daniel Griswold[*]

The growing commercial relationship between China and the United States has benefited the people of both countries, but it has also aroused the opposition of certain manufacturers in the United States who find it difficult to compete against goods stamped "Made in China." It has also fed the anxieties of many Americans that the United States may be losing its economic edge and influence in East Asia to a rival power.

Fueled by those concerns, the U. S. Congress may soon consider legislation that would impose steep tariffs on imports from China if Chinese authorities do not allow its currency to float more freely and, presumably, gain value against the U. S. dollars. One bill, sponsored by Sens. Charles Schumer, D—N. Y., and Lindsey Graham, R—S. C., claims that the yuan is undervalued by 15 to 40 percent. If the currency is not allowed to float toward its market value within six months, the bill would split the difference between 15 and 40 and impose a 27. 5 percent tariff on all Chinese imports to the United States.

Another bill, sponsored by Senate Finance Committee Chairman Charles Grassley, R—Iowa, and Ranking Democrat Max Baucus, D—Mont., would impose milder sanctions but would broaden the definition of an offensive practice to include maintaining a currency that is in "fundamental misalignment." Sanctions would include denying certain federal investment loan guarantees and opposing expanding voting rights in the IMF for the offending country. [1] Yet another bill in the House would allow U. S. companies to petition for protective tariffs against imports allegedly being

---

* 作者简介: Daniel Griswold, Director of Policy Studies Department of Cato Institute, U. S. A.

[1] U. S. Senate Finance Committee, "United States Trade Enhancement Act of 2006," Section 202, http: //finance. senate. gov/press/Gpress/2005/prg032806leg. pdf.

"subsidized" by intentionally misaligned exchange rates. ①

Although opposing higher tariffs on Chinese goods, the Bush administration has ratcheted up its complaints against China for not moving more quickly toward a more flexible currency. In a May report on foreign economic and currency policies, the U. S. Department of the Treasury declared its "strong disappointment" that "far too little progress has been made in introducing exchange rate flexibility for the Renminbi" since its previous report in November 2005. Nonetheless, Treasury was "unable to determine, from the evidence at hand, that China's foreign exchange system was operated during the last half of 2005 for the purpose (i. e. , with the intent) of preventing adjustments in China's balance of payments or gaining China an unfair competitive advantage in international trade. " Absent any evidence of intent, Treasury was unable to find China technically guilty of "currency manipulation. "② As a means of pressuring China, the administration has endorsed the Grassley-Baucus legislation in the Senate. ③

Before policy makers in Washington charge ahead with sanctions against China, they should re-examine the reasons why a country at China's state of development may chose a fixed currency and whether China's foreign-currency regime is in fact damaging the United States. They should also consider the real damage that would be inflicted on the U. S. economy by some of the alleged remedies being considered, and consider policy alternatives that would expand rather than disrupt the mutually beneficial trade relationship between the United States and China.

### Is China Manipulating Its Currency?

A threshold question is whether the government of China is "manipulating" the value of its currency to gain an economic advantage at the expense of other countries, or whether there are other, more benign reasons why a country at China's stage of development would choose to peg its

---

① See H. R. 5043, "Restoring America's Competitiveness Act of 2006," http: //thomas. loc. gov/cgi—bin/query/z? c109: H. R. 5043:.

② U. S. Department of Treasury, "Report to Congress on International Economic and Exchange Rate Policies," May 2005, pp. 1—3.

③ Inside U. S. Trade, "Treasury Indicates Support for Grassley-Baucus Currency Bill," April 7, 2006.

currency to one or more major currencies such as the U. S. dollars.

"Currency manipulation" is not a technical term with a precise and widely accepted definition. As U. S. Treasury Department's own November 2005 report on international exchange-rate policies noted, judging whether another nation is manipulating its currency "is inherently complex, and there is no formulate procedure that accomplishes this objective. " The Treasury also notes that the International Monetary Fund's Articles of Agreement "allow countries enormous latitude in selecting and managing exchange rate systems. "[1]

There is nothing inherently wrong with maintaining a fixed-rate currency. The major Western industrial countries, including the United States, fixed their currencies among themselves from the 1950s to the early 1970s under the Bretton Woods Agreement. Today, according to the International Monetary Fund, China is among the one half of IMF-member countries (89 out of 187) that maintains a fixed currency, either against a single other currency or a basket of foreign currencies. Another one-third of IMF members maintain a managed float in which monetary authorities regularly intervene. Only 36 sovereign monetary authorities, about one in six IMF members, allow their currencies to float freely over a sustained period. [2]

China does stand out as one of the few major trading nations that maintain a fixed currency. Among the world's top trading entities, almost all allow their currencies to float more or less freely on international exchange markets, including the United States, Japan, Great Britain, Canada, Korea, Mexico, Australia, and the 12 members of the euro zone. Hong Kong and Malaysia maintain fixed currencies while the Russian Federation manages its float. Among countries at a similar stage of development, however, China's fixed currency regime is more typical. To demand that China implement a freely floating currency regime in the next few months under penalty of trade sanctions is to ask of China what we are not demanding of any other country at

---

[1]  U. S. Department of Treasury, "Report to Congress on International Economic and Exchange Rate Policies," November 2005, p. 1.

[2]  International Monetary Fund, "Classification of Exchange Rate Arrangements and Monetary Policy Frameworks," www. imf. org/external/np/mfd/er/2004/eng/1204. htm.

its stage of development. ①

In the longer term, however, there is widespread agreement inside and outside of China that a more flexible currency regime would be in China's own interest. A more flexible currency regime would allow the Chinese central bank to pursue a more independent monetary policy consistent with China's long-term economic growth and stability. It would free the central bank of the need to intervene frequently and at times massively in foreign exchange markets to maintain a certain currency rate in the face of market pressure. It would also allow the Chinese economy to adjust more smoothly to internal and external shocks by allowing immediate and incremental changes in its exchange rate rather than requiring more difficult adjustments in overall price levels throughout China.

The case for exchange-rate flexibility has been made by such famous economists as Milton Friedman, and more recently by Deepak Lal of the University of California at Los Angeles. In his new book, *Reviving the Invisible Hand: The Case for Classical Liberalism in the Twenty-first Century*, Lal argues compellingly that policy makers in China and other developing countries should put aside their "fear of floating" to adopt flexible exchange rate regimes. ②

Floating rates confer two major advantages, according to Lal. The first advantage is more efficient adjustment to economic shocks. In a dynamic economy such as China's, the real exchange rate must be adjusting continually to changing market forces. If the nominal exchange rate is fixed, than a change in the real rate "would have to come about by changing millions of individual wages and prices in terms of domestic currency." Because domestic prices and wages can be "sticky," especially when adjusting downward, the changes required in the domestic economy to adjust the real exchange rate under a fixed-rate regime can be slow and painful. In contrast, "only a single change in the nominal exchange rate is required with a flexible exchange rate." The

---

① Demands that China implement a floating currency seem to be at odds with the determination by the U. S. Department of Commerce that China is a "non-market economy" for purposes of anti-dumping determinations.

② Deepak Lal, Reviving the Invisible Hand: The Case for Classical Liberalism in the Twenty-first Century (Princeton, N. J.: Princeton university Press, 2006), pp. 118—120.

second advantage of a flexible exchange rate is that it "gives a country the freedom to choose its own monetary policy without being concerned about the balance of payments impact" —an especially relevant advantage for China as its policy makers face an expanding current account surplus coupled with rapid growth. ①

Aware of those advantages, the Chinese monetary authorities continue to lay the foundation for a more market-based currency system. Earlier this year, the government legalized currency trading between banks in China. The daily opening price for the yuan is now set by trading among 13 banks, so-called market makers who assume the risk of daily fluctuations. The Chinese government still limits daily movements of the currency to plus or minus 0.3 percent, but the mechanism is falling into place to allow larger movements. The government also allows futures trading so traders can hedge their risk against future movements of the currency. ② In a joint statement issued after a meeting of the U. S. -China Joint Economic Committee in Beijing last October, Chinese authorities committed "to enhance the flexibility and strengthen the role of market forces in their managed floating exchange rate regime. "③

Branding China a "currency manipulator" under threat of trade sanctions would be inconsistent with a more measured view of China exchange-rate regime. Such a move would fail to recognize China's own interest in a more flexible currency and the modest but real steps its government has taken so far toward that goal.

**Does China's Currency Regime Threaten the U. S. Economy?**

Everyone can agree that China's exports to the United States have soared in the past decade. In 2005, Americans imported $ 243.5 billion in goods from China, a huge increase from the $ 38.8 billion imported in 1994. During that same period, imports from China as a share of total U. S. imports rose from 6 to 15 percent. Since 1994, imports from China have grown more than twice as

---

① Ibid. , p. 99.

② Andrew Browne, "Rise in China's Yuan Turns Up Policy Focus," The Wall Street Journal, February 24, 2006, p. A6.

③ U. S. Department of Treasury, "Report to Congress on International Economic and Exchange Rate Policies," November 2005, p. 18.

fast as imports from the rest of the world. ①

### Displacing Other Imports

Despite their rapid increase, imports from China have not been a major cause of job losses in the U. S. economy. Chinese manufacturers tend to specialize in lower-tech, labor-intensive goods, in contrast to the higher-tech, capital-intensive goods that are the comparative advantage of U. S. manufactures. For example, the apparel and footwear industries in the United States have been in decline for decades, long before China became a major exporter of those goods. Rising imports from China have not so much replaced domestic production in the United States as they have replaced imports that used to come from other lower-wage countries.

A key to understanding our trade relationship with China is to see China as the final assembly and export platform for a vast and deepening East Asian manufacturing supply chain. Even in mid-range products such as personal computers, telephones, and TVs, rising imports from China have typically displaced imports from other countries rather than domestic U. S. production. Final products that Americans used to buy directly from Japan, Korea, Taiwan (China), Hong Kong (China), Singapore and Malaysia are increasingly being put together in China with components from throughout the region.

China's more economically advanced neighbors typically make the most valuable components at home, ship them to China to be assembled with lower-value-added components, and then export the final product directly from China to the United States and other destinations. As China imports more and more intermediate components from the region, its growing bilateral trade surplus with the United States has been accompanied by growing bilateral deficits with its East Asian trading partners.

While imports from China have been growing rapidly compared to overall imports, the relative size of imports from the rest of East Asia has been in decline. In 1994, the year China fixed its currency to the dollar, imports from East Asia accounted for 41 percent of total U. S. imports. Today imports from that part of the world, including those from China, account for 34 percent of

---

① U. S. Department of Commerce, "U. S. Trade in Goods (Imports, Exports and Balance) by Country," www. census. gov/foreign-trade/balance/index. html # C.

total U. S. imports. In other words, the rising share of imports from China has been more than offset by an even steeper fall in the share of imports from the rest of Asia, as shown in Figure 1. ①

Meanwhile, the U. S. manufacturing sector as a whole has expanded significantly despite the painful recession in manufacturing from 2000 to 2003. Since 1994, real output at U. S. factories has still increased by 50 percent. (See Figure 2.)② American domestic manufacturers can produce so much more with fewer workers because remaining manufacturing workers are so much more productive. ③ Trade with China has probably accelerated the decline of more labor-intensive manufacturing sectors in the United States, such as footwear, apparel, and other light manufacturing, but it has not caused a decline in total manufacturing output or capacity.

The sharp rise in imports from China is not primarily driven by China's currency regime, but by its emergence as the final link in an increasingly intricate East Asian manufacturing supply chain.

**Misplaced Hope**

Just as American critics of China's currency regime tend to exaggerate its negative impact on the United States, they also typically exaggerate the positive impact of increased flexibility or an upward revaluation of the yuan. If China were to move toward a more freely floating currency, evidence and experience suggest it would not have a noticeably positive effect on U. S. manufacturing, employment, or the bilateral trade balance with China, for three main reasons.

First, it is not certain that a more flexible yuan would mean a significantly stronger yuan. If a more flexible currency regime were accompanied by greater freedom of capital to move in and, more importantly, out of China, Chinese savers could choose to invest more of their savings in other countries, including in the United States. That would put downward pressure on the yuan,

---

① Ibid.

② U. S. Federal Reserve Board, "Industrial Production and Capacity Utilization: Data from January 1986 to Present (Tables 1, 2, and 10), Industrial Production, Seasonally Adjusted," Series B00004, www. federalreserve. gov/releases/g17/table1 ____ 2. htm.

③ Brink Lindsey, "Job Losses and Trade: A Reality Check," Cato Trade Briefing Paper no. 19, March 17, 2004, p. 5.

dampening any appreciation or perhaps even causing a depreciation of the currency relative to the U. S. dollar.

Second, even if the yuan appreciates significantly, its rise may not translate into significantly higher prices for Chinese goods sold in the U. S. market. Producers in China may choose to keep their prices in the U. S. market close to current levels and accept smaller profits on U. S. sales to maintain market share, at least in the short run. An appreciating yuan would also translate into lower prices paid by producers in China for imported energy, raw materials, intermediate components and capital machinery, which account for a third or more of the value of exports from China. ① Lower production costs would thus partially offset the lower earnings abroad from exports, allowing Chinese producers to maintain their competitiveness in the U. S. market.

Third, even if prices rise for Chinese imports to the United States, U. S. consumers may be slow to switch to competing products from other countries. Indeed, if prices paid for Chinese imports rise faster than demand for those imports falls, total spending on imports from China may even rise in the short run, leading to a temporarily larger bilateral trade deficit with China (just as rising oil prices have caused larger bilateral deficits with oil-exporting countries).

For all those reasons, even sharp changes in exchange rates do not always translate into a desired change in bilateral deficits. For example, the United States runs a large and persistent bilateral trade deficit with the 12 European countries that use the Euro as a common currency. ② Since 2001, the Euro has appreciated by approximately a third against the dollar, from $ 0. 90 to $ 1. 20—just the kind of medicine called for by the deficit doctors who want to cure our bilateral deficit with China. ③ During that period of a sharply

---

① American Chamber of Commerce — China, "2005 White Paper: The Climate for American Business in China," February 14, 2006, p. 16, www. amcham—china. org. cn/amcham/upload/wysiwyg/20060214111508. pdf.

② The 12 European Union members that have adopted the Euro are Austria, Belgium, Finland, France, Germany, Greece, Ireland, Italy, Luxembourg, Netherlands, Portugal and Spain.

③ See figures from The European Central Bank, www. ecb. int/stats/exchange/eurofxref/html/eurofxref—graph—usd. en. html.

appreciating euro, our bilateral deficit with the euro zone countries has actually grown larger, not smaller. In 2001, the deficit was $ 54. 0 billion, but after four years of a generally rising euro, the bilateral deficit had actually climbed to $ 91. 4 billion—a 69 percent increase. ① Obviously, the prescribed medicine did not have the desired effect.

Bilateral trade balances are driven by a complex range of factors, including differing rates of national savings and investment, wealth, demographics, economic growth, consumer tastes, and comparative advantage enjoyed by each country's producers. As long as the people of China continue to save hundreds of billions of dollars more each year than what is invested in China, and as long as Americans continue to invest hundreds of billions of dollars more than we save, capital will continue to flow from China to the United States, producing a large bilateral deficit with China.

Focusing on the bilateral trade deficit with China as the central problem, and the exchange rate as the solution, is a recipe for frustration. Even if a major appreciation of the yuan can be engineered, and even if the bilateral deficit with China were to grow more slowly or contract, evidence does not indicate that U. S. manufacturers would reap any sort of windfall.

**Overlooked Benefits of Trade with China**

While the critics of trade with China mistakenly focus on the alleged harm it causes, they tend to overlook the benefits. Those benefits include lower-priced imports for U. S. consumers and businesses, expanding export opportunities to China, and the economy-wide benefits of Chinese capital flowing to the United States.

**A Variety of Affordable Imports**

Producers in China specialize in goods that are especially attractive to consumers in the United States. Most of what we import from China fits in the category of consumer goods that improve the lives of millions of Americans every day at home and the office. Of the $ 243 billion worth of goods we imported from China last year, more than three-quarters were consumer and

---

① U. S. Department of Commerce, "FT900 — U. S. International Trade in Goods and Services," December 2001 and December 2005 reports, www. census. gov/foreign _ trade/Press — Release/ current _press _ release/press. html # prior.

office products such as computers and computer accessories; cell phones and other telecommunications equipment; furniture, appliances and other household goods; clothing and shoes; toys, sporting goods, and TVs, radios and other consumer electronics. The remaining imports from China last year were industrial supplies, industrial machinery, transportation equipment, food and energy. [1] (See Table 1. )

Those imports allow Americans to stretch their paychecks further, raising real wages for millions of workers. Money saved because of lower prices for Chinese imports allows U. S. consumers to spend more on other, non-Chinese goods and services, including those produced in the United States. Those savings are especially important for low-and middle-income American families who spend a relatively larger share of their budgets on the discount-store shoes, clothing and other products made in China.

### A Growing Market for American Products

American producers and workers have gained tremendously from growing export opportunities to China. China's fixed currency has allegedly discouraged exports to China, but that is not supported by the trade numbers. Since 2000, U. S. exports of goods to China have increased by 158 percent, from $16. 2 billion to $41. 8 billion in 2005. The rate of growth of U. S. exports to China since 2000 is more than 12 times the rate of growth of U. S. exports to the rest of the world (other than China) during the same period. [2]Our leading exports to China are soybeans, cotton, and other agricultural products; plastics, chemicals, wood pulp, and other industrial materials; civilian aircraft; and semiconductors, computer accessories, industrial machines and other machinery. [3]

China's market has also created expanding opportunities for U. S. investors and service providers. In 2003, according to the most recent figures, U. S. companies sold $48. 8 billion in goods and services in China

---

[1]   U. S. Department of Commerce, "U. S. Imports from China from 2001 to 2005 by 5-digit End-Use Code," www. census. gov/foreign-trade/statistics/product/enduse/imports/c5700. html.

[2]   U. S. Department of Commerce, "U. S. Trade in Goods (Imports, Exports and Balance) by Country," www. census. gov/foreign-trade/balance/index. html # W

[3]   U. S. Department of Commerce, "U. S. Exports to China from 2001 to 2005 by 5-digit End Use Code," www. census. gov/foreign-trade/statistics/product/enduse/exports/c5700. html.

through majority owned affiliates located in China. ① In addition, U. S. companies exported $ 7. 2 billion in private services to people in China, making China our third largest service customer in Asia. ②

Large multinational companies have not been the only beneficiaries of expanding exports to China. According to the U. S. Department of Commerce, more than one-third of U. S. exports to China are produced by small and medium-sized enterprises (SMEs) in the United States. In 2003, the most recent year for figures, a total of 16, 874 U. S. SMEs exported to China, more than five times the number of SMEs that were exporting to China in 1992. China is now the fourth largest export market for American SMEs and the fastest-growing major market. ③ An undervalued yuan does not appear to have dampened the ability of U. S. companies, large, small or in between, to sell in China's rapidly growing market.

### More Capital, Lower Interest Rates

The dollars earned by producers in China by selling in the U. S. 's market are not stuffed under mattresses. They either come back to the United States to buy our goods and services, or they are used to invest in the United States through the purchase of U. S. -based assets. The large majority of Chinese investment in the United States comes through official purchases of U. S. Treasury bills by China's central bank. As of December 2005, Chinese monetary authorities held $ 262 billion in U. S. Treasury bills. ④

China's investment in the United States, while a relatively small share of the total U. S. securities market, does put upward pressure on bond prices and thus downward pressure on U. S. interest rates. Lower rates, in turn, mean lower mortgage payments for American families and lower borrowing costs for U. S. business. Lower borrowing costs have also stoked demand for durable goods such as cars and appliances, benefiting U. S. -based manufacturers.

---

① U. S. Department of Commerce, Survey of Current Business, July 2005, p. 25.

② U. S. Department of Commerce, Survey of Current Business, October 2005, p. 47.

③ U. S. Department of Commerce, "The Role of Small and Medium-sized Enterprises in Exports to China: A Statistical Profile," December 2005, p. 3—4.

④ Timothy D. Adams, Undersecretary of U. S. Treasury for International Affairs, Testimony before the Senate Finance Committee, Hearings on "U. S. -China Economic Relations Revisited," March 29, 2006.

And, of course, lower interest rates paid on U. S. Treasury bills means less spending by the federal government and savings for U. S. taxpayers.

A one-sided view of trade with China—a view that only considers the alleged harm while ignoring the real benefits—will likely result in misguided policies that would put those benefits in jeopardy.

### Backfire from Trade Sanctions

Imposing punitive, unilateral sanctions against imports from China because of its foreign currency regime would be a colossal policy blunder. Trade sanctions would, of course, hurt producers and workers in China, but they would also punish millions of American consumers through higher prices, disrupt supply chains throughout East Asia, invite retaliation, and jeopardize sales and profits for thousands of U. S. companies now doing business with the people of China. Sanctions of the kind being contemplated in Congress would also violate the same set of international trade rules that members of Congress accuse China of violating.

Tariffs on imports from China would amount to a direct tax on tens of millions of U. S. households that buy those $ 200 billion in consumer goods we imported from China last year. A tax on imports from China would mean higher prices for shoes, clothing, toys, sporting goods, bicycles, TVs, radios, stereos, and personal and laptop computers.

Imports from China are just the kind of consumer goods that millions of low-and middle-income families buy at discount stores throughout the year, but especially during the holiday season. Imports from China tend to spike upward in August through November compared to the rest of the year as importers rush to fill orders from U. S. retailers in anticipation of the holiday shopping rush. While imports from our other major trading partners also typically rise 10 to 15 percent on a seasonal basis, peaking in October, imports from China surge an average of 20 to 30 percent from August through October each year compared to average monthly imports throughout the year. [1] (See

---

[1] See U. S. Department of Commerce, "U. S. Trade in Goods (Imports, Exports and Balance) by Country," www. census. gov/foreign-trade/balance/index. html#W. Monthly imports from each trading partner were compared to average imports over a 12-month period that includes the five months before and the six months after the month being compared.

Figure 3.) The Grinch who tried to steal Christmas could not have devised a more fitting trade policy than a steep tariff on Chinese imports to dampen the spirits of holiday shoppers.

American consumers and retailers could not easily escape the impact of those tariffs by simply sourcing those goods from other low-wage producers abroad. As explained above, existing supply chains throughout East Asia depend upon China as the final assembly point in a complex, deeply integrated production process. A tariff aimed at China would require producers throughout the Pacific Rim to readjust their whole systems of production, potentially disrupting employment not only in China but in factories and offices throughout the region. With 60 percent of China's exports made in foreign-owned plants, producers would not be expected to quickly abandon their China-based production facilities. [1] American consumers would then be forced to pay a significant share of the tariff imposed on Chinese imports.

A unilateral tariff against Chinese imports would also invite retaliatory tariffs from the Chinese government against U. S. exports to China. This would jeopardize U. S. exports to our fourth largest and fastest growing major export market. The resulting trade war would drag down economic growth in the world's two most dynamic major economies. Disrupting commercial relations between the two most important engines of the global economy would have negative reverberations throughout the world.

Finally, if Congress were to impose tariffs on Chinese goods unilaterally because of China's currency regime, it would almost certainly be a violation our commitments under existing WTO rules. Advocates of a get-tough approach have argued otherwise. The U. S. -China Economic and Security Review Commission, a congressionally established body whose members have been critical of trade with China, urged Congress in a 2005 report to consider imposing "an immediate, across the board tariff on Chinese imports at the level determined necessary to gain prompt action by China to strengthen significantly the value of the RMB." The commission claims the unilateral sanction would be warranted under Article XXI of the WTO charter, which

---

[1]  David Barboza, "Some Assembly Needed: China as Asia's Factory," The New York Times, February 9, 2006, p. C1.

allows members to take necessary actions to protect their national security. The alleged link to national security is that an undervalued currency has "contributed to a loss of U. S. manufacturing, which is a national security concern to the United States." ①

The national security argument contains two central flaws. First, there is no evidence that trade with China has caused an absolute decline in U. S. manufacturing output and capacity. In fact, in the dozen years since China fixed its currency, U. S. manufacturing output has expanded significantly, as the evidence above shows. Second, the narrow sectors of the U. S. manufacturing base that arguably have been negatively impacted by trade with China—namely footwear and apparel—cannot be plausibly linked to any reasonable definition of U. S. national security. And even if they were, a far less damaging policy would be to directly subsidize their domestic production, not to impose WTO-illegal sanctions against a major foreign producer.

Another argument for taking action against China's currency regimes is that it constitutes an illegal "export subsidy" in violation of WTO's Agreement on Subsidies and Countervailing Measures. If the U. S. government decides that a case exists, and that the United States is being harmed, the proper course would be to file a petition through the existing WTO dispute settlement process, not to act unilaterally outside the process. Unilateral action against China outside the established process of international trade rules would undermine the very rules-based system that the United States has worked for decades to establish.

### Policy Response

America's commercial relationship with China is not a crisis that demands urgent action on the part of the U. S. government. People in both nations are benefiting from rapidly growing and generally normal trade and investment relations. For Americans, our expanding commercial ties with the people of China mean more variety and lower prices for everyday goods, translating into higher real wages for millions of American workers, huge opportunities for U. S. companies and their workers to sell their products, and downward

---

① U. S. -China Economic and Security Review Commission, "2005 Report to Congress," November 2005, p. 14.

pressure on the rates we pay for home mortgages, consumer and business loans, and financing of the federal debt. In light of those benefits, Congress and the Bush administration would be wise to follow the long-standing dictum in medicine, "First, do no harm."

Of course, room exists in both countries to improve our bilateral trade relationship. The Chinese government should continue to move steadily toward a more flexible currency, with the goal of allowing the value of the yuan to be set freely in global foreign-exchange markets alongside the currencies of most other major trading nations. China's government should also continue to liberalize its own domestic economy and to fulfill and exceed its international commitments in the WTO and elsewhere to further open its market to global competition. It should also reform any policies that artificially discourage consumption in China and add unnecessarily to the growing excess of savings over investment that largely drives the politically sensitive trade deficit with the United States.

Another important reform in China should be the end of what my Cato Institute colleague James Dorn has accurately called "financial suppression." Although China has made great progress since 1978 in opening its economy to trade, Dorn points out that "economic liberalization largely stopped at the gates of the financial sector. Investment funds are channeled through state-owned banks to state-owned enterprises (SOEs), there are few investment alternatives, stock markets are dominated by SOEs, interest rates are set primarily by government fiat, the capital account is closed, and the exchange rate is tightly managed."[1] As Dorn argues convincingly, the people of China cannot achieve a truly modern economy without the freedom to save and invest their money as they choose.

The U. S. government, for its part, should continue to offer technical support and encouragement to China's monetary authorities as they implement a more flexible currency regime. Charges of "currency manipulation" and threats of trade sanctions do nothing constrictive to help China make that transition. At home, the federal government should reduce its huge budget

[1] James A. Dorn, "Ending Financial Suppression in China," Cato Economic Development Bulletin No. 5, January 26, 2006, p. 1.

deficit, preferably through spending cuts, which would reduce the demand for foreign savings to finance it, putting downward pressure on the dollar and at least somewhat mitigating the overall current account deficit. Changes in the U. S. tax code should be made to reduce the bias against private-sector savings, further reducing the inflow of foreign savings to fill the gap between domestic savings and investment.

All those policy reforms would move the United States and China toward an even more beneficial commercial relationship based on freer markets at home and freer trade between our nations. Those policies should be implemented, not through the heavy-handed threat of trade sanctions, but through diplomacy, cooperation, and negotiation based on a firm understanding of the mutual gains from trade.

**Figure 1.**

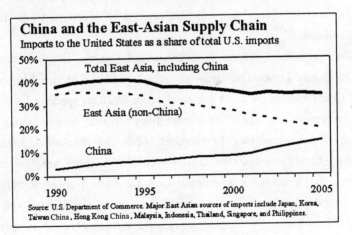

**China and the East-Asian Supply Chain**
Imports to the United States as a share of total U.S. imports

Source: U.S. Department of Commerce. Major East Asian sources of imports include Japan, Korea, Taiwan China, Hong Kong China, Malaysia, Indonesia, Thailand, Singapore, and Philippines.

**Figure 2.**

**U.S. Manufacturing Output, 1980-2005**
(Monthly index, 2002 = 100)

Yuan Pegged to U.S.$

Source: Federal Reserve Board

**Table 1.**

| What Americans Imported from China in 2005 (in billions of U. S. dollars) | |
| --- | --- |
| Furniture, Appliances, Household Goods | $ 51. 89 |
| Clothing and Shoes | $ 40. 81 |
| Computers and Accessories | $ 40. 19 |
| Industrial Machinery | $ 23. 38 |
| Toys and Sporting Goods | $ 20. 59 |
| TVs, Radios, VCRs | $ 19. 10 |
| Industrial Supplies | $ 16. 62 |
| Telecomm. and Business Equipment | $ 14. 05 |
| Jewelry, Artwork and miscell. | $ 6. 73 |
| Transportation Equipment | $ 6. 14 |
| Food and Energy | $ 3. 96 |
| | |
| Total | $ 243. 46 |
| | |
| Source: U. S. Department of Commerce. | |

**Figure 3.**

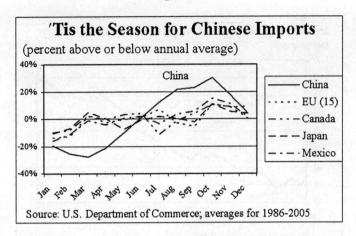

Source: U.S. Department of Commerce; averages for 1986-2005

# 中韩劳务合作的现实基础与模式选择

罗元文　王淑娟[*]

当今世界是开放的世界，随着科技进步和经济全球化的发展，区域经济合作成为世界经济发展的一个主导潮流。东北亚是世界版图上地缘优势比较明显的地区之一，经济总量占世界的五分之一，有着巨大的成长潜力，完全可以成为世界经济新的增长中心。推进和深化东北亚地区各国之间的交流与合作，是顺应世界经济发展大趋势的必然选择，必将有利于发挥各国比较优势，在更大范围内有效配置资源，促进本地区经济的发展。中国和韩国都是东北亚地区具有影响力的国家，有着友好交往的传统和历史，作为友好近邻，中韩两国深化劳务合作、互惠共赢的前景十分广阔。

对外劳务合作是国际经济合作的主要方式之一，为了贯彻落实中央经济工作会议的精神，中国有必要以科学的发展观统领对外劳务合作工作，转变对外劳务合作增长方式，加强中韩两国的劳务充分合作。

但是，在世界经济的自由化与开放化将进一步加速过程中，中韩两国劳务合作还存在一些问题。在人力资本不能跨国自由流通的今天，中国力求通过合理的互通有无来达到发展的帕雷托最优。

## 一、中韩劳务合作的整体环境

### （一）政治环境

中韩两国建交 14 年来，双边关系取得了迅猛发展，给两国人民带来了实实在在的利益，为地区的和平、稳定与发展作出了重要贡献。进入 21 世纪以来，中韩两国建立和发展全面合作伙伴关系，必将开创中韩睦邻友好和互利合作的新局面，促进东北亚地区的共同繁荣和发展。

＊ 作者简介：罗元文，辽宁大学人口研究所教授。
　　王淑娟，辽宁大学人口研究所研究生。

### （二）经济环境

韩国在 20 世纪 60 年代还是世界上最贫困的国家之一，失业和就业不足状况遍布全国。从那时起韩国开始向外输出劳务，一度成为亚洲较大的劳务输出国，高峰时期 1981 年在海外的劳工人数高达 20 多万。

政府采取劳务输出的政策，在一定程度上缓解了韩国当时长期的国际收支困难，增加国民收入，促进了经济恢复和发展。随着韩国国民经济的持续高速发展，工人的就业观念出现转变，并从一个劳务输出国逐渐转变为一个劳务输入国。近年韩国劳动力缺员 55 万人，大企业凭借其优厚的条件，从中小企业挖走大量的专业技术人员，使中小企业缺员现象尤为严重。

### （三）社会环境

据专家预测，按照目前人口政策，中国人口规模大约在 2045 年时实现极大值，峰值人口约为 15.34 亿；劳动年龄人口相应增加。劳动人口就业问题严峻。韩国的人口增长率以及生育率水平也已经下降到较低的水平，同样面临人口老龄化趋势，到 21 世纪 30 年代后半期，韩国的总人口将达到峰值，约为 5300 万人，然后将缓慢下降。韩国属经济发展中国家，特别是近几年经济不断增长，而人口下降，社会老龄化问题逐渐显现，造成了劳动力缺乏。有些工资少，耗体力大的工作许多本国人都不愿意做，据有关方面统计，仅韩国的中小企业就缺少劳动力 20 万之多，为了缓解劳动力紧张，韩国政府采取了多种形式，如研修制、雇佣制、就业制等方式来大量引进外籍劳动力，劳动力市场出现供给不足的局面，韩国需要合理引进外国劳动力，以弥补本国劳动力供不应求的劳动力市场现状。

### （四）其他环境

#### 1. 国外政策宽松

目前，持三个月探亲签证的人员出国后，在韩国很容易办理续签手续，可以长时间居住，这为中国籍鲜族人从事劳务工作创造了条件。2005 年初韩国法务部又推行新政策，面向居住在中国和前苏联等地的朝鲜族人新设立了一种有效期长达 5 年的长期签证规定，持该签证的人在 5 年内可以自由地赴韩国访问和就业。该政策的实施将为今后中国籍朝鲜族人出国务工提供更加宽松的外部环境。韩国每年都有大量的海外承包工程项目，高峰时期，是仅次于美国的第二大国际承包商。中国为这些承包工程提供了上万名的技术人员、工程师及其他劳务人员，积极开拓了与韩国的第三国劳务合作。

#### 2. 国内政策扶持

中国政府在经济社会转型过程中，将积极扩大向国外输出劳动力作为解决失业与就业问题和增加收入的主渠道。例如黑龙江省把境外就业作为增加就业的重要渠道和扩大对外开放的重要内容。几年来，省委、省政府召开多次会议研究劳动力的境外就业问题，把发展境外就业列入了《国民经济社会发展十一五规划》、《振兴老工业基地发展规划》、《加强农村劳动力转移就业服务体系建设十一五规划》。同时，各级政府还努力搭建境外就业服务平台，营造良好的境外劳动力转移社会环境，并在相关政策上给予扶持，推动了境外就业的发展。

## 二、中韩劳务合作必要性分析

在经济全球化进程中，没有任何一个国家能够单独应对经济全球化带来的负面作用。一个和平崛起的中国是世界的机遇，有利于进一步扩大中韩劳务合作，实现共同发展和繁荣。中韩劳务合作不仅有利于双方的发展，而且有利于共同应对经济全球化的挑战，推动地区经济合作，实现共同繁荣。中韩两国有共同的利益和目标，这就是双方都需要解决和平与发展问题。

中韩两国劳务友好合作关系的不断发展，不仅造福于两国人民，也有利于本地区和世界的和平与发展。为进一步发挥东亚地区整体增长潜力，实现共同繁荣，为全面谋求区域合作打下坚实的基础。2008 年北京奥运会和 2010 年上海世博会将进一步提高中国的国际地位，也将使全世界人民深切认识到东亚的重要性。中韩两国只要继续努力加强互利合作，中韩两国的劳务合作具有巨大的潜力和很强的互补性。

**1. 中国全面发展的需要**

对外劳务合作是国际经济合作的主要方式之一，为了贯彻落实中央经济工作会议的精神，有必要以科学的发展观统领对外劳务合作工作，转变对外劳务合作增长方式，加强中韩两国的劳务合作。

**2. 韩国全面发展的需要**

为了保证国内经济的持续高速发展，韩国政府为缓解劳动力紧张局面，以研修生的名义从亚洲国家招募劳动人员。韩国在我国对外劳务合作中合同数额继新加坡、美国、日本之后排第四位，营业额继新加坡、日本、中国香港特区、美国之后排第五位。

韩国的人口增长率以及生育率水平也已经下降到较低的水平，同样面临人口老龄化趋势。韩国从 20 世纪 60 年代初开始推行以"家庭计划"为主要内容的人口控制政策以来，其生育率一直持续下降。1960 年韩国的总和生育率曾高达 6.0% 的水平，1985 年已经降到 1.7%，1997 年人口自然增长率降低到 0.98%。2000 年韩国总人口为 4600 多万，到 2015 年将超过 5000 万人。到 21

世纪 30 年代后半期，韩国的总人口将达到峰值，约为 5300 万人，然后将缓慢下降。此外，在韩国就业的外国人员总体来看（见表 3）韩国需要合理引进外国劳动力。

**表 1　　　　　　　　　　在韩国就业的外国人情况 （人）**

| 年份 | 教授 | 语言教师 | 研究 | 技术指导 | 专门职业 | 艺术娱乐 | 其他特定职业 | 研修就业 | 非专门职业 | 合计 |
|---|---|---|---|---|---|---|---|---|---|---|
| 1996 | 793 | 7473 | 539 | 918 | 254 | 1017 | 2426 | — | — | 13420 |
| 1997 | 862 | 7607 | 657 | 997 | 267 | 1444 | 2821 | — | — | 14655 |
| 1998 | 790 | 4927 | 591 | 471 | 339 | 1133 | 2892 | — | — | 11143 |
| 1999 | 821 | 5009 | 522 | 347 | 360 | 2265 | 3268 | — | — | 12592 |
| 2000 | 687 | 6414 | 763 | 338 | 373 | 3916 | 3143 | 2068 | — | 17702 |
| 2001 | 713 | 8388 | 901 | 206 | 407 | 5092 | 2804 | 9684 | — | 18195 |
| 2002 | 800 | 10864 | 1152 | 195 | 396 | 5285 | 3184 | 18609 | — | 40485 |
| 2003 | 930 | 10822 | 1358 | 215 | 353 | 4062 | 3357 | 28761 | 159755 | 209613 |
| 2004 | 945 | 10862 | 1569 | 178 | 295 | 1092 | 3496 | 54440 | 158749 | 231626 |

資料来源：《出入国管理统计年报》1994 年版、1996 年版、1998 年版、2000 年版、2002 年版、2004 年版，韩国法务部。

# 三、中韩劳务合作存在的问题及合作前景

## （一）韩国合法研修生与非法劳务并存现象严重

韩国劳动力市场需要大量的外籍劳工，但韩国政府通过各种政策法规来限制外籍劳工入境，劳动力市场的大门还远远没有敞开。目前，在韩国非法打工的中国人与其他国家的非法滞留者一起构成了韩国的非法劳务市场，占韩国外籍劳工人数的 64.1%。韩国政府人士称，导入雇佣许可制度代替研修生制度将使外籍劳工的人权得到充分保障，从而能够有效地抑制外籍劳工的非法滞留。

## （二）中国向韩国劳务输出渠道狭窄、方式单一

中国向韩国劳务输出主要是通过官方渠道，即由政府部门及享有劳务外派权的国有公司垄断，以研修生的名义输出劳务。韩国引进研修生主要是面向国内的中小企业，由于缺员的中小企业数量很多，每个研修专业需要的人又很

少，因而形成了研修生市场点多面广的局面。而中国缺乏灵活、分散的民间组织的参与和补充，难以适应这种小规模、大范围的研修生市场，远比民间个人劳务输出渠道占总渠道 95.4％的菲律宾和占 99.1％的泰国缺乏竞争力。

**（三）中国对外劳务合作的信息十分缺乏**

我国劳务输出至今还未建立一个搜集、传递国际劳务信息的网络，没有统一的信息处理机构，劳务信息极为匮乏。目前，既不能随时了解国内剩余劳动力的供给情况，又不能及时掌握国外紧缺的劳动力需求，对东道国的政策导向、商情也不够了解，这种信息障碍势必影响我国劳务输出的发展。开展区域内的劳务合作，信息很重要。

**（四）合作前景**

东亚地区合作已经有了良好的开端，东亚地区合作未来的前景光明。政治协商主导，合作领域广泛。参与合作的各方不能充分信任对方，所以，东亚地区合作在相当长的时间内，要继续解决相互信任的问题。中韩劳务合作将在众多领域广泛合作的基础上，不断得到推进。

# 四、构建中韩劳务长期互补互利新型合作模式

**（一）借鉴中日劳务合作经验，大力拓展中韩合作空间**

据亚洲开发银行统计，最近 20 年，东亚经济年平均增长 8％，远远高于全部发展中国家年平均 4.3％、发达国家年平均 3％的经济增长率。东亚地区成为世界上最具经济活力的区域。日本作为中国重要的合作对象，却在合作中面临各种挑战。承包商会正就研修政策问题加强与日本研修生管理机构的沟通，力争保护在日研修生和派遣企业的利益。同时，帮助企业开拓业务渠道，增强抵御风险的能力。这些为中韩更好的劳务合作提供了经验。

**（二）全方位开拓劳务输出渠道，扩大劳务输出规模**

1. 调动多方积极性，发挥民间优势

充分调动官、民、私三方面的积极性和能动性，在以国家授权的劳务输出机构为主渠道的基础上，发挥民间渠道灵活多样、拾遗补缺的优势。

2. 加大向韩方派遣研修生力度

通过与韩方建立合资企业形式派遣研修生，以绕过两国限制劳工输入的政策壁垒。

3. 开拓与日本、韩国的第三国劳务合作渠道

目前日本、韩国的大企业和综合商社在第三国的合作及承包项目很多，与它们建立稳定的合作关系，便于我们参与其在海外承建项目的劳务合作。首

先，政府给予必要的政策支持。其次，推动区域内的合作，在现有的几种劳务合作形式的基础上形成合理的区域内国际劳务合作机制。充分利用好区域内劳动力的互补优势，将现有的双边合作，逐步向三边和多边合作过渡，实现劳务的合理流动与资源的最佳配置。再次，注重人力资源开发，加强劳务培训。创新人才开发与管理体制，增加人才总量，优化人才结构。加强人才队伍建设，着力培养和引进高级管理人才、专业化高技能人才，大力提高各类人才的学习、实践和创新能力。完善有利于优秀人才充分施展才华的体制机制和政策环境，努力形成广纳群贤、人尽其才、充满活力的新局面，提升区域核心竞争力。① 提高劳务人员素质，改善劳务输出结构。我国的劳务输出人数远远超出某些发达国家，但创汇额却很低，这主要是因为我国的智力型劳务输出太少，其外汇收入仅占劳务总合同额的 5%。因此，在巩固我国优势项目普通劳务输出的同时，应加大力度引导我国劳务输出向高层次发展。

**（三）丰富劳务信息，建立健全国内外劳务信息网络**

要运用现代化的手段，尽快建立统一、高效的国际、国内劳务信息网络，及时作好信息的搜集、筛选、整理、传递、发布以及反馈工作。政府应加强对信息的预测和监控，确保信息的真实性和实效性，以消除信息的不对称现象。建立国内劳务输出后备人员的人才库，必要时由国家统一调用。

**（四）模式选择**

中韩两国政府应积极推进建立雇佣许可制下的中韩合作机制，帮助企业实现两种体制过渡下业务的平稳开展。具体来说，中韩两国应当为构筑两国元首达成的"全面合作伙伴关系"而寻求合作战略。为此，应当切实发挥已经在政府方面设置的两国间协商交流渠道的作用，相互支持以早日取得具体的成果。

**小结**

在国际劳务市场上，发挥中韩两国的联合互补优势，提高国际竞争力。我们应该在中韩双边合作的基础上，逐步过渡到中、日、韩三边合作，发挥强强联合、强弱联合的互补优势，实现资源的最佳配置。远东及西伯利亚地域辽阔，有着丰富的能源和森林资源，而它在开发过程中面临着劳动力不足和资金技术缺乏的严重困难。如果将中、日、韩三国的优势联合起来，在国际劳务市场上将形成一股强大的力量，远东及西伯利亚的全面开发也将不再是遥不可及的设想。

---

① "十一五"计划纲要。

**参考文献**

[1] 环球时报 [N]. 2005，3（30）：3

[2] 李向平. 东北亚合作：新态势与新构想 [M]. 沈阳：辽宁人民出版社，2004，4.

[3] 全家霖. 新世纪东北亚区域合作探讨.

[4] 李彩霞. 东北亚经济合作的困难与出路 [J]. 现代国际关系. 2000，10.

# 技术引进模式与东亚经济的发展

崔日明　赵　勇*

**内容摘要**：通过技术引进实现技术进步和经济发展，是战后东亚经济增长创造奇迹的重要因素之一。在此过程中，东亚形成了三类特点各异的技术引进模式，并对不同国家和地区产生了不同的经济绩效。然而伴随着知识经济社会与信息时代的到来，东亚技术引进模式上的差异与积弊不仅影响到了各经济体自身的发展，也制约了整个东亚地区经济的可持续发展。因此，原有的东亚经济引进模式必须做出适时的调整。

**关键词**：技术引进模式　东亚　绩效　对策

20 世纪 60、70 年代，日本和 NIEs（亚洲"四小龙"，即中国香港地区、新加坡、中国台湾地区、韩国）的经济开始步上飞速发展的轨道。随后东盟的一些国家如马来西亚、印尼和菲律宾等开始急起直追，紧接着中国经济也开始崛起，这使得东亚地区一直成为战后全球经济增长的亮点，因而被誉为"东亚奇迹"。在此过程中，通过技术引进加速技术进步及扩散是拉动东亚经济快速增长的重要因素之一。然而具体到各个经济体，由于在社会环境、经济基础、制度环境等方面存在差异，技术引进模式也不尽相同，东亚大体上形成了三种特点相异的技术引进模式，并对各国经济发展产生了不同的经济绩效，需加以具体分析。而且随着第三次科技革命的深入以及全球产业结构向高层次的不断演进，东亚各国原有技术引进模式能否再继续支撑起东亚经济的快速发展，也成为值得进一步探讨的问题。

## 一、技术引进与经济发展

### 1. 技术进步与经济增长

对于技术进步在社会经济发展中的地位和作用的研究可谓源远流长。古典

---

*　作者简介：崔日明，辽宁大学经济学院教授，博士生导师。
　　　　　　赵　勇，辽宁大学经济学院硕士研究生。

经济学的奠基人亚当·斯密在其1776年发表的《国富论》中，就以国际分工为切入点，阐明了生产专业化便于科学技术在生产中的应用，能够大幅提高劳动生产率，从而肯定了技术在生产中的作用。其后继者大卫·李嘉图在其代表作《政治经济学及赋税原理》（1817）中更是强调了技术进步对维持经济动态的重要作用。

20世纪50年代索洛和斯旺创立了新古典增长理论。根据他们所设立的索洛模型，只有技术进步能解释生活水平的长期上升。[1] 到20世纪80年代中期，西方宏观经济理论又出现了一个新的分支——新经济增长理论，又称内生增长理论，以罗默和卢卡斯为代表。内生增长理论弥补了索洛模型中将技术进步作为外生变量的缺陷，将知识和人力资本引入经济增长模式，认为知识这种特殊的生产要素能使边际收益递增，实现经济的可持续发展。

从世界经济发展的历程来看，技术进步在推动各国经济增长，促进人类社会进步方面确实发挥了巨大的作用。尤其是20世纪以来，科技进步对全球经济增长的贡献率成倍增加。同时，科技进步还推动了世界经济结构的优化升级，拓宽了经济发展的领域。总之，技术进步已成为现代经济增长的主动力。

**2. 技术引进及其扩散对经济增长的作用分析**

正因为技术进步在经济发展中的重大作用，努力实现科技进步已成为当今发达国家保持其经济优势以及落后国家实现经济赶超的重要手段。一国技术进步的途径主要有两个：一是自主创新。二是技术引进。自主创新根据层次的不同，还可以分率先创新和模仿创新。自主创新要求一国具备一定程度的科技经济实力，拥有较强的R&D能力和良好的技术创新机制。而技术引进则被普遍认为具有"后发优势"，落后国家能在较短时间内，以较低的代价缩短与先进国家的技术差距。但自主创新与技术引进并不是完全割裂开来的，尤其是模仿创新同技术引进有着很强的关联性。

对于技术引进的具体含义，众多学者及机构所给的定义不尽相同。国内技术引进专家汪星明等人认为"技术引进是当事人通过国际之间的贸易行为建立传播专有技术，转让或许可工业产权的契约关系，通过引进、消化、创新和扩散四个过程来实现生产要素、生产条件的重新组合，获得最大效益的过程"。[2] 这一定义既涵盖了技术引进的方式、内容，又包括了技术引进的过程，将技术的引进同消化、吸收、创新、扩散结合起来，因此我们把该定义作为本篇文章研究的相关范畴。

---

① 格里高利·曼昆：《宏观经济学》，中国人民大学出版社2004年。
② 汪星明：《技术引进：理论·战略·机制》，中国人民大学出版社1999年。

技术引进对一国经济发展的作用不仅体现在某笔技术交易可以提高某一单个企业技术存量的静态效果上，更表现为该技术可以通过溢出效应扩散到整个行业甚至是该行业以外的动态效果上，而且还能通过相关机制促进技术引进国创新能力的提高和创新机制的形成，最终使引进国的劳动生产率得以倍加和自乘，实现国民经济的跃升。具体而言，技术引进的扩散效应可以通过示范和模仿作用、市场竞争效应、产业关联效应及人力资本流动等途径加以实现。所谓示范和模仿作用是指技术引进形成了企业间的"技术差距"，"技术差距"又导致了市场占有率和利润上的差距，这将对其他厂商形成示范效应，为增强自身竞争力，其他厂商必然会对新技术进行模仿，从而加速技术扩散，促进整个行业技术水平的提高；产业关联效应是指各产业彼此联系，形成完整的产业链，某一行业引进的先进技术会通过产业间的后向和前向联系对上游产业和下游产业的技术水平产生溢出效应；另外，技术和专业人员在存在技术差距的企业间流动也会形成各种技术的外溢。

# 二、东亚各国不同技术引进模式及其经济绩效分析

20世纪70年代以来，东亚经济呈现持续、稳定和高速的发展态势，在众多决定因素中，技术引进所取得的巨大成效是一个不可忽视的因素。技术在东亚地区的扩散遵从了所谓的"雁行模式"（Flying Geese Paradigm）：日本从美国引进大量的技术和设备，实现自身技术进步和产业结构升级后，再根据产业阶梯原则，以边际产业转移为载体将技术扩散到NIEs。NIEs实现技术进步后再以相同的途径扩散到中国及东盟其他国家。如此往复，东亚地区技术转移的循环机制得以形成。在此模式下，东亚经济开始崛起，逐渐成为与欧洲、北美并驾齐驱的经济势力。然而由于不同的经济基础、社会环境及制度环境，东亚各国和地区形成了三类特点相异的技术引进模式，对其经济发展产生了不同的经济绩效。

## （一）东亚三种技术引进模式及其特点分析

### 1．日本的技术引进模式

日本技术引进模式的主要内容是以引进国外先进技术为契机，在产业化应用中加以模仿和吸收，在此基础上进行技术改良、集成和综合创新，最终走向自主创新。

日本在技术引进过程中的特点主要表现为：

（1）企业为技术引进的主体，政府则对技术引进进行积极有效的干预与管理。

　　日本企业担当了技术引进的主力军。日本技术引进的目的就是为了增强企业的国际竞争力。在市场竞争机制的作用下，众多日本企业将技术引进作为提升竞争力的重要途径。如战后从美国杜邦公司，英国的 ICI 公司购买的生产尼龙和聚酯纤维的生产技术大大提升了日本纺织企业的竞争力，一些公司甚至因此而起死回生。虽然日本企业在技术引进过程中扮演了主角，但政府在这一过程中的有效管理与干预也不容忽视。日本政府在企业技术引进过程中的主要作用体现在：对技术引进进行审批管理，将技术引向最需要的企业，并确保引进的技术确实有利于本国技术进步，符合本国的产业政策；通过优惠的金融、税收等政策，辅以政府技术指导等方式激励和帮助企业利用现有的技术条件，对引进的技术进行消化、吸收，从而加速技术创新；制定一系列相应的法律、法规及政策，构筑起完整的国家创新系统。

　　（2）始终将技术引进后的研究开发工作放在首位。

　　虽然日本企业引进了大量的先进技术，但其从未放弃独立自主的研究开发。从 20 世纪 50 年代到 70 年代，日本技术引进费用增加了 14 倍，而用于消化、吸收、创新上的科研费却增加了 73 倍。[①] 在引进、消化、吸收基础上的开发与创新最终使日本企业创造出了大量自主的先进技术，使日本工业技术迅速赶超欧美，达到了世界领先水平。

　　（3）在技术引进方式的选择上，日本经历了一个从硬件技术引进到软件技术引进的转变过程。

　　战后初期，在日本恢复生产的初始阶段，技术引进方式以成套设备合同形式为主，设备投资额不断增加，1950 年设备投资为 3899 亿日元，1953 年增加到 8007 亿日元，占国内生产总值的 11.3%。日本利用引进的技术装备和工艺，一方面完成了对电力、钢铁、煤炭等原有基础行业的技术改造，另一方面则为其再次走向重化工业化奠定了基础。但从 20 世纪 50 年代下半期起，日本技术引进方式就转向以许可证贸易为主，主要引进软件技术（专利和设计图纸等）及关键设备。到 20 世纪 60 年代初，技术引进中许可证贸易方式的比重已达到 80%。从 1965—1973 年的 9 年间，日本用于购买技术专利的金额达到 11575 亿日元，居世界第一位。[②] 除了上述技术引进方式，日本还较多采用国外专家咨询，同欧美企业建立技术合作关系等方式引进技术。但对于利用外资引进技术这种常见的方式，日本政府却进行了限制，对外资企业实行较为严格的政府规制，以保证技术引进和使用的主动权与灵活性，避免和减轻国外资本

---

① 　郭晓君：《日本企业技术引进与创新的启示》，《中国工业经济》，1997 年第 9 期。

② 　徐彦惠：《浅谈日本技术引进及对我们的启示》，《日本问题研究》，1997 年第 2 期。

对本国重要产业和企业的控制。

### 2. NIEs 的技术引进模式

NIEs 技术引进模式的主要内容是以日、美产业结构调整为契合点，承接其外移产业技术促进本国相关产业的发展，并在技术引进的基础上，注重消化和吸收，以能够进行技术的改进、扩散与模仿创新。

NIEs 在技术引进过程中的特点主要表现为：

（1）技术来源地主要集中于日本，技术引进的产业分布较为相似。在日本、美国、欧洲等 NIEs 技术主要来源地中，日本对 NIEs 的技术输出居绝对主导地位。如 1980 年到 1993 年期间，韩国技术引进的 45％以上来自日本，中国台湾地区更是高达 50％。从产业分布结构来看，NIEs 技术引进主要集中于制造业，而且技术引进经历了一个从劳动密集型产业向资本技术密集型产业推进的过程。这与日本产业结构升级有着密切联系。

（2）从技术引进的方式来看，利用外资、OEM（定牌生产）、兴办合资企业、许可协议、同国外企业建立战略联盟等均成为 NIEs 技术引进的重要途径。尤其在利用外资获得先进技术的方式上，NIEs 采用了不同于日本的策略。新加坡较早制定了有利于吸引外资的法律和政策，外资的大量进入带来了先进的技术与管理经验，跨国公司甚至成为新加坡的主导企业结构。韩国虽然在发展早期限制国外直接投资，提倡进口资本货物和购买许可证的方式进行技术转让，但 20 世纪 70 年代以后，韩国逐渐放松了对外资的限制，对外资流向进行引导，使外资服务于韩国提高技术和产业结构升级的目标。中国台湾和香港地区还设立了专门科学工业园区以吸引外资和技术。

（3）注重对所引进技术的消化、吸收以及后续的自主研究开发，并且政府起到了积极的引导作用。如韩国政府曾通过财政刺激政策来激励本国企业积极消化、吸收引进的技术，鼓励其建立自己的研究与开发部门，不断开发自主技术。

（4）普遍重视技术引进与科学教育的配套。因为对引进技术的消化与吸收离不开本国或地区科学教育水平和劳动者的素质。NIEs 的教育经费占政府财政预算支出的比重长期都保持在 15％以上。[①] 正是由于重视对各类人才的培养，才为 NIEs 迅速吸收国外先进技术以及提高其自身开发能力奠定了雄厚的人才基础。

---

① 郑刚：《亚洲"四小龙"科技发展模式的得失及对中国的启示》，《科学管理研究》，1998 年第 6 期。

### 3. 中国、东盟等其他国家的技术引进模式

大部分东盟国家和中国的技术引进模式主要是靠吸引直接投资引进技术，在引资过程中注重关键机器设备和先进成套设备等技术硬件的进口，然后将之与其他生产要素结合起来扩充生产能力和填补一些技术空白，在一定程度上忽视了对引进技术的消化、吸收和再创新。

中国、东盟技术引进模式的主要特点是：

（1）将吸引外资与引进技术相结合是中国、东盟等其他东亚国家最为主要的技术引进模式。20 世纪 80 年代以来，中国、东盟等国从日本、NIEs 以及美欧等地引入了大量资本以期弥补其资金缺口和技术缺口，加快本国工业化进程。以泰国为例，从 1986－1990 年 5 年间的外国直接投资翻了近 18 倍，从 1986 年的 1.19 亿美元增加到 1990 年的 18 亿美元。而且外资的流入通常与该地区丰裕要素如劳动力、土地资源、原材料等相结合，在短时间内形成较大的生产能力。中国、东盟技术引进以硬件技术居多，以我国为例，20 世纪 90 年代以来，我国技术贸易中成套设备和关键设备的引进技术占引进金额的 70%－80%。

（2）受原有经济技术基础薄弱等因素的制约，对与技术引进相配套的科学教育和科研投入相对不足。因此，位于"雁尾"的东盟、中国对所引进技术消化、吸收的能力普遍较弱，再次创新的能力更弱。1992 年，马来西亚研究与开发（R&D）经费仅占其 GDP 的 0.37%，其他东盟国家更低。中国当时也不过 0.74%。而目前居世界前列的创新型国家的 R&D 占 GDP 的比重都在 2% 以上。

综上所述，东亚各国和地区在技术引进模式上存在着明显的差异，不同的技术引进模式又对技术引进国产生了不同的经济绩效，需加以具体分析。

### （二）技术引进模式的经济绩效分析

#### 1. 日本技术引进与日本经济

日本式的技术引进模式对日本经济发展的促进作用主要体现在：

（1）在短时间内实现了技术的突飞猛进，为日本经济的持续、高速发展提供了强劲动力。

"二战"期间，日本工业受到严重破坏，技术进步几乎停滞。到战后，日本的技术水平总体上落后欧美二三十年。为打破这种局面，日本开始大量引进技术，并根据实际情况对之进行了消化、吸收、再创新。据统计，从 1950 年到 1975 年的 20 年中，日本共引进了 26000 项左右的先进技术。[①] 到 20 世纪

---

① 　傅利平，石玉顶：《中日技术引进的比较与对策分析》，《科学管理研究》，2003 年第 1 期。

70 年代初，日本在钢铁、汽车、造船、家电等传统制造业部门成功实现了技术赶超并达到世界领先水平。在 20 世纪 80 年代后，日本的新兴工业如数控机床、半导体等也都达到了世界领先水平。通过技术引进，不仅使日本节省了大量人力、物力和财力，短时间内实现了技术的突飞猛进，更为重要的是为日本持续几十年的经济增长提供了动力。

（2）推动了其产业结构不断升级。

战后，日本产业结构经历了一个从劳动密集型到资本密集型再到技术创新密集型的演进过程，而大量高效的技术引进是日本实现产业结构变迁与升级的重要推动力。在经济发展初期，日本主要引进欧美纺织机械等生产资料装备其纺织工业，然后通过对进口纺织机械的替代型生产，辅以引进的制造技术带动日本机械工业发展。机械工业的发展又带动电力、煤炭、钢铁等基础工业部门的发展。在 20 世纪 70 年代实现重化工业化后，日本的技术引进又转向家用电器、汽车等组装型加工制造业的生产技术上。20 世纪 80 年代中期以后，技术引进的重点又再次转向电子计算机、半导体、信息技术产品、生物工程等高科技领域。日本这种特有的技术引进模式不断推动其产业结构朝着高级化的方向演进，而且使其在东亚经济起飞过程中始终保持在"领头雁"的位置。

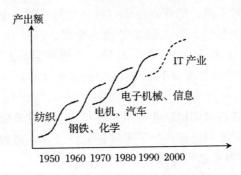

图 1    日本产业结构升级图（万人）

资料来源：李魁、李淑春：《战后日本产业政策的演变及对我国产业政策的启示》，载《科技创业月刊》，2006 年第 3 期。

然而随着当前世界经济、科技的进一步发展，日本技术引进模式也开始逐渐暴露出一些问题。

（1）在知识经济时代，较难把握科技发展趋势，以致在技术开发方面总是处于被动地位，经济发展缺乏后劲。

从以上的分析可以看到，日本技术引进模式比较注重引进技术的消化、吸收与再次创新。但其技术创新往往集中于应用性创新，强调产业、技术与市场的相互结合，而在较长时期内忽视了对重大技术的基础性研究。而基础性研究所产生的科学知识恰恰是技术创新的重要基础与源泉。世界科技发展的历史表明，每一次重大技术革命或与时代相适应的高科技产业的形成基本都有基础性研究作为先导。20世纪90年代以来，美国在航天技术、信息技术、材料技术、生物技术等方面所取得的巨大进步，就与其长期对基础研究的大量投入不无关系。虽然日本技术引进模式通过借用国外基础研究成果进行应用性创新，为本国节省了大量的基础R&D开支，取得了巨大的商业利益，但随着知识经济时代的来临，日本在高新技术创新领域却因此遇到了重大障碍，技术进步明显减缓，许多技术领域已无法同欧美竞争。

（2）导致日本产业结构升级无法跟上美欧产业结构演进的步伐。

日本技术引进模式曾是日本制造业不断升级、更新换代的重要推动力。然而20世纪90年代以来，欧美发达国家的产业结构开始向着以集成电路、软件、电子计算机为标志的信息技术产业演进，由于受到高科技产业创新"瓶颈"的制约，以及美国不再像冷战时期那样毫无保留地及时向日本提供最新技术，反而对其实行技术限制做法的影响，日本迟迟无法顺利实现产业结构的进一步升级。再加之其传统制造业对NIEs、东盟及我国的转移，国内甚至受到了产业空洞化的困扰。

**2. NIEs技术引进模式与其经济发展**

NIEs技术引进模式的成效主要体现在：

（1）迅速改变了NIEs技术落后的状况，使其成功建立起"外向型"的经济结构。

NIEs在经济起步初期，均面临着资金、技术严重缺乏的难题。落后的经济水平无力支撑起科技事业的自主独立发展。因此，NIEs无一例外地采用了技术引进战略，通过大量引进国外先进技术并进行消化、吸收和改进，不仅使本国和地区的科技水平在较短时间内有了较大提高，而且使其经济发展战略成功地从"进口替代"转向了"出口导向"。每一阶段NIEs出口主导产业的建立，从纺织玩具到家用电器、钢铁再到半导体、计算机等都离不开从日本、美国的技术引进。外向型经济使得NIEs摆脱了本国（地区）市场狭小、资源有限等不利因素的制约，从而实现了经济的迅速起飞。

（2）利用技术引进实现了产业结构的升级。

日本是NIEs技术引进的主要来源国。随着日本国内历次产业结构升级，其不断将边际产业与技术外移，NIEs则利用这一机会承接对其来说还相对先进的产业技术，来实现自身产业的更新换代，虽然总是比日本晚半拍，但总体上仍实现了产业结构的不断高级化。如1980—1990年间，"四小龙"（中国台湾地区除外）出口的加工制品中，低技术密集型产品所占的比重全部呈下降趋势，韩国从 1980 年的 64.9％降至 50.4％，中国香港地区从 60.3％降至 51.1％，新加坡则从 44.1％降至 32.8％；与此同时，这三个经济体的高技术密集型产品的出口则分别从 11.0％、18.6％、19.0％提高到 22.4％、29.6％、40.1％。①

虽然"四小龙"的科技发展模式对其经济高速发展起了巨大的推动作用，但同时也存在一些不容忽视的问题，主要表现在对国外技术形成了较强的依赖性。一方面，NIEs 虽然注重对引进技术的消化、模仿与开发，但自主创新能力仍比较低下，追赶型的技术进步体系使其陷入"引进－模仿－再引进－再模仿"的藩篱。另一方面，随着知识经济时代到来，信息产业对自主创新能力的要求提高。随着产品生命周期的一再缩短，通过"雁行"这种长线模式获得模仿收益的难度也越来越大。日本技术进步的"瓶颈"同样摆在 NIEs 面前，而且其负面影响对处于"雁身"的"四小龙"会更大。1997 年席卷东亚的金融危机使得"四小龙"遭受了不同程度的冲击，其中原因虽然众多，但由于 NIEs 技术创新不足致使产业结构升级滞后也是一项不容忽视的重要因素。

### 3. 中国、东盟技术引进模式与其经济发展

中国、东盟等其他东亚国家的技术引进模式在其经济发展过程中，同样起到了比较重要的作用。

（1）加快了其工业化进程，实现了经济起飞。

由于"二战"前，东南亚的许多国家及中国都曾是西方国家的殖民地、半殖民地，长期以来沦为西方的原材料输出地，形成了单一的畸形经济结构。如印尼以橡胶、蔗糖为主。马来西亚主要发展橡胶、锡。泰国为大米等。战后，赢得民族独立后，各国开始走向工业化道路，但由于工业基础薄弱，实施技术引进就成为必然。在经济发展过程中，各国普遍实行了较为积极的引资政策，大量外资的涌入一方面弥补了其工业资金短缺的缺口，另一方面带来了较为先进的工业技术，从而加速了其工业化的进程。如 1960 年，马来西亚制造业在国内生产总值中的比重只有 9％，1970 年上升到 13.4％，1980 年再上升到 20.5％，1981 年首次超过农业位居第一（制造业 22.5％，农业 21％），以后一直稳居首位（如 1990 年占 27％，1995 年占 33.1％，1997 年占 34.4％）。②

（2）引导外资、技术流向的经济政策使中国、东盟的产业结构有了一定程度的提升。

如前所述，通过吸引外资来引进技术是中国、东盟等其他东亚国家最为主

---

① 杨鸿：《雁行模式与东亚经济合作》，复旦大学博士论文 2004 年。
② 赵和曼：《马来西亚经济的发展》，《东南亚纵横》，1999 年第 5、6 期。

要的技术引进模式。因此,外资在促进该地区经济发展与技术进步中发挥了较为重要的作用。同时中国、东盟对外资实施的引导政策也在一定程度上提升了该地区的产业结构。从传统初级产品加工到传统的劳动密集型产业再到资本技术密集型产业,甚至一些国家的高科技产业也得到了相当程度的发展。如在大力发展电子产业,引进电子产业技术政策的支持下,电子工业在东亚地区得到迅猛发展,电子产品已成为中国、马来西亚和泰国的主要出口产品,并担当起三国产业结构调整与升级的主导力量。2000 年在所有出口产品中,电子产品在上述三国所占的份额分别为 25.2%、58.8% 和 34.4%,高于电子产品在世界所占的 20.1% 的份额。[①]

然而在三种技术引进模式中,中国与东盟由于普遍忽视技术的消化吸收,因此存在的问题也较多。

①重引进、轻消化吸收,几乎无创新的技术引进模式,使中国、东盟的技术引进陷入"落后—引进—再落后—再引进"的恶性循环之中。

中国、东盟等国在技术引进工作上花费了大量力气,却普遍忽视了技术引进后的消化与吸收。而且在技术引进形式的选择上,往往偏向于硬件技术的引进。例如 20 世纪 80 年代东盟引进的资金居世界首位,但其中的 90% 是用于硬件引进,大量成套设备和生产线等硬件技术只暂时提高了企业的生产能力,经过一段时间,该设备落后以后,只能从国外再次引进新设备、新技术。另外,对科学研究投入不足也是各国掉入重复引进陷阱中的重要因素。如 1993年,6 个东盟创始国的科研经费占其总产值的平均比例仅为 0.85%,远远低于日本的 3% 和美国的 5.1%,甚至低于韩国的 2.3%;其科技人员在总劳动人口中的比例仅占 0.75%,而日本和美国则分别高达 7% 和 11%。[②] 中国的科研经费投入比例虽高于东盟,2000 年首次超过 GDP 的 1%,但与西方发达国家相比,仍有差距,投入仍显不足。

②利用国外直接投资引进技术的方式对促进中国、东盟技术进步的效果有限,反而使其沦为发达国家的装配加工基地。

中国与东盟通过吸引直接投资引进的技术多为劳动密集型,技术层次偏低,即使外资投向电子及通讯设备、电气机械等资本、技术密集型产业,其指向的也是这些行业的劳动密集型加工环节。另外,外资企业对东道国的技术转

---

① 陈雯:《中、马、泰三国电子产品在美国市场的出口竞争力》,《国际贸易问题》,2005 年第 1期。

② 王士录:《云南省与东盟开展科技合作的三个基本认识问题》,《云南社会科学》,2005 年第 3期。

让往往持保守态度，尤其是对与高新技术产品相联系的核心技术实行严格控制，使中国与东盟等国仅仅成为发达国家的装配加工基地，没有获得技术引进的溢出、扩散效应。如泰国家用电子产品的生产部门均为外国厂商所控制，外资的引进并未给其带来相关的技术，带来的只有除劳动以外很少的附加值。泰国的集成电路产业几乎100％为外国所有。① 随着经济的发展，当这些国家劳动力比较优势丧失之后，如果仍然无力进行自主开发创新，其自身产业结构的升级便会遇到问题。

## 三、技术引进模式上的差异对东亚地区经济可持续发展所形成的障碍

东亚各国和地区引进模式上的差异与问题不仅对其各自经济发展形成障碍，而且也成为整个东亚地区实现经济可持续发展的制约因素。因为"雁行模式"本身已将东亚各国经济发展紧密联系在一起，而东亚地区技术扩散链条又是"雁行模式"的重要载体之一，其中任何一环出现问题，整个东亚地区经济发展的态势都将受到影响。并且在经济全球化与区域一体化不断深化的今天，东亚各国的经济联系将无可避免地更加紧密。在目前东亚地区区域竞争力大大落后于北美、欧盟的形势下，更应探讨技术引进模式差异对东亚经济可持续发展造成的影响。

**1. 制约了东亚经济增长方式从数量扩张型向质量推动型的转变**

过去几十年，东亚经济创造了令全世界瞩目的经济增长速度。我们不能否认其中技术进步因素的作用，但总体来看，东亚经济增长仍以数量扩张为主要基础。美国斯坦福大学克鲁格曼教授甚至于1994年撰写了《虚幻的亚洲经济》一文，指出东亚经济的高速增长主要是靠不断扩大"有形资本"（如固定资产、劳动力、自然资源）的投入，而不是靠"无形资本"（如技术）的提高赢得，建立在这种增长方式基础上的"东亚奇迹"只不过是"纸老虎"。这种外延式的经济增长不可能持久，迟早会走到尽头。

客观而言，克鲁格曼教授的论点有失偏颇，也过于武断，但其指明的东亚经济奇迹主要基于数量扩张的事实，却不能不引起我们的注意。虽然克鲁格曼教授提出东亚经济增长方式问题已逾十年，然而时至今日，受技术因素的制约东亚经济增长方式仍无明显改观。以我国为例，目前我国单位GDP产出的资本、原材料、能源、土地、劳动力等占用率仍很高。据测算，中国的平均社会

---

① 顾建光：《关于泰国引进外资与经济增长的经验与教训》，《亚太经济》，1997年第4期。

成本比世界平均水平高出 25%。

随着知识经济与信息社会的到来，传统要素的潜力越来越小。在传统要素边际收益递减规律的作用下，以依靠增加资本和劳动的粗放型经济增长路径已经走到了尽头，必须转向质量推动型经济增长路径。而在质量推动型经济增长方式下，技术及人力资本将成为决定因素。东亚技术引进模式上的差异尤其是中国、东盟重引进、轻吸收，几乎无创新的技术引进方式，将成为制约东亚经济增长方式转变的重要因素。因此，在知识经济时代，"东亚奇迹"能否延续，取决于东亚各国能否找到更为有效的自主技术进步模式。

**2. 制约了整个东亚地区的技术进步，不利于东亚区域竞争力的提高**

依照"雁行模式"，东亚各国间形成了一条完整的技术转移扩散链。技术引进是维持该链条正常运转的重要一环。该链条运转速度越快，东亚各国技术进步的速度也越快。但该链条上任何一环出现问题，也都将导致该系统的运转失灵。而从前面的分析来看，进入知识经济信息时代后，东亚技术转移链上的各个环节都已出现了不同的问题，日本、NIEs、中国、东盟都在不同层次上遇到了技术进步的"瓶颈"。东亚各国和地区技术引进模式上的积弊已然暴露出来。日本和 NIEs 的问题主要在于在长期的技术引进过程中，过于注重应用型技术创新，忽视基础领域的研究，以致在信息时代，率先创新能力不足，无法及时把握经济发展的新机会。中国与东盟的问题则更多，长期不注重对引进技术的消化与吸收，连二次创新的能力都不足，其更是无法把握新经济的发展趋势。这些问题使得整个东亚地区的技术进步都受到制约，长期被动陷入对欧美技术的追赶之中，大大限制了东亚区域竞争力的提高，不利于东亚经济的可持续发展。然而在区域经济一体化蓬勃发展的今天，如何提高区域竞争力又是各国无法回避的问题。

盛晓白（2000）就提出，当今国际竞争包含三个层次，一是企业间的竞争，二是国家间的竞争，三是经济圈之间的竞争。其中经济圈之间的竞争将日趋突出，并在世界经济舞台上扮演越来越重要的角色。在北美、欧盟和东亚当今世界三大经济圈中，东亚的竞争力最弱。整体经济实力，核心国竞争力，成员国平均竞争力是构成经济圈竞争力的三要素。在成员国平均竞争力要素一项上，20 世纪 90 年代初期和中期东亚占上风，但是，研究与开发的落后水平，标志着 20 世纪 90 年代末期东亚平均竞争力水平的必然下降。因此，东亚技术引进模式存在的问题已严重制约了东亚竞争力的提升，使东亚难以应对愈演愈烈的经济圈之间的竞争。

**3. 制约了东亚地区产业结构的升级**

多年以来，东亚国家和地区一直依靠技术引进实现其产业升级。在工业化时代，不间断的技术转移链能使东亚各国和地区按各自经济发展水平有序地实现产业结构的层次递进。步入知识经济时代后，一系列新情况、新变化使得原先有利条件已不复存在。首先，以集成电路、软件、计算机、光纤光缆为标志的信息技术产业要求比传统产业有更高强度的技术自主创新。东亚技术引进模式上的积弊使该地区的科研水平大大落后于欧美，产业结构升级换代的自主动力不足；其次，高科技信息产品与技术的生命周期越来越短，一国进行技术模仿的难度加大。再加之技术遏制战略在全球的盛行，使得东亚产业结构升级的外在动力不足。日本产业结构调整滞后与之不无关系，欧美对日本技术转移限制增多，致使日本无法在高新技术产业与之展开竞争。由于日本无法迅速实现国内产业结构升级换代，所以仍要牢牢占据传统产业的霸主地位而不肯挪位，继续重复着传统产品的标准化大规模生产，甚至与亚洲国家展开了激烈的市场争夺。在欧美昂首步入信息时代的同时，东亚却陷入了传统制造业外移是否造成了日本产业空洞化的论争之中。因此，东亚技术引进模式上存在的问题已严重制约了整个东亚地区产业结构的升级，长期下去，东亚经济的可持续发展将无法实现。

### 4. 不利于东亚区域经济合作

当今世界经济在加速全球化的进程中，也在不断走向区域化。欧盟不断加快的一体化进程，北美自由贸易区的成功运作给区域经济合作进展缓慢的东亚地区带来了紧迫压力，使东亚各国深切感受到加强区域合作对重塑东亚国际竞争力的必要性和紧迫性。因此，1997 年以亚洲金融危机为契合点，东盟十国开始了与中、日、韩的合作（10＋3）。经过 10 年的发展，10＋3 开始由虚到实，由对话会议成长为内容丰富的合作机制。但是区域经济合作能否顺利开展，要受到诸如政治、经济、文化、军事、地理、历史等众多因素的影响。从现实来看，制约东亚区域合作的因素不少，然而仅就经济因素来看，东亚各国和地区技术引进模式上的差异已对东亚经济合作形成了障碍：首先，东亚各国和地区经济发展水平很不平衡，呈现出多个不同的发展层次。技术引进模式上的差异有可能进一步加剧这一不平衡性。因为日本、NIEs 的技术引进模式为其经济持续发展提供了一定程度上的保证，而中国、东盟的技术引进模式仅在短期内扩张了其生产能力，缺乏消化、吸收、再创新的技术引进使其经济缺乏持续发展的动力。倘若东亚各国经济发展水平进一步拉大，东亚地区内部整合难度将进一步加大。其次，东亚各国和地区经济发展长期依赖于日本产业技术的引进，由此形成了极为相似的产业结构，导致经济的竞争性大于互补性。以中国与东盟为例，两者在服装、纺织品、机电产品、农产品等大部分的出口产品上均存在竞争关系。由于技术水平落后，自主创新能力低下，中国与东盟在高新技术产品及大型设备的进口上也都无一不依赖于美国、欧盟和日本。这些因素都将制约东亚区域经济合作的进一步深化。

# 四、对策与建议

技术引进模式上的积弊不仅对东亚各国和地区各自的经济发展造成不同程度的影响，同时也对整个东亚地区经济的可持续发展形成了障碍。随着知识经济时代的到来，经济发展将越来越依靠自主创新与率先创新，但这并不意味着是要抛弃技术引进。只要各国仍在技术这一要素禀赋上存在差异，技术引进就将是一国实现技术进步的重要途径。我们所要考虑的是如何在新的经济形势下，建立起一套更为有效的技术引进系统，使技术引进与技术创新良性互动，以消除原有技术引进模式的负面影响，为东亚地区在新世纪的经济发展提供不竭动力。

**1. 明确技术引进的原则，制定适宜的技术发展战略**

虽然东亚各国和地区在经济和科技发展水平上存在差异，但在技术引进过程中应遵循一些普遍原则，其中最为重要的一条就是技术引进要有利于自主创新能力的增强。东亚的技术进步过程表现出较强的对外依赖性，即使是日本、NIEs 较强的应用型创新能力也是基于对欧美技术模仿上，自主创新与率先创新能力低下，无法适应知识经济时代的要求。中国、东盟的技术引进更是仅仅停留在扩张短期生产能力的层面上。自主创新不足已使东亚在当今激烈的国际竞争中处于越来越不利的地位。因此，今后东亚国家和地区的技术引进工作要注重指向自主创新能力的增强，要将引进视为走向自主创新的手段和过程，而不是终极目标。因为只有创新才是一个国家经济可持续发展的源动力。东亚技术追赶型的发展战略必须做出适时的调整，开始重视自主创新能力的培养，从而超越"引进－模仿－引进－模仿"的技术平台。

**2. 建立健全科学合理的人才培养和流动机制，重视人力资本的作用**

随着知识经济时代的来临，知识要素对经济活动的参与度越来越高。知识的传播和使用离不开人的因素。人力资本越来越成为现代经济增长的动力和源泉。东亚国家在技术引进与技术进步过程中必须重视人才的作用。在这方面，日本与 NIEs 做得较好，其在战后"技术赶超"过程中，较为注重智力投资和技术人才的培养。据学者估计，战后日本在国民收入增长的部分中，教育投资所占比重达到 40％－50％。韩国 1960－1976 年教育经费占国民生产总值的比重平均为 8.3%，有些年份教育经费的增长，甚至超过同期国民生产总值的增长。① 而中国与东盟在这方面做得相对较差。如过去马来西亚政府在经济建设上急功近利，不肯在教育和培训这种长期才能见效的项目上多花投资，致使人才的教育和培训严重不足。到 1994 年，马来西亚国内仅有 8 所国立大学，每年仅招生 2 万人。② 人才资源的匮乏严重制约了马来西亚经济的发展。

因此，东亚国家和地区尤其是中国、东盟必须在教育方面加大投入，改变教育落后，人才缺乏对经济发展与科技进步的制约。另一方面，要摒弃过去那种只重视引进机器设备等物质要素的技术引进模式，转向重视专利技术、专有技术等软件技术及必要的关键设备上。同时，要通过科学合理的人才流动机制鼓励和疏导人才的国际流动，积极引进智力作为补充。

**3. 加大科研投入，优化科研结构，提高科研效率**

从世界各国横向对比来看，总体上东亚科研投入不足，尤其是中国与东盟，其 R&D 占 GDP 的比重与世界先进国家相比还有较大差距。如 2002 年马来西亚 R&D 占 GDP 的 0.6%，中国为 1.23%。而同期美国、英国、日本、韩国则高达 2.67%，1.88%，3.12% 和 2.91%。因此，中国、东盟在科研上的投入力度仍需加大。而日本与 NIEs 则应注重科研结构的优化，过去那种只重视应用型技术研发，而忽视基础性研究的做法应加以纠正。否则，在知识经济时代，没有基础性科学知识的积累与研究，很难把握到科技发展的最新趋势，从而进行率先创新。另外，东亚国家还需关注科研效率的提高，力求在本身投入有限的情况下，取得科研上的最大收获。

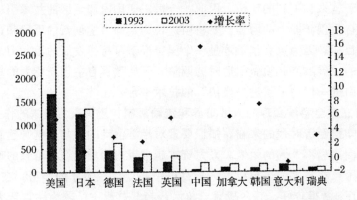

图 2　部分国家 R&D 经费支出总额及年均增长率（单位：亿美元，%）

---

① 赵志庚：《亚洲"四小龙"经济的腾飞》，中山大学出版社 1993 年。
② 何卫东：《马来西亚经济发展中的主要问题》，《东南亚》，1997 年第 4 期。

注：意大利为 1992 年和 2002 年数据；瑞典为 1991 年和 2001 年数据。

资料来源：《我国 R&D 经费支出特征的国际比较》，中国科技统计网，www. sts. org. cn

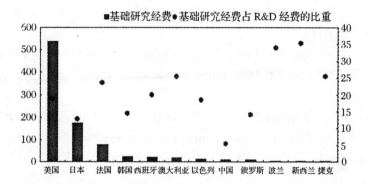

图 3　2003 年部分国家基础研究经费及其占本国 R&D 经费支出总额的比重

资料来源：同上

### 4. 加强区域技术合作与交流

东亚各国在重视同欧美技术交流的同时，不应忽视东亚区域内的技术合作。技术要素禀赋上的差异，使东亚各国在技术结构上存在互补性。通过区域内的技术合作与交流可以达到各取所需，共同进步的效果。如中国在某些基础科技研究领域处于世界前列，而日本正面临着缺乏"基础性技术"，因而将扩大对中国的依存范围；东盟各国正希望充实"基础性技术"部门，同时也需要日本的技术转移；而中国则要致力于"中间技术"产业，并积极拓展高科技产业。以这种动态相互依存的"技术群体结构"为基础，可以在东亚建立一种新型的经济合作体系。① 从而最终提高东亚各国的技术发展水平，促进整个东亚地区经济的可持续发展。

**参考文献：**

1. 王国跃，衡朝阳，魏景赋. 技术引进的日韩模式分析及我国发展战略 [J]. 国际商务—对外经济贸易大学学报，2005，1.

2. 傅利平，石玉顶. 中日技术引进的比较与对策分析 [J]. 科学管理研究，2003，1.

3. 李平. 东亚经济技术扩散的影响 [J]. 亚太经济，1998，2.

4. 郭长虹. 论技术进步对经济可持续发展的推动作用 [J]. 暨南大学，2001.

---

① 程思富，夏晖：《东亚经济的调整与合作》，《财经研究》，2003 年第 7 期。

5. 吴声功. 技术引进的含义、模式及其基本原则探析 [J]. 江海学刊，2000，6.

6. 陈杰. 日本经济增长过程中的技术创新体系研究 [M]. 上海：复旦大学出版社，2004.

7. Fabrizio Cesaroni. Technology Strategies in the Knowledge Economy. International Journal of Innovation Management, Volume 7, Number 2 (June, 2003)

8. Dimitrios Konstadakopulos. Challenge of Technological Development for ASEAN—Intraregional and International Cooperation. Singapore Institute of Southeast Asian Studies: ASEAN Economic Bulletin, Volume 19 Number 1 (April, 2002)

## Realistic Foundation and Pattern Choice of China and South Korea Labor Service Cooperation

Luo Yuanwen & Wang Shujuan

**Abstract:** Postwar East Asia realized their technology progress and economy development through technology introduction, which was one of the most important factors to contribute to the East Asian miracle. Three patterns of technology introduction with different characteristics were formed in the East Asia in this process. Each pattern affected the economy of different country or area in different ways. However, with the arrival of the knowledge economy and the information age, the economies in the East Asia are handicapped by the differences between the patterns of technology introduction and their shortcomings. What's more, the sustainable economic development of the entire East Asia is also being restricted. Therefore, the original patterns of technology introduction in the East Asia must make adjustments at the right moment.

**Key Words:** the Pattern of Technology introduction    East Asia    Effects    Countermeasures

# 美、日创业活动的制度环境比较：
# 一个交易成本经济学分析[*]

邢源源[**]

20 世纪 90 年代以来，美、日创业活动呈现发散态势。如图 1 所示，美国创业活动活跃，居 OECD 各国首位，日本创业活动相对较少。本文认为，美日不同的交易治理机制及背后的制度环境因素导致的交易治理成本差异是影响创业活动的重要因素之一。本文将比较上述差异并归纳对我国的启示。

## 一、对创业活动交易治理成本的经济学解释

以威廉姆森为代表的交易成本经济学者关注的基本分析单位是交易，认为经济组织的主要目的和效果在于节约交易成本。以下引入交易的治理成本概念，对创业活动进行成本分析。

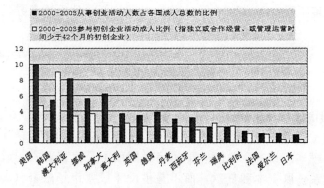

图 1　OECD 成员国创业活动差异

资料来源：OECD，2004a

---

* 本文为 2004 年国家社科基金青年项目 04CJY010 的阶段性研究成果。

** 作者简介：邢源源，经济学博士，辽宁大学国际关系学院教授，110036，电子信箱：xingyy@lnu. edu. cn.

考虑企业 F 在给定的制度环境 T 下经营，现需要在初创企业 E 和在位企业 I 两个供应商中选择一个进行交易。E 与 F 无既往交易历史，E 所供应商品的名义价格为 $P_E$，F 与 E 交易的治理成本为 $G_E$（T）。I 所供应商品的名义价格为 $P_I$，F 与 I 交易的治理成本为 $G_I$（T）。企业与供应商交易的全部成本为交易商品的名义价格与交易治理成本之和，即 TC＝P＋G。据此，F 与 I、E 在制度环境 T 下交易的全部成本分别为

$$TC_I（T）＝P_I＋G_I（T）$$
$$TC_E（T）＝P_E＋G_E（T）$$

F 是否选择初创企业缔约，取决于 $TC_I$（T）和 $TC_E$（T）的大小。现假定 $P_I＝P_E$，说明初创企业并不存在名义价格优势，追求成本最小化的 F 所选择的交易对象最终取决于 $G_I$（T）和 $G_E$（T）的大小。当 $G_I$（T）＜$G_E$（T）时，企业 F 选择与在位厂商 I 缔约；反之，当 $G_I$（T）＞$G_E$（T）时，企业选择与初创企业 E 缔约，初创企业进入产业。制度环境与交易治理成本相关，不同制度环境下，交易治理成本有差异。美国更多地依赖市场、法律一类具备普遍性、同质性的机制来治理合约，这降低了企业与初创企业缔约的成本，所以初创企业有更多的机会参与竞争，这进一步激励了创业活动；而日本依赖组织内部安排，依赖双边专用关系、异质的机制来治理合约，企业更多地与有既往交易关系或企业集团内部的分包企业缔约，这加大了初创企业的进入成本，不利于创业活动。也就是说，在美国制度环境 U 下，$G_E$（T）＜$G_I$（T），在日本制度环境 J 下，$G_E$（J）＞$G_I$（J）。以下分析导致上述差异的一些美、日制度因素。

## 二、美日创业活动制度环境比较

### 1. 公司治理与企业融资制度

日本的企业融资与公司治理表现为明显的"市场回避"（market-avoidance）模式。日本企业倾向于间接融资而不是直接融资，通过与金融机构的长期关系获取资本和贷款，而不是借助于股票市场融资（Aoki，1994）。银行、保险公司长期对企业投资，从而形成稳定的相互持股关系，致使股票市场的影响最小化（Aoki，1990）。公司治理顺应了"市场回避"模式，日本没有公司控制权市场（market for corporate control），股权集中于企业的大股东手中，从而形成"内部人控制"，60％－80％的企业股份由稳定的股东相互持有。

美、日风险投资业差异较大。从数量看，2003 年日本风险投资占 GDP 的

比例不到美国同种比例的 1/6；从投资结构上看，日本绝大多数的风险资本流向 10 年历史以上的公司，而大部分的美国风险资本流向历史少于 10 年的企业（Rtischev，2004）。实际上，当风险资本注入的是拥有超过 10 年历史的企业时，就在某种程度上失去了风险资本的性质，而在一定意义上成为普通的投资银行业务。另外，约 1/4 的日本风险资本流向外国企业，包括日本企业家在美国建立的初创公司。美国投向初创企业的风险资本占 GDP 百分比远高于日本，从投资目标产业看，美国超过 80％的风险投资流向高科技产业，而日本这一比例只有 30％（OECD，2004b）。日本某些规定相当繁琐，与初创企业相关的立法较为缺乏，成为风险投资发展的制度壁垒。图 1 表示各国创业活动与行政壁垒数量之间的负相关关系，显示出日本对创业和风险投资的壁垒较多，风险投资发展水平远低于美国。

**2. 劳动力资源配置机制：教育培训体系和雇佣制度**

人力资源跨组织边界流动是创业活动的关键。日本的劳动力制度恰恰阻碍了这种流动。在劳动力资源培育方面，日本的本科教育在培养高新技术产业人才方面有所欠缺，日本大学重在选拔而非培训人才，学生获得入学资格远难于获得毕业资格。学生一旦步入大学，出勤率及学习动力下降。与美国相比，日本企业在招收新人时十分看重毕业院校的名望，实际技能退居其次，这反过来又加重了入学竞争的程度。日本大学的工程院系与美国相比，对产业发展的实际需求关注较少，商学院数量也很少。由于本科教育未能向初创企业提供低成本、高效率的商业、技术、知识与技能，企业在职培训进而成为人才进入产业的关键环节，企业培训使人力资本专业化服务于各自公司。本科毕业生进入企业后最初的培训类似于大学教育的延伸。与大学新学期同样，公司的高级雇员和受聘教师开始为所有的新雇员授课，公司的人力资源部制定了日后在职培训的计划。企业"团队精神"、"整体意识"也渗透于在职培训中，同期进入企业的新雇员结为日后密切联系和相互支持的伙伴，中间进入的新人难以溶于各个伙伴群，惧怕在企业中陷入孤立的可能在一定程度上限制了人力资源的职业转移。"日本雇员由于整个职业生涯都固定在一个企业，通常会沉浸于本企业的习惯和术语中，这些习惯和术语正是与其他企业不相容的"（Branscomb 和 Kodama，1993）。尽管同一行业部门的不同企业对新员工的培训内容基本相同，但应用于本企业的特别术语、独特的材料和受训人心理上的联系纽带，则阻碍了日后跨组织的人力资源再配置。日本的人力资本是企业高度专用资产（Aoki，1990），这是日本企业重视制造业生产水平合作的副产品。

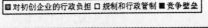

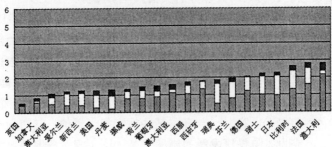

图1  2000－2003年OECD各国阻碍创业壁垒差异

资料来源：OECD, 2004a

　　企业雇佣制度的其他组成要素也阻碍了劳动力资源流动。与培训类似，职工薪酬体系难以在企业间流通，因为日本企业的"年功序列制"在某种程度上等于青年雇员向企业发放了一笔偿还期在晚年的贷款，如果雇员转换工作，等于违约，从而丧失了收回本金、利息的权利。美国企业相对而言，更重视员工在当前岗位创造的价值。日本的奖金占报酬的很大比重，一些大型电器公司，如富士通和日立，通常发放等于3－5个月工资的奖金。由于奖金并非全部如期支付，所以雇员常处于两次奖金发放日之间，这就增加了雇员转换工作的成本，从而阻碍了劳动力流动。日本企业具有"公司福利"、"公司社会主义"的特点，薪酬体系包括给予雇员实物与服务，如企业住房补贴、医疗、娱乐及教育等，这些都增加了职业转换成本。无论是奖金，还是随任职期间增加、同时也是未来可预期增加的工资，再加上退休金以及实物和服务，都使得雇员工作转换成本提高。在IT业，对东京大学、东京理工大学和麻省理工大学电子工程专业毕业生的一项调查表明，日本所选样本中，1990级学生中只有15％，1995级学生中只有26.6％至少换过一次工作，美国的相应比例则高达72.9％和81.1％（Rtischev, 2004）。IBM的某位前经理或工程师在惠普供职是很普通的事，若某位日立的专业人员再供职于东芝就很罕见。

　　美国灵活的雇佣体系体现在雇员流动性上。雇员流动性表现在企业内和企业间。企业内，雇员与管理层更为接近，企业管理层次趋于扁平；雇员的报酬与工作业绩联系得更加紧密，雇员的升迁也取决于其工作业绩及贡献程度；管理层和雇员的分工界限、雇员之间的职责分工界限越来越模糊。这在硅谷内高科技初创企业体现得尤为明显。美国企业间的雇员流动更为频繁，雇员在一个岗位的平均任职期限不到4.5年，是OECD主要发达资本主义国家中最低的。日本则最高，约为11.5年（OECD, 2004b）。

### 3. 独立标准社会技术要素缺位

2001 年，美国著名学者纳尔森和山派特在《使制度成为塑造经济绩效的因素》一文中指出，制度是标准社会技术（Standard Social Technology），科学技术是物质技术，经济增长是物质技术和标准社会技术共同演进的过程（Nelson and Sampat，2001）。纳尔森将制度定义为"标准社会技术"，包括大学等组织以及相关法律。大学、企业实验室、公共实验室等组织结构都是节约创新活动所需信息和资源市场搜寻成本的制度。这些标准社会技术是组织中断性必不可少的支撑制度。新进入者要依靠这些要素来获取组织发展、技术创新以及创造商品和服务的资源，同时保障相关权利。这些要素的共同特征应是中立并独立于企业和政府之外。

在美国具有充足的标准社会技术要素，在日本则相对缺乏或性质不同。美国大学的研究水平世界领先，同时是中立的制度要素，为初创企业提供重要的技术和管理人力资源。美国的初创企业可以从大学、企业实验室、公共实验室较为便捷地获取创新所需的知识、能力和人力资本，降低了信息的交易费用。美国 1980－1993 年颁布的一系列促进联邦政府资助的研究成果商业化的政策，特别是 1980 年颁布的贝荷一道尔法案（Bayh－DoleAct）[①]，放松了对联邦资助和与政府签订合同所产生发明的专利政策限制，鼓励了大学研究人员直接利用研究成果创业[②]。

日本大部分的先进技术和人力资源都来自于在位厂商，日本大学在专业技术人才的培养和技术开发功能上弱于美国。IT 企业的发展依赖于律师、风险投资家、会计师和咨询顾问等。这些中性、外部、相对独立的要素构成了一个错综复杂、分工明确、功能齐备的扶持网络，集中了大量设立新企业的知识，等于实现了某一产业的规模经济和范围经济。日本较少利用这些由职业人士构成的网络，企业的法律、投资等关键任务都由长期雇员负责。在日本的政治经济舞台上没有律师活动的余地，许多在欧美国家里由律师办理的事项在日本全由使用"行政指导"的官僚所代理（莽景石，2001）。而美国的专利技术转移的中介机构数目远高于日本，而且多为私人运营。

美国风险投资产业相对于实业金融集团也是外部资源，其资金来源多数是富人及退休基金、大学资金等中立机构。2000 年美国风险资本只有 11％来自于制造业和金融企业，在日本这一比例高达 90％（Chesbrough，2003）。"很有可能 IBM 的部分退休基金投资于风险投资企业，这些风险投资企业再向初创企业注资，而这些初创企业恰好发展取代 IBM 的技术，生产与 IBM 竞争的产品、服务，并从 IBM 处获取顾客"（Chesbrough，2003）。美国的退休基金、投资基金会和风险投资公司有效扶助了初创企业。日本银行主导体制和在位厂商为中心的风险投资业偏重的仍是在位厂商的利益。

### 4. 法律资源

美国完备的法律体系，包括合同法、证券法、雇佣法和知识产权法等，保障新企业的形成、进入、融资和合并等活动，也保障陌生交易伙伴缔约，有利于进入厂商创业。日本企业的法律资源相对稀缺，各种法律远不如美国发达、可靠与便利（Ramsey, 1985）。日本法律在资源配置和契约问题上的地位和作用相对较低，这一点表现在司法部门的相对规模较小上，而且还表现在从事律师、法官工作的人员数量也较少[③]。与美国的法律相比，日本的法律条文通常非常简短，其内容是一般性的和原则性的，必须通过政令以及其他规定、特别是"行政指导"，才能赋予这些法律以具体的意义，这就给官僚留下很大的相机抉择余地和事后谈判机会。日本社会较少有依靠法律解决日常纠纷、问题的意识和习惯，处理经济问题时更是如此。日本的司法制度在与经济、生活有关的事项上显得不足，这些事项被置于政治、行政起作用的范围。因此，日本的司法制度几乎不处理或没有能力处理经济问题。经济问题的处理，或者是委托给政治解决，或者是通过法律但得不到解决（中条潮，1996，转引自莽景石，2001），从而导致了民间部门的诉讼成本过高，一个诉讼案件从上诉到最高法院到终审，平均需要 10 年时间。在实际政治经济过程的官僚制控制的条件下，民间企业部门的行为取向不是寻求法律途径，而是寻求与行政的不断接触，依附于政府内部各职能部门的不透明和行政指导（国广正，1996，转引自莽景石，2001）。不同的法律条文也影响企业动态。相对于日本，美国的破产法也大大加速了企业周转的速度，便利新企业的进入和破产企业的退出，加快了资源的重新培置。

### 三、启示

目前中国制度环境不利于创业活动的主要问题包括：国有、集体、私有和外国企业适用不同法律法规框架，政府机构对企业成立和经营范围复杂而含糊的要求等，都限制了进入厂商参与竞争。

为鼓励我国的创业活动，我国应强化市场和法律的作用，以促进竞争。首先，由市场力量重新配置资源，加强中小企业的作用。其次，结束政府约束企业重组能力及阻挠企业在必要时退出市场的种种干预；政府的政策应致力于建立竞争机制和明确产权；政府在提高技术水平方面大有可为。政府可通过向地方大学和研究机构提供支持来培养创业人才，加快技术生成和在初创企业内低成本传播。我国还应加强有利于创业活动的立法，特别是促进竞争的立法，关键目标是建立一个国家竞争框架，利用法律去支持而不是干涉市场竞争。

**注释:**

①该法允许大学、非盈利企业和小企业拥有由联邦政府资助研究项目产生的发明专利,以便上述组织向企业发放技术许可,进行发明的商业推广。

② 2001 年 Mowery、山帕特和 Ziedonis 的研究证明,贝荷—道尔法简化了联邦资助研究产生发明专利申请的行政手续,导致大量在该法颁布前从未涉足技术许可活动的公共机构(包括一些大学和联邦实验室)和企业参与了技术转移和商业化活动(Mowery, Sampat and Ziedonis, 2001)。

③ 1988 年日本司法部门占政府总支出的比例仅为 1.07%, 而美国为 3.59%。这部分主要参考莽景石的研究。

**参考文献**

Ahn, Sanghoo, " Firm dynamics and productivity growth: a review of micro evidence from OECD countries", OECD Economic Department Working Paper No. 297, http://www. oecd. org/eco/eco/, 2001

Aoki, M. —— "Toward and Economic Model of the Japanese Firms." Journal of Economic Literature, 28: March 1990.

——Aoki, M. Monitoring Characteristics of the Main Bank System: Analytical and Developmental View, in M. Aoki and H. Patrick, (eds.) Japanese Main Bank System, Oxford University Press, Oxford, UK, 1994, pp. 109—41.

Chesbrough, H. The Differing Impact of Technological Change upon Innovating Firms: a Comparative Theory of National Institutional Factors and Organizational Constraints, Mimeo, Harvard Business School, Cambridge, MA, 2003.

Mowery, Nelson, Sampat and Ziedonis, "The Effects of the Bayh-Dole Act on US Academic Research and Technology Transfer", Research Policy, 30: 99—119, 2001.

Nelson, Sampat, "Making Sense of Institutions as a Factor Shaping Economic Performance." Journal of Economic Behavior and Organization, 44: 31—54. 2001

OECD, "The New Economy: Beyond the Hype ", http://www. oecd. org, 2004a.

"Science, Technology and Industry Outlook: Driver of Growth", http://www. oecd. org , 2004b.

Ramsey, J. M. The Costs of the Consensual Myth: Antitrust Enforcement and Institutional Barriers to Litigation in Japan, Yale Law Journal, 94: 1985, pp. 604—645.

Rtischev, D. Essays on Institutional Economics of High Technology Industries, unpublished Ph. D dissertation, University of California, Berkeley, 2004.

莽景石：后发展国家的宪政转轨与政府的比较优势：战后日本的案例分析，辽宁大学比较经济体制研究中心内部讨论稿系列 No. 2001001，2001。

## Institution Environment Comparison of U. S, & Japan Entrepreneur

## Activity: A Transaction Cost Economics Analysis

**Xing Yuanyuan**

**Abstract:** The thesis develops a transaction cost economics analysis for entrepreneur activities. Transaction cost variance caused by different transaction governance mechanisms and the underlying institutional factors between U. S and Japan are determinants for their entrepreneur activity frequency differences.

# 国际政治背景下东北亚
# 多边能源合作机制的构建*

唐彦林　刘晓婷**

**内容摘要：**伴随着世界石油市场价格的波动和国际形势的深刻变化，能源越来越成为东北亚各国关注的焦点问题。参照国际经验，解决东北亚区域能源安全问题的一个重要途径就是建立区域多边能源合作机制。本文更多地将能源问题置于国际政治背景下来探讨东北亚构建多边能源合作机制的必要性、可能性和现实性。

**关键词：**国际政治　东北亚　能源合作机制

东北亚地区包括中国、日本、韩国、朝鲜、蒙古和俄罗斯亚洲部分。由于经济快速增长，东北亚地区的能源需求明显快于世界其他地区。但从地区能源合作机制来看，却远远落后于世界其他地区，尚处于协商起步阶段，这对维护东北亚地区的能源安全十分不利。参照国际经验，解决东北亚区域能源安全问题的一个重要途径就是建立区域多边能源合作机制。

## 一、国际政治背景下东北亚构建多边能源
## 合作机制的必要性和可能性分析

### 1. 石油的特殊属性决定了构建东北亚多边能源合作机制的必要性

从国际政治理论来看，相对于安全、军事等"高级政治"而言，能源问题属于国际政治领域中的"低级政治"，但这类"低级政治问题"已经成为地区性和全球性问题。能源是经济发展的重要物质，能源安全是国家安全的重要组

---

* 本文系辽宁大学亚洲研究中心 2005 年度资助项目《国际政治背景下东北亚能源合作机制的构建》（项目批准号：20051017）的阶段性成果。本文所说的能源主要指石油和天然气，特别是石油。

** 作者简介：唐彦林，男，1972 年 4 月生，汉族，辽宁大学国际关系学院副教授，中央党校国际政治专业博士生。

刘晓婷，女，辽宁大学制药工程系。

成部分。冷战结束后，军事因素在国家安全中地位相对下降，经济因素则相对上升，涉及能源的国际问题变得更加敏感。在经济全球化和地区经济集团化的大背景下，国际关系日益体现为共同利益基础上的相互依存，各国关系与利益的交织为合作创造了良好的条件，在共同利益的推动下，经相关国家的努力，会促成各种类型的合作以实现利益共享。在能源领域也是如此，石油输出国组织、国际能源合作机构和世界能源宪章组织就是这方面的典型代表。从安全角度看，能源安全属于非传统安全范畴。非传统安全威胁超越了传统安全以各国疆界为主的地理空间，具有突出的跨国性。非传统安全威胁往往具有明显的扩散效应，针对非传统安全问题的跨国和跨地区的特点，相关各国只有通过双边和多边协调以及建立互相信任措施，扩大交流与合作，才能逐步解决彼此间的冲突和矛盾，实现共同安全。可见，构建东北亚多边能源合作机制符合当今时代的潮流和国际形势的发展趋势。

**2. 构建东北亚多边能源合作机制可以有效地实现本地区的能源安全**

实际上能源合作和各国的能源政策是和能源安全密切相关的。能源安全的概念可以有不同的界定。一位韩国学者基于对能源危机的分析得出的能源安全的概念是："获得稳定的、价格合理的和可持续的能源供应。要建立一个高效的和环境友好的能源供应体系、能源危机预备机制和国际合作。"[1] 对照上述能源安全的界定，东北亚地区的中日韩等主要石油消费国普遍存在相同的安全隐患。这主要表现在：

一是能源供求矛盾突出，在一定程度上，能源供应体系缺乏稳定性和可持续性。这一地区，中、日、韩三国占据了本地区能源（主要指油气资源）需求的绝大部分，2004 年中国（未包括香港和台湾地区的统计数字）、日本和韩国三国的石油消费量分别为 3.086 亿吨、2.415 亿吨和 1.048 亿吨，分别占世界石油总消耗量的 8.2％、6.4％和 2.8％。[2] 其中日、韩两国的石油消费几乎百分之百依赖进口，两国还分别是世界第一、二大天然气进口国；中国虽然仍然是世界能源生产大国，但从 1993 年起成为石油净进口国，油气消费的对外依赖程度日趋增长。俄罗斯的石油产量虽然是世界第二位，但绝大多数出口到欧洲。而且从长远来看，由于能源利用和经济增长之间的密切关系，伴随东北亚国家工业化进程、经济快速增长和人民生活水平的提高，东北亚国家的石油消

---

① Jinwoo Kim, "Energy Security of Northeast Asia: Energy Security of Northeast Asia: Current State, Energy Demand/Supply Projection Current State, Energy Demand/Supply Projection and Investment Needs", prepared for KEEI—IEA Joint Conference Seoul, March 16~17, 2004.

② BP Statistical Review of World Energy June 2005, www.bp.com

耗的增长态势不但不会停止，而且增长速度会不断加快，石油进口量会快速增加。从进口石油供应地来看，严重依赖中东地区。中日韩三国石油进口的 3/4 依赖中东，大大高于美国和欧洲的比例。而中东地区是民族、宗教矛盾激烈冲突的地区，伊拉克战争后，美国进一步加强了对这一地区的控制，继占领世界上第二大产油国伊拉克后，美国又对另一大产油国伊朗虎视眈眈，更使中东对东北亚国家的能源供应增添了新的变数。从进口石油运输途径来看，以海上运输为主。由于本地区进口石油严重依赖中东地区，导致海上运输线路严重依赖必经的马六甲海峡。近年来，恐怖活动接连在世界范围内发生，海盗活动猖獗，这必然影响东北亚各国能源海上通道的安全。

二是东北亚国家未能获得价格合理的能源供应。尽管东北亚地区的能源消费已经占到世界能源消费总量的 25％，但却未能取得与其石油进口量相称的影响，这最明显地表现在影响国际石油价格的能力大大弱于欧美国家。自1992 年起，亚洲的石油价格（每桶）就一直高出欧美市场 1 至 1.5 美元。亚洲原油"溢价"的现实，表明东北亚地区能源合作具有相当的战略紧迫性，但同时也预示着其中蕴涵着巨大的合作潜力。

三是由于本地区缺乏有效的多边能源合作机制导致区域内国家之间特别是中日之间产生了激烈的能源竞争。"中日石油管线之争只是近年来中日之间有关能源竞争的一个缩影。除去大国因素影响，单就直接原因而言，我们认为主要还在于两国在能源供求方面的趋同性，在于两国在能源利益方面的重叠性。正是中日两国在能源消费结构、来源渠道、能源战略方面的趋同，才使得双方利益重叠，冲突不断。"[①] 从一定意义上说，区域内国家的能源竞争说明这些国家面临着共同的问题和利益的重叠，这既可以是区域内国家的能源激烈竞争的主要原因，也可以是加强合作维护共同利益，构建有效能源供应体系的基本动因。从实践来看，能源领域已经有了通过合作维护共同利益的成功合作机制。从石油生产国的角度看，1960 年 9 月石油输出国组织即"欧佩克"的成立及其多年以来的有效运转，极大地维护了产油国的利益，成为协调和统一成员国的石油政策，寻求保障成员国各自与全体利益的最好途径。从石油消费国来看，在 1973—1974 年的第一次石油危机期间，国际能源机构成立。国际能源机构成立的初衷和最初的作用是在出现能源供应危机的时候协调西方石油消费大国之间的政策，避免因恶性竞争而损害西方石油消费国家的整体利益。第一次石油危机之后，国际能源机构除进行石油危机管理以外，合作的领域逐步

---

① 李玉潭，陈志恒：《中日能源：从竞争走向合作——东北亚能源共同体探讨》，《东北亚论坛》2004 年 11 月第 13 卷，第 6 期。

扩展到预计政策变化、市场改革和能源技术合作等方面。国际能源机构的成立使世界工业化国家同时也是主要消费国，能够以一个整体的身份与声音同石油输出国组织进行谈判、抗衡，避免主要石油进口国之间的恶性竞争，有利于维护石油输入国的共同利益和世界石油市场的稳定。

### 3. 东北亚国家构建多边能源合作机制的优势

第一，俄罗斯油气有可能成为东北亚能源的重要供应来源。近年来，国际能源市场上一个引人注目的变化就是俄罗斯作为能源大国的重新崛起。英国石油公司2004年的统计数字表明，俄罗斯石油探明储量为99亿吨，约占全球总储量的6.1%。2004年石油产量为4.587亿吨，约占世界石油总产量的11.9%，排在沙特阿拉伯之后，是世界第二大石油生产国。[①] 2003年8月28日，俄罗斯联邦政府正式批准《2020年前俄罗斯能源战略》，其中提出，"在世界油气市场巩固俄的地位具有战略意义。作为国际社会的可靠伙伴，俄罗斯在未来20年将最大限度地实现能源出口潜力，这不仅可为保障俄国家经济安全做出贡献，也将成为保障国际能源安全的新因素。""在亚太地区，俄罗斯的主要能源合作伙伴是中国、韩国、日本、印度"，"到2020年，亚太国家在俄石油出口中的比重将由目前的3%上升到30%，天然气将上升到15%。"[②] 丰富的油气资源及便利的地理位置使俄罗斯成为保障东北亚国家能源安全的最佳选择之一，从俄罗斯进口油气可以使东北亚国家降低对中东能源的依赖度，促进油气进口多元化；更可以避免长途运输带来的困难和风险，保证运输安全，降低油气使用的成本。从俄罗斯的情况来看，能源工业是俄罗斯国民经济最重要的支柱产业，能源出口是俄罗斯经济增长的重要支撑点，加大向其他东北亚国家出口油气的份额，有利于实现俄罗斯的能源多元化战略。俄罗斯把中国、韩国、日本作为本地区的能源合作伙伴，而中日韩三国也希望俄罗斯成为本地区更稳定的油气资源供应源，中日韩可以利用各自的资金、技术和劳动力等资源加强与俄罗斯的能源合作，这有助于在东北亚形成一个区域能源合作体系。因此，东北亚国家与俄罗斯在能源领域的合作将会是取得互惠互利的双赢结果，前景看好。

第二，东北亚国家之间在能源领域存在着诸多的领域可以进行互补性的合作，实现共赢。在东北亚国家中，日本、韩国等国都是能源领域的先进国家，在能源使用技术、节能技术、环保技术、管理体制、相应法律、法规建设、行

---

① BP Statistical Review of World Energy June 2005，www. bp. com

② Энергетическая стратегия России на период до 2020 года. Утверждена распоряжением Правительства Российской Федерации от 28 августа 2003г. №1234—р

业标准化、市场机制、战略储备、海陆运输等方面都可以与中国以及相互之间展开合作。"在很大程度上，新技术的引入和能源结构的再调整能够克服环境问题。为了应对日益增长的能源需求和克服环境问题，中国将受益于与日本在增加能源有效率的技术转让、防止环境污染和增加投资等方面的合作。而日本也将在中国发现一个商业以外的巨大市场：按照《京都议定书》中规定的和未规定的清洁发展机制发展温室效应气体排放交易。"① 东北亚国家还可以考虑加强彼此的协调互助，作为一个整体，在世界能源市场上发挥更大的作用，如团购石油，消除亚洲石油"溢价"；联合在世界各能源产区开发油气资源；加强区域能源战略储备的建立和管理；共同维护和保障马六甲等国际能源运输通道的通畅与安全；加强与国际能源机构、石油输出国组织等国际能源组织的合作，努力增强东北亚整体应对国际石油市场变化和处置危机的能力等。

## 二、从国际政治角度对东北亚能源战略合作滞后原因的分析

尽管具有上述必要性和可能性，但东北亚地区构建多边能源合作机制的建设却还处在协商起步阶段，未见实质性的进展。究其原因，首先，必须考虑到石油这种商品的特殊性、战略性。石油具有三重属性，从经济角度看，石油是一种商品，受市场机制的调节和经济规律的支配；从国家安全的角度看，石油是国民经济发展的必需战略物资，涉及到国家的经济安全、军事安全等，所以，石油对国家的安全又具有特殊的意义；从外交角度看，石油是石油出口国与进口国博弈的筹码，是石油进口国外交争夺的焦点。正是能源具有的这种特殊地位和作用，使能源不仅作为一种商品或资源存在，而且在国际政治舞台上扮演着独特的角色，发挥着重要的作用和影响。正是石油这种商品的特殊性、复杂性和战略性决定了与一般的经济合作相比，需要更多地考虑国际政治因素。

1. 内部因素的制约。一是社会制度和意识形态的差异，这是制约东北亚多边能源合作机制的深层次因素。东北亚地区的国家有社会主义制度和资本主义制度两种制度；从发展程度来看，有发达国家、新型工业化国家、转轨国家和发展中国家，虽然社会制度和意识形态的差异不能阻碍包括能源在内的经济合作，但起码是一个消极因素。"国际能源机构（IEA）等机制有两个关键性特征：机制的目标是解决共同存在的问题，即某些政府对本国利益无所限制的追求必然对其他国家的利益造成各种影响；国际能源机构机制并非建立在全球

---

① 伊藤庄一：《东北亚能源合作构想——中、俄、日三边能源合作前景探讨》，2004 年 9 月 28 日在中国人民大学国际能源战略研究中心主办的国际研讨会中发表的论文。

性基础之上，而是有所选择的，国际能源机构审慎地将非经合组织（OECD）成员国排除在外。"① 构建东北亚多边能源合作机制必须考虑到本地区的多样性特点。此外，还需要指出的是，东北亚地区曾是东西方全面"冷战"、局部"热战"的主要地区之一，冷战时期形成的非敌即友的冷战思维和以军事联盟为基础、以加强军备为手段、以冷战思维为安全思维、以实现自身安全为目标的旧安全观的存在，成为阻碍东北亚多边能源合作机制构建的消极因素。基于社会制度和意识形态的差异，区域内部分国家未能彻底摒弃意识形态偏见和冷战思维，缺乏互利共赢观念，这成为东北亚能源合作的最大障碍。

二是明显的现实争端是制约区域内国家构建多边能源合作机制的直接和现实原因。东北亚是大国利益交汇之地，热点问题多、隐患多，如朝核问题、台海问题等，朝鲜半岛问题既是区域内的安全问题，也是国际安全问题，特别是涉及到朝美关系问题。东北亚地区就某些岛屿的主权归属问题、海域划界问题产生了一些争端，主要有中国与日本之间的钓鱼岛之争、韩国与日本之间的岛屿之争、俄日北方四岛之争，中日之间还存在东海海域划界的问题。上述争端除涉及到主权领土因素外，争夺石油资源也是中日之间的钓鱼岛问题和东海海域划界问题的一个重要因素。

三是历史认识问题引发的不信任感加剧。"二战"结束后，日本的军国主义在一定程度上受到清算，东条英机等战犯在远东国际军事法庭遭到审判，但作为侵略战争最大的责任者，日本天皇的战争责任却没有被追究；冷战爆发后，作为占领日本本土的唯一国家，美国为了加强与苏联的争夺，对日政策由原来的限制和打击逐步转变为拉拢和扶植，对日本的战争清算问题未能彻底进行。战后包括战犯在内的一批军国主义分子重返政治舞台，甚至成为首相，执掌国家大权。联想到日本国内不断出现的小泉参拜靖国神社、否认南京大屠杀和篡改历史教科书等重大事件的频频发生，这些都说明当前日本右翼势力日益猖獗和军国主义思想的重新活跃是有深厚思想根源和社会心理基础。日本如何正确看待"二战"期间对亚洲各国尤其是对东北亚国家的侵略战争和所犯下的罪行的问题则已成为影响中日韩三国加强能源合作的重要障碍。"由于历史的、文化的和其他方面的原因，许多中国人往往是以一种不信的心态看待日本的实力和行为，因此，对日本军国主义化的担心和疑虑仍然存在。许多日本人也总是以一种复杂，甚至是一种敌意的心态来面对中国的发展和壮大，认为中国

---

① （美）罗伯特·基欧汉、约瑟夫·奈著，门洪华译：《权力与相互依赖》，北京大学出版社 2002年，第 356 页。

的崛起对日本必然是一个威胁。"①

这些社会制度和意识形态的差异、历史认识问题、领土领海争端与东北亚各国的民族情感、国家利益纠缠在一起，成为推动东北亚能源合作的重大障碍。在这种情况下，东北亚各国的彼此信任度明显不够，很难平心静气地坐下来商谈能源等合作的问题。目前中日、韩日之间特别是中日之间关系的僵持状态致使东北亚能源合作缺乏强有力的政府推动。

2. 外部因素的影响。这里的外部因素主要是指美国的影响。本文所谓美国对全球能源的战略控制，并不是某种意识形态的宣传概念，而仅仅是在阐明一个事实。当今世界，美国不仅是全球最大的石油消费国，而且也是全球最大的石油生产国之一，它既是全球最大的石油进口国，又是全球最大的石油生产的投资国，并且通过其对全球金融产业的超强控制力，成为全球最强大的与石油有关联的资本、资金的流通与流向的控制国。这是在经济层面上谈论美国对全球能源的战略控制。如果从国际政治层面看，作为当今世界唯一的超级大国，美国凭借其所拥有的强大政治、军事、外交乃至于文化力量，基本有效地控制了全球最重要的石油生产区域（除俄罗斯）、最重要的石油运输的战略通道，并基本建立起了其对全球能源控制的战略体系。作为当今世界唯一的超级大国，美国在继续发展与西欧传统盟国关系的基础上，更多地将战略重心转移到亚太地区，而东北亚地区则是其重点关注的地区之一。美国实际上利用了朝鲜的核问题来阻挠东北亚地区包括能源在内的经济合作，以加强美国在该地区的战略影响和威慑，遏制中国的发展。国外学者也曾指出，"由于美国海军控制着从波斯湾到南中国海的海洋通道，而这些通道是中国未来大量进口石油必经之地，中国必然有一种担心，如果将来中美关系恶化，在发生冲突时，美国会使用军事力量来阻截中国的石油供应。"② 因此，当我们在讨论东北亚能源的战略合作问题时，自然无法规避美国因素。从某种意义上说，中日之间之所以难于实现能源战略合作，原因之一就在于日本对于美国这种全球能源战略控制体制的过度依赖。

## 三、构建东北亚多边能源合作机制的措施和模式选择

在经济全球化和地区经济集团化的大背景下，一国很难用自助式实现自身

---

① 张蕴岭：《中国的崛起与中日关系》，载于中国社会科学研究会编：《中国与日本的他者认识——中日学者的共同探讨》，社会科学文献出版社 2004 年，第 10 页。

② T. S. Gopi Rethinaraj, "China's Energy and Regional Security Perspectives", Defense & Security Analysis Vol. 19, No. 4, p. 385, December 2003。

的能源安全。通过与利益相关的国家构建合作机制，弱化风险，维护共同利益是东北亚国家进行能源合作的基本思路。目前的东北亚能源合作经过各方的共同努力，取得了一定的进展。这表现在区域内中日能源政策对话、韩日能源高官会议、日俄能源对话机制等双边能源对话与合作比较活跃，多边合作机制也有起步。涉及到东北亚地区的多边能源合作机制有："亚太经合组织（APEC）能源工作组"（设在澳大利亚堪培拉）和亚太经合组织能源部长会议机制，亚太经合组织召开的能源部长会议以及能源工作组的历届会议，讨论了地区能源安全面临的诸多问题，但由于只是论坛性质，并没有采取有约束力的和有成效的措施；东盟与中日韩10＋3能源合作机制；2004年6月21日，中日韩三国在中国青岛举行首次外长会谈，也制定了以经济合作为核心的"中、日、韩行动战略"，协调贸易、投资和能源政策。可见，东北亚国家已经意识到区域能源合作与安全的重要性，并开始为建立区域多边能源合作机制进行积极的努力。但目前的东北亚能源合作普遍存在以下问题："第一，在合作类型方面，双边合作占多数，三边或者多边合作机制尚未建立。第二，在合作进程方面，多数合作协议执行不力，有的甚至已经夭折。第三，在合作领域方面，合作多集中于油气资源的勘探、开发和运输等领域，能源的储备、加工等合作较少。第四，在合作伙伴方面，多数合作协议发生于油气输入国与输出国俄罗斯之间，消费国之间的合作较少。第五，在合作参与度方面，合作主要集中在中、日、韩、俄等国间，很少涉及朝鲜和蒙古。"[①] 上述问题的存在说明东北亚多边能源合作机制尚处于协商起步阶段，也为构建东北亚多边合作机制指明了方向。

1. 逐步建立区域内国与国之间的互信关系。构建东北亚多边能源战略机制，需要区域内的国家超越社会制度、意识形态、领土领海争端和民族狭隘心理，逐步培养互信关系。

一是针对区域内的现实争端，争取以"搁置争议、共同开发"的方式逐步加以解决。中国与越南、菲律宾三国政府已经将此种解决办法付诸实践。2005年3月14日，分别代表中越菲三方的中国海洋石油总公司、越南石油和天然气公司和菲律宾国家石油公司，签署了《在南中国海协议区三方联合海洋地震工作协议》。协议规定将在未来三年内，在面积为14.3万平方公里的海域内联合进行海上地质研究和考察，联合采集二维和三维地震数据，并对地震资料进行处理。其主要目标是使用地震和地球物理方法来查明该海域的地质结构和油

---

① 陈志恒，金京淑：《东北亚能源安全与东北亚能源共同体探讨》，《东北亚论坛》，2005年11月第14卷，第6期，第10页。

气储量，并确定是否具有商业开采价值。这是继 2004 年 11 月中菲双方签署在南海共同研究油气资源协议后，南海资源共同开发取得的又一新进展。2005 年 11 月 18 日，国务院国资委发布消息，中、菲、越三国在南中国海协议区实施的联合地震勘探项目获得新进展，第一阶段工作已于 11 月 16 日结束，并在 2006 年度内提前完成了 2006 年的工作量，共完成二维长电缆地震资料采集 11020 公里。三国的合作表达了联合考察南海协议区内石油资源储量的意愿，并且是切实开始在实践层面上，为最终解决东北亚区域内的领土领海争端，暂且搁置争议，谋求共同开发，提供了新鲜的经验与模式。这既有助于维护本地区的和平与稳定，更有助于推动东北亚地区能源战略合作机制的早日建立。从一定意义上说，中菲越三国的合作为构建东北亚能源合作提供了一种可行模式，意义重大：第一，三国在长期有主权归属争议、油气资源储量丰富的地区实现了共同开发。第一次将邓小平提出的"搁置争议、共同开发"的构想付诸实践，体现了邓小平在 20 多年前的高瞻远瞩。第二，三国进行合作的主体是各自国内的石油企业，分别是中国海洋石油总公司、越南石油和天然气公司和菲律宾国家石油公司，合作的模式是市场经济规律支配下的商业运作。第三，三国的合作实践也体现了三国政府以共同开发为切入点，加强理解和沟通，解决领海领土和油气资源争端的勇气、责任感和远见卓识。第四，将来在三国"共同开发"取得较好效果的基础上，可以考虑扩展参与"共同开发"的国家和企业，在有争议的南中国海油气资源问题上实现国家间的互信、合作和共赢。这将为中日的钓鱼岛之争和世界上其他国家间的争议解决起到示范作用和提供有益借鉴。

二是针对历史认识问题和区域内中日、日韩关系的不稳定状态，区域内国家应加强交流，增进了解，扩大合作，日本应在国家的发展方向、对外战略重点方面作出适当调整。从历史和现实情况来看，日本始终不能以一种平等合作的态度参与到东北亚合作进程中来，而是将合作的重点放在了欧美。日本一直推行"挟美制亚"的国际战略，欲充当东北亚的霸主，以谋求与其经济规模相衬的政治影响力。日本只强调美日同盟，忽视与亚洲国家的关系，对中国和韩国推行强硬政策，与俄罗斯的关系也未有进展，如何平衡对美和对亚洲的关系，是日本政府需要认真思考和进行及时调整的重大问题。此外，日本应客观看待中日之间力量对比的变化，中日双方应加强交流，消除障碍，增进互信。"值得一提的是中日之间的信任感也极低，除了传统的历史认识问题、台湾问题和钓鱼岛问题所导致的不信任感以外，又出现了一些新因素。日本视和平崛起中的中国为一个威胁，而中国对走向'普通国家'、追求军事大国的日本是否会复活军国主义有着极大不安和疑虑，而横亘在双方之间的日美同盟明显有对付中国的意图。双方的不信任感已渗透到国民心理上。"① 中日关系处于转折时期，一方面取决于中国的实力的上升，另一方面取决于日本对自身国家利益的定位。中日双方都应该认识到，和睦、和解、和谐应该成为双方关系的主题。日本方面应克服"冷战思维"，改变对外采取强硬立场，加强与中国、韩国的沟通，促进在环境、能源等领域的合作。中日韩作为东北亚地区的能源消费大国，合作领域十分广泛。就具体步骤而言，针对区域内一些国家之间互信程度低的情况，可以考虑先从一些现实可行的方面做起，建立起沟通交流和合作的平台，在逐步互信的基础上，构建合理有效的能源合作机制。

**2. 构建东北亚多边能源合作机制的模式选择**

第一，从合作的类型来看，应该是超越双边，构建东北亚多边能源合作机制。合作机制可以是双边的，也可以是多边的。但双边合作不是最优的区域能源合作形式，建立东北亚多边能源合作机制将是最终的选择。为推动东北亚多边能源合作机制的建立，一是要继续稳固发展区域内双边能源合作机制，加强沟通与交流，为建立多边能源合作机制做好充足的准备。推动中日能源政策对话、韩日能源高官会议、日俄能源对话机制等对话机制的继续发展。二是要实现参与合作主体的多样化，形成各国政府主导，企业参与落实，学者献计献策的良好格局。由于石油等能源的战略性特点，石油与各国传统安全息息相关，需要各国政府以及相关能源部门出面推动；各国学者通过举办各种形式国际能源学术研讨会的方式，加强信息交流与互动；各国能源企业可以以商业运作的方式加强合作。三是合作领域的多样化，应逐步全面涉及油气资源的勘探、开发和运输等领域，能源的储备、加工等各个能源环节和领域。如寻求石油进口来源多样化，通过互利合作，积极开拓国际石油市场；争取实现运输途径的多样化，发挥各国的优势，共享能源信息，共同维护马六甲海峡等战略通道的安全。当前，可以优先考虑利用东北亚庞大的消费实力，"团购"中东原油，解决亚洲油价的"溢价"问题，同时进一步考虑建立共同的石油战略储备体制以及谋求建立东北亚共同石油市场等问题，努力增强东北亚区域整体应对国际石油市场变化和突发事件的能力。

第二，从多边能源合作机制来看，可以效仿借鉴世界能源宪章组织。东北亚地区能源合作首要的是解决制度安排问题，即无论是以一种松散的或是紧密的形式来进行能源合作，都应有相应的制度安排来加以保证。构建东北亚多边能源合作机制可以是灵活多样的。"作为确定行为体在各种问题上可接受行为

---

① 李淑云，刘振江：《东北亚地区信任合作机制浅析》，《2005 年全国高校国际政治高层论坛文集——国际环境与中国和平发展》，辽宁大学出版社 2006 年，第 318 页。

限度的规则和程序，国际机制常常包括正式组织，但不局限于此。机制是广义上的制度：确定游戏规则的、被认可的实践模式。"① 但从社会制度、意识形态和发展程度的巨大差异出发，东北亚地区不适合构建类似于国际能源机构那样的能源合作组织。此外，国际能源机构依托于经济合作与发展组织（OECD）的一个自主性的能源机构，在东北亚地区缺乏建立多边能源合作机制的组织依托和基础。而世界能源宪章组织是一个以《能源宪章条约》为核心的国际能源组织。成员国包括西欧、东欧、前苏联地区的国家和加拿大、日本、澳大利亚等国家。1998 年 4 月生效的《能源宪章条约》是一个涵盖石油、天然气、煤炭及可再生资源等在内的各种能源资源，并设计勘探开发到运输分配的条约，主要内容涉及能源领域的国际投资、贸易、过境运输和争端解决办法等四个方面；是第一个具有法律约束力的多边投资保护协定，为跨地区的能源投资、贸易、运输、能源效率与环境保护以及解决争端提供一个法律框架和机制。可以预见，基于东北亚地区多样化的特点，经过谈判协商，达成一个稳定有效的多边条约和相应的机构来保证本地区能源合作的顺利是必要而且是可行的。

第三，从合作的领域来看，东北亚多边能源合作机制应逐步涵盖油气资源的勘探、开发和运输、储备、加工和环境保护等各个能源环节和领域。从现实出发，当前可以考虑构建如下环节：

1. 融资体系。能源投资具有投资巨大、风险高、收效慢的特点，开发俄罗斯远东和西伯利亚油气资源需要大量的投资。据估算，铺设从俄罗斯安加尔斯克到中国的大庆（安大线）石油管线大概需要 17 亿美元，如果从斯安加尔斯克铺到俄罗斯的太平洋港口纳霍德卡（安纳线）则需要 52 亿美元。再看天然气项目，萨哈林 1 号气田需要 12—15.2 亿美元；萨哈林 2 号需要 10 亿美元；3 号需要 28.5 亿美元；4 号需要 33 亿美元；伊尔库茨克油气田需要 11—16 亿美元。② 巨大的投资是俄罗斯自身无法承担的，必须有国际资本的注入。为同区域外的国家和企业竞争，东北亚国家可以考虑组建东北亚能源开发银行，作为一个整体，增强竞争力。可以考虑"以股份制方式组建，组建的方式可以灵活多样，可以技术、资源、人才等入股，谁投入谁受益；采用合资、合作、资产重组和区域外融资等筹资方式；引入风险担保机制，减少在重大能源

---

① （美）罗伯特·基欧汉、约瑟夫·奈著，门洪华译：《权力与相互依赖》（第 3 版），北京大学出版社 2002 年，第 351 页。

② Jinwoo Kim, "Energy Security of Northeast Asia：Energy Security of Northeast Asia：Current State, Energy Demand/Supply Projection Current State, Energy Demand/Supply Projection and Investment Needs", prepared for KEEI—IEA Joint Conference Seoul, March 16—17, 2004.

合作项目中合作主体的投资风险；此外，还可以采用产品分割的方式筹措资金。"①

2. 区域内油气管网建设。目前东北亚地区缺乏石油和天然气的运输管道和电力运输网络，成为制约东北亚能源消费国家实现油气进口多元化战略的瓶颈。积极建设实现区域内油气管网，具有重大的意义：一是可以有效地实现本地区的能源供需平衡，促进能源安全。铺设从俄罗斯到中国、日本和韩国的油气管道，可以使俄罗斯成为东北亚地区稳定的石油、天然气供应来源，实现本地区能源进口的多元化战略，减少对中东进口石油的依赖。二是可以在一定程度上控制甚至解决亚洲"溢价"问题。贯通俄罗斯和东北亚的油气管道如果开通，东北亚的油气市场将与欧洲的油气市场相通，油气价格就将在全球范围内加以调节，亚洲"溢价"问题就可以得到一定程度的控制甚至解决。三是油气管道基础设施建设和运转会增加当地的经济收入、提供就业机会，并有利于环境保护。当然，建设区域内油气管网需要解决资金、运输吞吐量、线路、技术、跨国利益如何分配等一系列问题，这可以通过效仿《能源宪章条约》或相似的国际协定来保证②。

3. 建立信息和数据共享机制。构建东北亚多边能源合作机制还涉及到一些必须有的或相关的条件，如充足的信息条件等。"机制促进了负担共享，机制内各国政府为集体目标作出努力，难以逃避责任；机制可以向各国政府提供信息，共享信息。信息揭示实质性共享利益之处，鼓励政府在可能采取单边行动的问题上进行合作。"③ 尽管地理上相邻，但东北亚区域内的能源信息、数据和人员交流却非常有限，了解每个国家的政策意图和能源发展计划对于构建多边能源合作机制是至关重要的。区域内国家应该提高能源信息交流的质量和速度，增加能源市场的透明度。以便建立开放透明的亚洲石油市场。这有利于东北亚各国经济的持续、健康和稳定的发展，也有利于提高东北亚地区在世界经济中的整体竞争力。

4. 建立联合石油储备制度。从目前和长远来看，逐步建立联合石油储备制度将是东北亚国家加强合作，构建多边能源合作机制的一个重要方面。在20世纪70年代末80年代初第二次石油危机发生时，日本由于具有相当于90天进口量的石油储备而渡过了难关，韩日两国均为国际能源机构成员国，石油

---

① 戚文海：《俄罗斯中亚东欧市场》，2004年第4期，第33页。

② 参见 Keiichi Yokobori，"Opportunities and Risks of Northeast Asian Energy Cooperation", Northeast Asia Energy Focus, p. 33. February 2006.

③ （美）罗伯特·基欧汉，约瑟夫·奈著，门洪华译：《权力与相互依赖》（第3版），北京大学出版社2002年，第352—353页。

储备均在 150 天左右，远远超过国际能源机构要求的 90 天的最低标准。2001年 3 月，中国提出要尽快建立国家石油储备体系。2005 年中国石油储备大概在 30 天净进口量左右，2010 要达到 50 天净进口量，从长远看，要达到 90 天净进口量的目标，采用油田、岛屿、海上和地下储备的方式储备。① 日韩在建立石油储备领域拥有先进的技术、丰富的经验和过剩的储存容量。中日韩俄等国家可以共同投资储备设施，交换储备信息，建立石油储备联盟。为了应对迅速增长的能源需求，实行联合石油储备体系可以实现东北亚各国在石油储备体系领域的优势互补，确保各国长期的石油和天然气供应，减少由于地缘政治冲突而带来的风险，并推动东北亚多边能源合作机制的最终建立。

## Building a Multilateral Energy Cooperation Mechanism

## in the Northeast Asia in the Context of International Politics

**Abstract**：With the fluctuation of world oil prices and profound changes in contemporary world situation, energy has become an issue of great concern for countries in the Northeast Asia. In view of world experience, one way to safeguard the regional energy security in the Northeast Asia is to set up a multilateral energy cooperation mechanism. This thesis explores the necessity, possibility and feasibility of setting up such a mechanism in the Northeast Asia in the broad context of international politics.

**Key Words**：International Politics　Northeast Asia　Energy　Cooperation Mechanism

---

① Wenke Han, "Energy Security Policy and Resources Securing Strategy in China Regional Cooperation in Asia for Stabilizing Energy Demand and Supply", Asia Energy Forum, Tokyo, Japan 2005.

ⓒ辽宁大学亚洲研究中心　2007

**图书在版编目（CIP）数据**

亚洲问题研究论丛. 第四卷. 2006. 东北亚论坛/辽宁大学亚洲研究中心编.
—沈阳：辽宁大学出版社，2007.9
ISBN 978-7-5610-5453-6

Ⅰ. 亚…　Ⅱ. 辽…　Ⅲ. ①亚洲－研究－文集②东北亚－研究－文集
Ⅳ. D731—53

中国版本图书馆 CIP 数据核字（2007）第 146353 号

出 版 者：辽宁大学出版社
　　　　　　（地址：沈阳市皇姑区崇山中路 66 号　　邮政编码：110036）
印 刷 者：沈阳市北陵印刷厂有限公司
发 行 者：辽宁大学出版社
幅面尺寸：170mm×228mm
印　　张：15.5
插　　页：4
字　　数：300 千字
印　　数：1～1000 册
出版时间：2007 年 9 月第 1 版
印刷时间：2007 年 9 月第 1 次印刷
责任编辑：贾海英　武　瑛
封面设计：邹本忠
版式设计：刘毅荣
责任校对：田　云

书　　号：ISBN 978-7-5610-5453-6
定　　价：35.00 元

联系电话：024－86864613
邮购热线：024－86830665
网　　址：http://press.lnu.edu.cn
电子邮件：lnupress@vip.163.com